금강삼종대학 종리학 총서 III

금강대도 종리학 연구론 II

금강삼종대학 종리학 총서 III

금강대도 종리학 연구론 II

초판 인쇄 · 2010년 12월 25일
초판 발행 · 2010년 12월 30일

지은이 · 이재헌
펴낸이 · 임종대
펴낸곳 · 미래문화사

등록 번호 · 제3-44호
등록 일자 · 1976년 10월 19일

주소 · 서울시 용산구 효창동 5-421 1F
전화 · 715-4507 / 713-6647
팩스 · 713-4805

정가 20,000원

ISBN 978-89-7299-389-6 03260
E · mail:mirae715@hanmail.net
홈페이지:www.miraepub.co.kr

금강삼종대학 종리학 총서 III

금강대도 종리학 연구론 II

이재헌 지음

미래문화사

책 머리에

『금강대도 종리학 연구론 II』를 내면서

『금강대도 종리학 연구론』을 출간한 지 5년 만에 제II권을 출간하게 되었다. 비록 느린 걸음일망정 종리학 연구를 지속할 수 있었다는 점이 다행스럽고, 종리학의 또 다른 면모를 선보인다는 점에서 독자들의 반응이 궁금하고 설레기도 하지만, 기쁨과 영광보다는 조심스럽고 두려운 마음이 앞선다.

옛 말씀에 "비상한 즐거움을 얻었거든, 뜻하지 않은 근심을 예방하라(旣取非常樂 須防不測憂)."는 가르침이 있지만, 종리학 총서 두 권을 출간하고 나서 상상하지 못할 고초와 근심을 겪었다. 그러다 보니 인생의 고락이 이렇게도 분명히 교차한다는 것을 뼈저리게 느끼는 계기가 되었다.

도고일척(道高一尺)에 마고십장(魔高十丈)이라고, 한때 마음이 약해져 흔들리지 않았다면 거짓말이다. 그래도 다시 마음을 추슬러 다잡을 수 있었던 것은 대종법사님의 격려와 동제님들의 관심, 그리고 가족들의 사랑이 있었기 때문임을 부끄럽게 고백하지 않을 수 없다. 물론 지나고 나서 생각해 보면 위로 대도덕성사건곤부모님의 감화지덕과 신명들의 감찰이 음조하셨음을 느끼게 된다.

어쨌든 이런저런 이유로 게으름을 피우며 차일피일하다 보니, 5년이란 세월이 금세 흘러갔다. 종리학을 연구하고, 또 종리학회의 소임을 보면서 좀 더 많은 성과와 빠른 발전을 이루어 내지 못함이 늘 죄송스럽다. 하지만 요즈음 종리학회 회원들의 학문적 성과가 하나둘 늘어가는 것을 보면 그나마 보람과 안도의 마음이 들기도 한다.

특히 올해 개도 137년은 이토암(李土庵) 대성사부님께서 남천포덕(南遷布德)을 하시어 금강도덕문(金剛道德門)을 활짝 여신 지 100주년이 되는 해이다. 또한 대종법사님・대종덕사님께서 용화교주(龍華教主)로 등단하시어 금강대도의 제4대 도주위에 오르신 뜻 깊은 해이다. 이런 뜻 깊은 해가 가기 전에 이 책을 출간하게 되어 무척 다행스럽고 의미 있게 생각한다.

이 책에 실린 글들은 그동안 종리학회를 중심으로 학계에 발표했던 글을 모아 놓은 것이다. 다양한 자리에서 대도에 대한 논문을 발표하다 보면, 금강대도를 잘 모르는 사람들에게 간단한 소개부터 해야 하므로 대도의 중요한 교리와 역사에 대해서는 중복되는 부분이 있을 수밖에 없다. 한 권의 책으로 묶어 내면서 가급적 중복되는 부분들을 정리하려고 했지만, 하나의 장(章)이 하나의 독립된 글로 기능할 수 있도록 놔두는 것도 좋겠다 싶어 많은 손질을 가하지 않았다. 따라서 독자들께서는 관심이 가는 주제부터 먼저 읽어도 무방할 듯싶다.

또한 논문 투의 글을 모아 놓다 보니 글이 다소 딱딱하고 재미가 없을 수 있다. 그래서 독자들의 흥미를 이끌어 내려고 대목 대목마다 사진을 넣었는데, 훨씬 보기가 좋은 것 같다. 특히 각 장이 시작되는 페이지는 총본원 옥화촌의 아름다움을 소개하기 위해 총본원의 성전과 중요한 성소들의 사진으로 꾸며 보았다. 속세를 벗어나 일주문에 들어서면서부터 건곤부모님을 뵙기 위해 한 계단, 한 계단씩 오르며 수행해 나가는 것을 상상해 보면 좋을 것이다.

제1장 '금강대도와 경전'은 한국신종교학회 2006년 춘계 학술대회 발표 논문으로, 『대성경』과 『성훈통고』를 중심으로 금강대도의 경전을

소개하고 있다. 『신종교연구』 제16집(2007)에 실린 글이다.

제2장 '치병과 교화'는 한국신종교학회 2004년 추계 학술대회 발표 논문으로, 『성훈통고』에 실려 있는 치병 사례를 통해 이토암 선생의 경우에 있어서 치병은 그 자신의 도덕적 가르침을 교화하기 위한 방편적 수단이었음을 밝힌 글이다. 『신종교연구』 제12집(2005)에 실렸다.

제3장 '금강대도의 신도설교와 도덕개화 사상'은 2008년 서울 프레스센터에서 한국신종교학회와 금강대도종리학회가 공동으로 주최한 '한국 신종교의 영성과 도덕적 비전' 학술대회에서 발표한 논문이다. 이 논문은 한국신종교를 대표하는 종단 중의 하나인 금강대도가, 기본적 세계관과 인본주의 전통, 그리고 개인의 수양을 통한 내재적 초월의식과 도덕성 등 여러 측면에서 동양적 종교성의 특징을 잘 나타내주고 있음을 밝힌 글이다. 『신종교연구』 제21집(2009)에 실렸다.

제4장 '토암 이승여와 금강대도의 생명 사상'은 김지하 선생의 '생명과 평화의 길'이 주최한 '세계생명문화포럼-경기 2005 워크숍'에서 발표했던 논문이다. 이 논문은 금강대도의 종교 사상 및 실천에 나타난 생명 존중과 생태 윤리 사상을 살펴봄으로써, 생태계 위기를 극복하기 위한 새로운 세계관을 모색해 본 글이다.

제5장 '금강대도를 통해서 본 상생과 화해의 실마리'는 한국정신문화연구원에서 열렸던 한국신종교학회의 2004년 국제 학술대회 발표 논문이다. 이 논문은 '동아시아 종교의 상생 사상과 상생 정신'이라는 학술대회 주제에 따라, 금강대도가 동양 전통의 조화와 화합의 정신을 창조적으로 해석하여 교리 체계의 중심에 내세우고 있음을 밝힌 글이다. 『신종교연구』 제12집(2005)에 실렸다.

제6장 '단군국조와 금강대도'는 2005년 단군학회의 '민족종교와 단군' 학술대회 발표 논문이다. 이 논문은 단군신화의 종교학적 구조가

금강대도의 교리나 사상 속에도 그대로 나타나고 있어, 단군신화에서 한국적 종교 심성의 원형적 특징을 추출해 낼 수 있음을 밝힌 글이다. 『단군학연구』 제13호(2005)에 실렸다.

제7장 '한국 신종교의 생태 담론과 생태 사상'은 중국 북경대학에서 열렸던 한국신종교학회의 2006년 국제 학술대회 발표 논문이다. 이 논문은 1970년대 이후 동학을 중심으로 일어난 생태주의 담론을 일별한 뒤, 풍부한 생태학적 영성과 실천을 보여 주고 있는 동학, 원불교, 금강대도의 생태 사상을 간단히 소개하며 인류가 처한 생태학적 위기에 대한 대안을 모색해 본 글이다. 『신종교연구』 제15집(2006)에 실렸다.

제8장 '계룡산 문화와 금강대도의 오중대운론'은 2007년 대전대학교 동양문화연구소와 금강대도 총본원이 공동 주최한 '계룡산 문화와 한반도의 미래' 학술세미나에서 발표한 논문이다. 이 논문은 풍수상의 길지로 믿어 온 계룡산의 형세를 대국적 견지에서 포괄적으로 해석하면 미래 한반도의 역사에서 충청도의 지정학적 위치를 가늠해 볼 수 있음을 전제하면서, 1910년 이래 줄곧 충청도를 대표하는 종단인 금강대도의 역사와 사상 속에 담긴 미래 지향적 의미를 고찰해 본 글이다.

제9장 'A World of Gender Equality Created Together by Kunbu(乾父) and Konmo(坤母)'는 2005년 이화여대에서 있었던 제9회 세계여성학대회(9th International Interdisciplinary Congress on Women)에서 영문으로 발표한 논문이다. 이 논문은 금강대도 건곤부모 신앙의 이론과 실천을 살펴봄으로써 양성 평등의 올바른 성 역할에 대한 시사점을 모색해 보고, 페미니즘 논의에 하나의 새로운 안목을 열어보고자 한 글이다. 영어 발표문 뒤에 국문 번역문을 부기하였다.

제10장 'The Cosmic Equality and the Philosophy of Familial Harmony in Kumkangdaedo'는 2010년 미국 클레어몬트에서 한국신종교학회와 미국 과정사상연구소(The Center for Process Studies)가 공동 주최한 'New Religious Movements in Korea as a Paradigm Shift'라는 주제의 국제 학술대회에서 명인전 박현숙님과 필자가 공동으로 발표한 영문 논문이다. 이 논문은 오늘날 인류 문명의 위기를 극복하기 위해, 우리들의 삶의 형태를 근본적으로 바꿀 수 있는 가능성과 실마리를 금강대도의 오중평등(午中平等)과 우주가화(宇宙家和) 사상 속에서 얻고자 한 글이다. 역시 뒤에 국문 번역문을 부기하였다.

이상 10개의 논문은 종교학자로서 가급적 객관적인 입장을 견지한 글이고, 〈부록〉에는 금강대도 도인으로서 신앙적인 입장에서 발표한 글 두 개를 실었다.

부록 1 '금강대도와 대도덕성사건곤부모님'은 2009년 금강대도종리학회에서 주최한 남천포덕 100주년 기념 제1차 학술대회에서 기조발표한 글이다. '대도덕성사건곤부모님의 생애와 사상'이라는 대주제에 맞춰 건곤부모님의 성적(聖蹟)과 금강대도의 종교와 사상의 특징을 소개했으며, 이 책을 통해 처음 금강대도를 접하는 독자들을 위해 부록에 넣었다.

부록 2 '덕성사부님의 성적과 성훈 봉행'은 2004년 제3대 도주이신 이월란 덕성사부님께서 열반하시어 하늘이 무너지는 슬픔 속에서 성사께서 우리 제자들에게 남겨 주신 유훈(遺訓)은 무엇이며, 일생을 통하여 천하 중생들에게 가르쳐 주신 성훈과 베풀어 주신 성은과 성덕은 어떤 것이었는지 되새겨 본 글이다.

오늘 부끄러운 글들을 모아 『금강대도 종리학 연구론Ⅱ』를 출간할 수 있도록 독려해 주시고, 물심양면으로 격려해 주신 대종법사님, 대종덕사님의 성은에 깊은 감사를 드린다. 종리학 총서 제1권부터 3권까지를 본인이 출간하여 영광스러운 마음 더할 나위 없지만, 혹 성덕에 누가 되지 않을까 걱정스러운 마음이 더욱 크게 앞선다. 아무쪼록 독자들의 넓은 이해를 구하며, 종리학회 회원들이 종리학 총서 4권, 5권을 이어가기를 손꼽아 기다려 본다.

아울러 지난번 『금강대도 종리학 연구론』 출간 이후 뜻하지 않은 고초를 함께 겪었음에도 아무 내색 없이 이번에 또 출간할 수 있도록 힘이 되어 준 가족들과 심성 자매 형제님들께도 감사를 전한다. 이번 출간을 위해 자료 정리와 사진 수집, 그리고 원고 윤문과 교정에 힘을 보태 주신 금강대도교화교무원의 김두환 원장님과 이옥경 총무과장님, 이명향 교무과장님께도 감사의 마음을 전한다. 종리학 총서 세 권을 멋진 책으로 만들어 주신 미래문화사 임종대 회장님을 비롯한 직원 여러분께도 심심한 감사를 드린다.

2010년 12월
서울 구로동 忘境齋에서
明秋堂 秋亭 李在軒 삼가 씀

격려사

『금강대도 종리학 연구론 Ⅱ』 출간을 축하하며

세상의 다사다난으로 더디게 찾아온 경인년도 이젠 저물어가고 있다.

도사적(道史的)으로 경인년 올해는 남천포덕(南遷布德) 백 주년을 맞이하는 중대한 의미(意味)를 갖는 해이다. 이 시대의 도직자(道職者)들은 노블레스 오블리제(Noblesse oblige) 즉, 명예(名譽)에 따르는 책임을 다하여 시대적 사명을 완수해야 하는 당면의 과제를 안게 되는 것이며, 깨달음에 이르는 사회와 문화(enlighten society, culture)를 만들어 나가야 함도 제자들의 몫이라 생각해 본다.

또한 지난 2월 6일에는 금강대도 제4대 도주・용화교주 취위식이 있었다. 지나간 100년은 불가파괴(不可破壞)의 금강과 불염일진(不染一塵)의 연화로 자리하였으며, 신화에서 현실로, 무극적 은도 시대에서 태극적 개화 시대의 도래를 알리는 역사적인 의미를 지닌다.

남천포덕 백 주년과 제4대 도주・용화 교주 취위라는 뜻 깊은 경인년을 맞이하여, 지나간 백 년의 오만성업 위의 기운이 펼쳐져 태극 시대를 열고, 발전된 모습으로 오만성업을 제5세대에게 물려주기 위한 몇 가지 계획을 말씀드린 적이 있다.

첫째는 인간관의 모색으로, 새로운 사고 전환의 대안으로 물질 문명 변화에 따른 새로운 도덕의 패러다임으로 도덕 개화를 이루어 나가고자 한다.

둘째는 본성회복운동으로, 탈근대 시대에 금강대도의 정체성을 확립하고 영성(靈性)회복운동으로 포교의 근간을 세워 나가고자 한다.

셋째는 다양한 교육 문화 사업으로 종교의 사회 참여를 유도해 나갈 것이다.

이 세 가지 목표에 중점을 두어 전 세계 인류와 삼라만상이 본연적으로 같은 생명의 근원을 지닌 동포라는 자각을 일깨우고자 한다. 그리하여 우주적 차원에서 포교 계획을 세우고, 지금 추진 중인 해외 포교 사업에 박차를 가하며, 현실적인 대안을 금강대도 교리 안에서 찾아 실천 운동을 하고자 한다.

본성자각운동이 정신적인 영성운동이라면, 생태 환경이나 생명 사상, 상생운동 등은 우리 모두가 직접 실천해야 한다. 때문에 정신적, 육체적인 문제가 합일을 이루어 심성배합(心性配合)의 수양론에 근간을 두고 사회 참여를 목적으로 계획적이며 지속적인 실천이 있어야 한다.

구체적인 계획으로는 여름·겨울 심성 공부를 좀 더 개발하여 다양한 영성 회복 프로그램으로 참여를 유도해야 한다. 연꽃음악회와 미술전시회 등으로 대중문화를 모색하고, 채식 문화를 보급하여 유기농 재배를 통한 먹을거리 문화 체험(전통 장류, 다양한 발효 식품 개발, 연잎차 개발 등)을 준비한다. 또한 경천지 사상에 의한 환경생태복원운동, 자경보양원을 통한 아동·노인 복지 문제 등 다양한 문화 사업을 추진해 나갈 것이다.

앞으로 다가오는 문화 시대에 대비하여 더욱 구체적인 대안을 세우고, 금강대도의 독창적인 교리를 포교하기 위한 종교 문화 이론을 한국과 세계의 독특한 종교 문화 이론으로 창출하고자 한다. 그러기 위하여 미술, 음악, 만화, TV, 인터넷 등의 문화 매체 영역을 활용해 포교 프로그램을 확장해 나갈 것이다.

교육 문화 사업 계획으로는 종리학 수립과, 도사편찬위원회에 언론 영상을 확장하여 교리의 대중화를 추진하기 위한 인터넷방송 신설, 노성본원에 영상수련원, 총본원에 다양한 체험 심성수련관을 운영할 계획이다. 또한 동양 사상의 체계적인 학술 연구 재단을 세워 철학사상 연구소 건립, 삼종대학 대학원 건립으로 인재 양성, 자경보양원을 재단으로 설립하여 노인 복지 문제 체계화 등을 우선 사안으로 추진할 계획이다.

결론적으로 말해 현대사회에서 위기처럼 보이는 문제들에 새로운 대안을 제시하는 일에 주력해 나갈 것이다.

금강대도 '백년개화(百年開化)'는 수동적인 무극적(無極的) 은도시대(隱道時代)가 아닌 적극적인 태극적(太極的) 개화시대(開化時代)를 맞이하는 포교 대중화의 시발점이다.

오늘날 지구촌의 수많은 인종들은 그들의 종교적인 선지자를 구심점으로 각기 다른 피안의 세계를 그린다. 살아서의 유토피아와 사후의 유토피아를 꿈꾸며 무지함 속에 행해진 죄의식의 사함을 얻고자 신앙생활에 정진한다. 자신이 믿는 분만이 후천 시대의 구세주로서 인류를 구원한다고 하면서, 중생구원이라는 미명 아래 종교 전쟁 같은 과열 속에서 신도 늘리기와 성전 넓히기에 급급하고 있다.

세계는 수많은 종파와 종교인으로 가득하지만 윤리와 도덕은 점점 땅에 떨어지고 있다. 자본주의, 사회주의 같은 이데올로기의 종언을 맞이한 탈냉전의 혼란 속에서 자국의 이익을 위해서라면 전쟁도 불사하는 무한 경쟁, 고도화된 살인과 분쟁 등 인권 유린의 일들이 자행되고 있다.

또한 인류의 끝없는 욕망으로 인한 무자비한 개발은 인간 중심의 삶이라는 목적하에 자연을 파괴하여 세계 곳곳에서 기상이변이 일어나는 등 인류 최대의 재앙을 가져오고 있다.

따라서 오늘날 세계의 문제는 기본적으로 국가 간의 갈등과 종교 간의 마찰에서 비롯된다는 점을 아무도 부인할 수 없다. 그렇다면 이러한 갈등과 마찰을 해결하는 길은 모든 국가의 국민과 종교인들이 '상대방을 수용할 줄 아는', 이른바 개방적 태도를 갖는 데 있다.

이렇듯 중차대한 과도기적 급변기에 진애세계에 출세하시어, 진정한 도는 무엇이며, 어떻게 살아야 할 것인가를 진리로 설파하여 가르침을 내려 주시는 분이 바로 대도덕성사건곤부모님이시다. 이에 건곤부모님의 위대하신 가르침이 천하에 광포되어 도덕적 · 진리적 삶이 널리 보편화되는 것만이 인류가 처한 위기를 극복할 수 있는 길임을 강조하지 않을 수 없다.

금강대도 제4대인 지금 이 시기는 '태극적 개화시대'라는 기치 아래 대도덕성사건곤부모님의 대진리를 세상에 밝히어, 건곤부모님께서 왜 이 땅에 오셨으며, 그 가르침은 무엇인지 세상에 알리는 것이 제자의 가장 중요한 책무요 도리이다. 그리하여 때로는 책으로, 때로는 교화강의로, 때로는 종리학회 세미나와 워크숍으로 대중들에게 금강대도를 알리는 것이 제4세대를 책임지고 동시대를 살아가는 제자들의 사명이다.

요즈음 출판문화의 홍수 속에서도 금강대도의 사상이나 교리를 개인의 관점으로 체득하고 섭렵하여 책자화하는 일이 무엇보다 시급한 사안이다.

이렇게 볼 때 금강대도 종법사의 한 사람인 명추당 추정 이재헌이 종리학총서 제1권에 이어 제2권을 발간했고, 이번에 제3권을 발간하게 된 것은 매우 고무적이며 당연한 제자의 도리임이 분명하다. 지극한 성경지심으로 공사다망함 속에서도 정성을 다하여 대도의 사상과 진리를 궁구하여 논문을 발표했다. 그동안의 노고가 헛되지 않아 이렇게 책으로 발간하게 되니, 어둠에 헤매는 중생들에게 빛을 밝히는 지침서로 자리하여 혜안을 얻는 감화가 이루어지리라 믿어 의심치 않는다.

온고이지신(溫故而知新)과 반추(反芻), 그리고 청출어람(靑出於藍)을 항상 생각하여 과거를 거울삼아 현재를 올곧게 하며, 미래의 아름다운 무지개를 꿈꾸는 마음으로 이 책이 읽혀지기를 바란다. 아울러 책을 접하는 모든 중생들의 마음에 대도덕성사건곤부모님의 감화지덕으로 성은(聖恩)과 성덕(聖德)이 충만하여 무에서 유를 보고, 유에서 무를 보는 기적이 일어나길 발원하면서 제4권, 제5권으로 계속해서 종리학총서가 이어지기를 기대해 본다.

마지막으로 금강·연화의 도덕군자들이 건곤의 성덕을 중생에게 전파하여 도성덕립을 이루고 태극적 개화시대의 용화세계가 도래하길 발원하며, 다시 한 번 명추당의 노고에 치하와 감사를 보내며 격려의 글을 줄인다.

2010년 12월

금강대도 대종법사 성덕산 이법산

차례

제1장. 금강대도와 경전

제1장. 금강대도와 경전

1. 시작하는 말

모든 종교에 있어서 경전은 중요한 요소 중의 하나이다. 카리스마적인 권위를 행사하던 성인이 이 세상을 떠난 후, 그의 사상과 가르침은 경전으로 남아 추종자들의 신앙과 수행의 기본이 되기 때문이다. 따라서 경전에는 성인의 경륜과 도덕, 그리고 심법이 담겨져 있으며, 인생의 올바른 도리가 나타나 있다.

세계 종교들은 대개 경전을 가지고 있다. 이 경전들이 만들어지고 계승되어 온 형태는 경전마다 다양하다.

인도 브라만교의 베다(Veda)는 수 세기에 걸쳐 이루어진 제사에 따른 주석 및 해석들이고, 불교의 대장경 또한 오랜 세월 동안 역사적으로 계속 만들어져 온 것이다. 기독교의 성경은 예수 사후에 언행록을 모은 것이고, 유교의 『논어』 또한 공자 사후 그 제자들에 의해 편집된 언행록이며, 이슬람의 꾸란 역시 무하마드 사후에 편집된 것이다.

그런데 기독교의 성경이나 이슬람의 꾸란 등은 신의 계시에 의한 글이라 하여 한 글자도 가감할 수 없고, 하나도 빠진 것이 없는 완벽한 신의 말씀으로 여겨진다. 그러나 불교의 경전은 어떤 표준이 되는 경전이 없이 오랜 세월 동안 불설(佛說)이라는 이름하에, 또는 여시아문(如是我聞)이라는 말 아래 계속 만들어져 왔다. 이것은 불교 경전의 개방성 또는 다양성을 말해 주는 것인데, 아마도 붓다 자신이 자신의 교설을 뗏목에 비유하여 언설보다는 언설의 이면에 있는 의미를 추구하도록 했기 때문이 아닐까 한다. 극단적으로 중국의 선종은 기존의 경전을 부정하고 불립문자(不立文字), 교외별전(敎外別傳), 이심전심(以心傳心)을 표방하기도 한다.

사실 경전을 통해 법을 익히는 것은 위험성이 따르기도 한다. 왜냐하면 보는 사람에 따라 각기 다른 안목으로 경전에 접근하며 해석할 수 있기 때문이다. 따라서 대개의 동양 사상에서는 문자를 그다지 신뢰하지 않는다. 견지망월(見指忘月)이라는 말이 있듯이 손가락 끝만 보고 정작 달은 보지 못하는 우를 범할 수 있다고 생각하기 때문이다. 따라서 파사현정(破邪顯正)이라는 말처럼 모든 종교는 끊임없이 교조의 본래 정신으로 복귀하려는 노력을 해 나가야 한다.

금강대도는 1874년에 창도되어 현재 133년의 역사를 가지고 있는 한국의 신종교이다. 교조는 토암(土庵) 이승여(李承如, 1874~1934)와 서자암(徐慈庵, 1884~1927), 제2세 도주는 청학(靑鶴) 이성직(李成稙, 1913~1957)과 민보단(閔寶丹, 1913~1959)이고, 제3세 도주는 월란(月鸞) 이일규(李一珪, 1934~2004)와 김향련(金香蓮, 1937~)이다. 이들은 대도덕성사건곤부모(大道德聖師乾坤父母)라 하여 삼신일체의 건곤부모(乾坤父母)로 신봉되고 있다.

이들은 모두 똑같은 성인이므로 계속해서 성스러운 가르침을 설하였고, 이들의 성적(聖蹟)과 언행을 수집하여 기록한 것이 곧 『대성경』이다. 그리하여 일설에는 제1세 도주 대성사부모(大聖師父母)의 가르침을 '대원경(大圓經)'이라 하고, 제2세 도주 도성사부모(道聖師父母)의 가르침을 '대정경(大正經)'이라 하며, 제3세 도주 덕성사부모(德聖師父母)의 가르침은 '대방경(大方經)'이라 부르고 있다. 다만 아직까지는 경전이 필요 없고 직접 성인의 가르침을 받아 수행을 해 나가는 시기라고 하여, 도인들은 경전 공부에 그다지 큰 의미를 부여하지 않는 것으로 보인다.

▲ 대도덕성사건곤부모의 존영

그러나 현재에 있어서 가장 중요하게 신봉되고 있는 것은 무엇보다 창도주인 이토암 선생이 직접 저술한 『대성경(대원경)』이라고 할 수 있다. 이것은 토암 선생이 구술한 것을 수행 제자들이 받아 적은 것으로, 토암이 계룡산에서 본격적인 포덕을 하기 시작했던 1914년(41세)부터 1932년(59세)까지 약 18년간의 작업으로 이루어진 한문 경전으로, 11경 28권의 방대한 양을 담고 있다.

토암이 새로운 종교 운동을 시작하면서 제일 먼저 심혈을 기울인 일이 바로 경전의 저술이었으니, 이는 교조의 사후 언행록이 주류를 이루는 타 종교의 경전과는 다른 형태라고 볼 수 있다. 이것은 금강대도의 도통이 비록 3대를 내려간다고 하더라도, 그 사상적 기초는 바로 토암의 사상에 있음을 의미한다. 즉 제2세, 제3세 도주가 나름대로의 가르침으로 제자를 교화하지만, 사실은 토암 사상의 연장선에 있는 것이요, 그 교리적 권위의 바탕은 바로 토암의『대성경』에 두고 있다는 것이다. 그런 의미에서 토암의 18년간 성경 간행 작업은 바로 '금강대도의 기틀 세우기'의 일환이었다고 볼 수 있다.

이제 본고에서는 이토암 선생의『대성경』을 중심으로 금강대도의 경전 편찬의 역사와 그 안에 담겨 있는 사상의 일단을 살펴보고자 한다.

2. 금강대도 경전 편찬의 역사

경전(經典)이란 말을 자의(字意)로 풀어 보면 다음과 같다. 즉, 경(經)이란 말은 직(織), 경(徑), 상(常) 등의 의미를 가지고 있다.[1] 원래 경(經)의 의미는 베를 짜는데 세로로 놓여 있는 날실, 즉 종(縱)의 의미이며, 위(緯)는 가로인 횡(橫)으로 북질을 하는 씨실을 의미하였다. 여기서 날실이란 시종 변함이 없기 때문에 불변의 진리라는 의미가 되고, 씨실은 날을 쌓고 돌면서 판을 이루기 때문에 변하는 진리가 된다는 것이다.

전(典)은 설문(說文)에 '오제지서야(五帝之書也) 책재올상(冊在兀上) 존각지야(尊閣之也)'의 의미로 되어 있다. 즉, 오제의 책이 책상에 놓여 있는 형상으로 높이 우러른다는 의미이다.『이아(爾雅)』석고상(釋詁上)에서는 상도(常道), 법칙(法則) 등의 의미로 파악하고 있다. 따라서 이러한 경전의 의미를 종합하면, 성현이 각각 깨달은 진리에 근거하여 지은 글이나 말, 그리고 행실과 심법 등을 기록한 책을 이르는 것이다.

---

1) 이종호 편,『유교경전의 이해』, 중화당, 1994, 17~18쪽 참조.

금강대도의 경전은 크게 세 가지 종류로 나눌 수 있다. 첫째는 만고대성인 대도덕성사건곤부모가 직접 저술한 것이니, 이토암 선생의 『대성경』이 바로 그것이다. 둘째는 제자들이 성인의 사후에 편집한 언행록이니, 제1세 도주 대성사부모(大聖師父母)의 성적과 언행을 수록한 『성훈통고(聖訓通攷)』 1~5권(1956), 『성적제강(聖蹟提綱)』(1956)과 제2세 도주 도성사부모(道聖師父母)의 성적과 언행을 기록한 『성훈통고(도성편)』(미발간), 『성훈통고(덕성편)』(미발간) 등이 그것이다. 셋째는 대도덕성사건곤부모의 성적을 연대순으로 기록한 도사(道史)이니, 『성적편년(聖蹟編年)』 등이 있다.

그런데 금강대도에서는 토암이 직접 저술한 『대성경』에 대한 압도적 숭배로 인하여, 『성훈통고』와 같은 언행록이나 『성적편년』과 같은 역사서를 경전의 범주에서 제외하려는 경향도 있다. 이는 토암의 직접 저술보다는 신빙성이 다소 떨어지는 제자들의 증언과 편집자에 대한 일종의 불신감 때문이기도 하겠지만, 경(經)이란 말을 붙이는 것에 대해 비교적 신중한 유교 경전의 유형을 따르려는 것 때문이기도 하다.

유교에서는 성인이 쓴 글을 '경(經)'이라 하고, 현인(賢人)이 그것을 해설한 글을 '전(傳)'이라 하여 엄격하게 구분한다. 공자가 만민을 위한 교과서로 편정한 유교의 기본 경전은 '육경(六經)'이라 하여 시(詩)·서(書)·역(易)·예(禮)·악(樂)·춘추(春秋)뿐이다. 이중에 악(樂)은 전해지지 않기 때문에 공자가 직접 편정한 경전은 오경(五經)이다. 심지어 공자와 그 제자들의 언행을 기록해 놓은 『논어(論語)』도 기(記)의 성격이지 경(經)이란 말을 붙이지 못했다.

따라서 금강대도에서도 토암이 직접 저술한 『대성경』만을 경으로 보고, 나머지 기록들은 경으로 볼 수 없다는 것이다. 그러나 중국 유교 문화권의 한자적 용례에 얽매이지 않고 다소 포괄적으로 본다면, 교조의 언행록이나 그 성적을 기록한 역사서도 충분히 경전의 범주에 넣을 수 있다고 생각한다.

이제 이토암 선생이 『대성경』을 저술하게 된 역사적 배경과 시대적 인연을 살펴보도록 하자.

금강대도를 창도한 이토암은 1874년 강원도 통천에서 태어났는데, 어려서 생활이 군색하여 배움에 나가지 못하고 나무하는 일로 업을 삼았다고 한다. 그는 24세 되던 1897년에 서자암(徐慈庵, 1884~1927)과 결혼하였고, 33세 되던 1906년에 평범한 생활 속에서 갑자기 대도를 자각하게 되었다. 그리고 한일강제병합이 되던 1910년에 고향인 금강산을 떠나 계룡산으로 남천포덕을 하게 된다.

당시는 일제의 무단통치기로서 한국 종교, 특히 신흥 민족종교를 탄압하던 시기였기 때문에 토암은 계룡산 일대에서 은거를 하며 비밀리에 포덕을 해 나갔다. 일제의 눈을 피해 은거하던 어려운 상황이었지만, 이때부터 토암은 이른바 『대성경』의 저술을 시작한다. 1914년에 『교유문(敎諭文)』 5권을 시작으로 가르침의 일단을 열어 보인 토암은 1923년 연기군 금남면 금천리에 총본원 기지를 잡으면서 경전 편찬을 계속해 나갔다. 그리하여 1923년에 『진종보감(眞宗寶鑑)』 상・하권, 『진종대전(眞宗大全)』, 『염불경(念佛經)』을, 1925년에 『현화진경(玄化眞經)』 상・하권, 1927년에 『청난경(淸難經)』을 발표하였다. 1930년에는 『삼청현화경(三淸玄化經)』 3권, 『황보경(黃寶經)』, 1931년에 『현묘경(玄妙經)』, 1932년에 『금강화신경(金剛化身經)』과 『도덕가(道德歌)』 10권을 발표하였다.

1914년(41세)부터 1932년(59세)까지 약 18년간 한문으로 된 11경 28권의 방대한 경전을 저술하였으니, 그 내용은 차치하고 우선 그 분량만으로도 보통의 사상가나 철학자의 능력을 뛰어넘는다.

한 사람의 저술로서 세계의 그 어떤 종교가도 이만한 분량의 경전을 쓰지는 못했다고 생각한다.

최근 동국대학교의 임기중(林基中) 교수가 토암이 만년에 대중을

▲『대성경』 구판본

교화할 목적으로 쉽게 쓴 『도덕가』 10권을 한국의 가사 문학의 범주로 보아 『한국가사문학주해연구』에 전문을 실은 적이 있다. 임 교수는 이에 대한 해제에서 "지금까지 알려진 가사 작품 가운데 가장 장편이다."라고 쓰고 있다.[2] 역시 이에 대한 해제를 쓴 이승남 박사는 "길이는 1음보당 4글자를 중심으로 띄어쓰기를 하여 '혼글'로 입력한 전체 본문의 음보 수가 어림잡아 57,300여 개에 이른다. 이는 대략 1행 4음보를 기준으로 환산하면 약 14,300행 정도가 된다. 장편 서사 가사의 경우 행의 수가 400행 이상 4,100여 행이 되는 작품을 말하고 있는 것으로 보아 이 작품의 규모가 어느 정도인지 짐작할 수 있다."[3]고 그 규모를 소개하고 있다.

또한 이 박사는 도덕가의 문체적 특징에 대하여 "이 작품의 문체적 특성은 작품의 전편을 통하여 다양한 장르의 글들이 가시화되거나 혹은 그대로 혼합되어 있다는 점에서 두드러지게 노출된다. 이는 거대한 장편의 가사가 형성되는 과정을 투박하지만 자연스럽게 드러내는 양식으로서, 한편으로 본다면 가사 문학의 후기, 혹은 말기 현상의 하나로 이해될 수 있다."[4]고 말하고 있다.

즉, 여기에는 5언과 7언 등 중국의 한시가 곳곳에 인용되거나 창작 한시가 많이 등장하고 있고, 4음보를 파괴하여 3음보나 5음보

---

2) 임기중, 『한국가사문학주해연구』, 아세아문화사, 2005, 1쪽.
3) 이승남, 「금강도사도덕가의 종교적 의미와 문체적 특성」, 『한국어문학연구』 제42집, 한국어문학연구회, 2004. 2, 191~192쪽.
4) 이승남, 위의 논문, 205~206쪽.

가 거칠게 삽입되어 율독(律讀)의 호흡을 불규칙하게 하는 것,[5] 우리말의 어투를 그대로 살린 산문투의 글,[6] 유불선(儒佛仙)의 전적들로부터 많은 어구와 낱말을 차용하여 작품의 문면을 장식하고 있는 것들이 바로 장르적 복합성과 다양성을 나타낸다는 것이다.

그리하여 이 박사는 "가사 문학이 장르 인식상 아무런 제약이 없이 관습적으로 씌어졌으며, 우리말로 구성지게 쓰여진 문학적 작품들이면 몰아쳐 붙여졌던 당시의 한 관례일 뿐, 우리말의 진술 방식의 가능한 모든 유형들을 실험할 수 있었던, 우리 국문 문학의 가장 전략적일 수 있는 장르였다는 점을 장편의 단일 작품으로서 단적으로 증거하는 매우 보기 드문 예이기도 하다."[7]라고 쓰고 있다.

한편 내용상으로 볼 때에도 이들 경전은 동양 사상의 핵심 뼈대라고 할 수 있는 천지인(天地人) 삼재의 도와 유불선(儒佛仙) 삼교의 가르침을 종횡으로 관통하고 있어서 웬만큼 한학에 통달한 사람이라 해도 그 뜻을 해석하기가 매우 어렵다고 한다. 제자들은 이것이 바로 토암이 생이지지(生而知之)한 성인임을 증거해 주는 것이라고 한다. 왜냐하면 토암은 어릴 적에 가계가 군색하여 정식으로 서당에 다닐 수가 없었다. 그런데 이 경들에는 실로 동양 사상의 정수가 표현되어 있으니, 보통 사람처럼 배워서는(學而知之) 도저히 불가능한 일이라는 것이다.

제자들은 이것이 신명의 강계(降乩)에 의한 글이라고 본다. 즉, 이것은 하나의 인간이 쓴 글이 아니라, 하늘의 계시에 의한 글이라는 것이다. 하늘의 뜻이 만고대성인 토암에게 내려왔고, 그의 입으

---

5) "태고기심 누가알고 천지신명 먼저알지(4) / 오더라도 三三은九 아홉인데 心性二字 합해보고(5) / 가더라도 三三은九 아홉인데 心性二字 합해볼제(5)"

6) "三에다가 五를 加入하면 둘이 不足故로 六이라 하는 것은 道요 九에다가 三을 加入하면 둘이 남는 故로 德이라 하였으니 道德이라 하는 것은 둘을 加入하고 셋이 남으면…"

7) 이승남, 위의 논문, 214~215쪽.

로 구술된 것이 제자들로 하여금 기록으로 남게 되었다는 것이다. 토암은 처음에 자신의 교화 내용을 문자로 옮기는 것을 허락지 않았고, 교화 즉시 불사르도록 했기 때문에 경전을 편집할 수 없었다고 한다. 제자들의 간청을 여러 번 물리친 연후에야 허락을 하게 되니, 수행하는 제자들이 그때그때 교화 내용을 붓으로 받아 적어 경전을 이루게 된 것이다.

사실 세계 종교 역사상 종교의 창시자가 직접 경전을 남긴 예는 거의 없다. 기독교의 성경, 불교의 대장경, 유교의 『논어』, 이슬람의 꾸란 등이 모두 교주의 사후에 편집된 언행록이며, 우리나라 증산교의 『대순전경(大巡典經)』도 마찬가지이다. 동학의 최제우(崔濟愚, 1824~1864)가 지은 『동경대전(東經大全)』 등이 거의 드문 예에 속한다.

교주의 사후에 편집된 언행록은 물론 계시에 의한 것이라고는 하지만, 편집자의 주관적 해석에 따라 달라질 수 있는 여지가 있다. '나는 이렇게 들었노라.'고 할 때, 편집자가 자신의 권위를 확보하기 위해서 이미 타계한 성인이 말한 것처럼 기술했을 가능성도 얼마든지 있는 것이다.

이러한 언행록에 비해 교주가 직접 저술한 금강대도의 『대성경』은 무엇보다 정확하고 객관적이며 신빙성이 높다고 볼 수 있다. 교주의 사상 이외에 다른 사람들의 생각이 섞여 들어갈 가능성이 비교적 적다. 그리고 성인의 행적을 통해 간접적으로 그의 사상을 추정하는 것보다는 비교적 직접적으로 성인의 가르침과 사상을 이해할 수 있다.

한편 토암에 의해 이루어진 『대성경』은 토암 사후에 일제강점기 대도의 수난과 더불어 위험한 상황을 겪게 되는데, 이른바 신사사변(辛巳事變)[8]의 위기였다. 1941년 일제가 태평양전쟁을 일으켜 전세가 날로 치열해지던 때였으므로, 우리 조선에 대한 사상 통제와 인력 징발이 더욱 심해져 가는 시기였다.

이해 7월에 제2세 도주 이청학은 감당키 어려운 큰 변을 당할 것을 예견하고, 정태용(鄭泰鎔), 최기양(崔岐陽) 등에게 철궤 6개를 만들게 하여 이토암의 『대성경』을 감추게 하였다. 그는 "대성경(大聖經)은 천지의 진보(眞寶)라. 가히 감추지 않을 수 없도다." 하고는 정태용, 안정호, 정갑춘 등으로 하여금 경을 철궤 속에 감추어 초당 2층 천장에 숨기게 했다.

▲ 일제하 토굴에서 피신할 때의 이청학 도성사부

그 후 청학은 일제의 눈을 피해 『대성경』을 여러 차례 옮겨서 숨기게 하였으니, 1942년에는 제2시전(서자암의 성산을 모시는 곳) 마루 밑에 굴을 파고 감추었다가, 다시 성산 백호(白虎) 날에 굴을 파고 옮겨 깊이 감추었다. 이후 1943년에는 습기의 침범을 우려하여 다시 파내어 숨기게 하였으니, 정태용, 최두근 등으로 하여금 이중으로 의장을 제작하게 한 후에 성경을 그 부판 가운데에 넣어서 정갑춘의 집에 감추었다.

이렇게 하여 대도의 존폐가 우려되는 모진 박해 속에서도 다행히 『대성경』은 제2세 도주 이청학의 선견지명으로 소실의 위기를 모면

---

8) 일제가 1941년 10월 19일(음) 금강대도 총본원을 급습하여 서류와 경전들을 압수하고, 도주(道主) 이하 중요 간부 53인을 검거한 사건. 이때 옥중에서 고문을 받다 순도한 사람이 5명이나 되었고, 청학 이외의 다른 간부들도 대부분 모진 고문을 받았으며, 성전(聖殿)을 비롯한 모든 건물들은 훼철되어 공주 갑부 김갑순(金甲淳)에게 넘어가는 등 모진 박해를 받았다.

했다.[9)]

이렇듯 소실의 위기를 모면한 『대성경』(속칭 大圓經)은 1953년 제2세 도주 이청학에 의하여 출간된다. 약 2년 전부터 총본부에 인쇄소를 설치하여 이 일을 추진하더니, 이에 이르러 『교유문』 상 · 하권, 『진종대전』 『염불경』 『현화진경』 『청난경』 『삼청현화경』 3권, 『황보경』 『현묘경』 『금강화신경』 『도덕가』 10권을 간행하였다.

8월 10일에는 역시 토암의 저술인 『진종보감』 상 · 하권과 신명강계서적(神明降乩書籍)[10)] 중에서 『옥황보훈』 『옥황영첨』 『관성영첨』 『순양보결』을 간행하였다. 그리고 1956년에는 제1세 도주 이토암의 탄생에서 열반까지의 일생을 연대기 순으로 기록한 『성적편년(聖蹟編年)』과 그것을 항목에 따라 분류 편집한 『성적제강(聖蹟提綱)』, 여러 제자들이 직접 들은 교화와 문답, 영험 등을 채록하여 편집한 『성훈통고(聖訓通攷)』 5권을 발간하였다. 그 후 두 차례에 걸쳐 정정 보완을 가했다고 한다.

그리고 첫 번째 간행으로부터 48년이 지난 2001년에 『대성경』 2

---

9) 금강대도에서는 이 사건을 공자의 칠서벽경(漆書壁經), 즉 진시황의 분서갱유(焚書坑儒)를 예견하여 사서삼경을 죽간에 써서 벽에 발라 숨겼다는 고사에 버금가는 일이라고 신기해한다.

10)신명강계서적이란, 구한말 민간 도교의 성전(聖典)을 말하는 것으로서, 관성제군(關聖帝君), 문창제군(文昌帝君), 부우제군(浮佑帝君) 등 이른바 삼성제군(三聖帝君)이 강필(降筆)하여 계시로써 내려준 글이다.

1912년 봄, 토암은 제자를 시켜 신명강계서적을 전주, 경성 등지에서 구해 오게 했다. 제자들이 이것을 보니 그동안 토암이 교화했던 신명계의 소식이 그대로 나와 있고, 건곤부모의 도덕 사업에 모든 신명들이 그 수족이 되어서 한가지로 돕는다는 사실을 알게 되었다. 사실 토암의 사상은 한국 신종교 가운데 독자적인 계통으로 볼 수 있지만, 그에게 직접적인 영향을 주었다고 할 수 있는 유일한 전통은 바로 관제신앙이었다. 실제로 1926년에는 교의 명칭을 '관성교(關聖敎) 연기군 지부'라고 했던 적도 있는 걸로 보아 관성신앙의 영향이 적지 않다고 하겠다.

뒤에 금강대도에서는 삼성제군을 독특하게 재해석하는데, 이들 삼성제군이 건곤부모의 명을 받고 선천 시대에 중생들을 개화(開化)하였으며, 후천 시대에는 건곤부모를 도와 선악을 감찰하는 역할을 맡았다는 것이다. 아울러 삼성제군을 각각 충(忠) · 효(孝) · 성경(誠敬)의 대표적 성인으로 귀속시켜 나름대로의 창조적 해석을 하고 있는 점이 독특하다.

차 간행이 이루어지니, 총 4권 한 질로 발행하였다. 제1권에는 진종보감 상·하권, 진종대전, 현묘경, 황보경, 청난경을 담았고, 제2권에는 교유문 1~5권, 삼청현화경 1~3권, 현화진경 1·2권, 금강화신경, 염불경을 하나로 편집하였다. 그리고 제3권에는 도덕가 1~5권, 제4권에는 도덕가 6~10권으로 묶어 발행하였다.

그런데 1953년에 처음 발간했던 대성경은 주로 도인에게 한정하여 배부한 것에 비해, 2001년에 새로 간행된 『대성경』은 도인들에게는 물론, 각계각층의 연구자들과 도서관 등에도 배포하였다. 이는 대도가 이제 무극적 은도 시대를 청산하고 태극적 개화 시대를 맞이하여 금강대도의 도덕을 널리 알리기 위함이다.

3. 경전에 담긴 내용과 사상

▲『대성경』 신판본

(1) 『대성경(大聖經)』

방대한 대성경의 전모를 짧은 논문에서 다 밝혀낼 수는 없다. 또한 천지인(天地人) 삼재와 유불선(儒佛仙) 삼종을 종횡으로 꿰뚫고 있는 대성경의 심오한 사상을 필자의 짧은 학문으로 모두 이해하기도 어렵다. 다만 전체 면모에 대한 간단한 소개에 그칠 수밖에 없다.

본고에서는 『교유문(敎諭文)』을 간단히 살펴봄으로써 그 편린을 드러내 보일 따름이다. 교유문은 토암이 제일 먼저 발표한 글로서,

토암 사상의 전모가 대략적으로 드러나는 글이다. 여기서는 제1권의 첫 장인 '인의도덕장(仁義道德章)'만 소개하고 간단히 풀어보기로 한다.

仁義道德章(인의도덕장)

道之本源은 出於仁하고 德之本源은 出於義니 仁者는 天地之股肱이요
도지본원 출어인 덕지본원 출어의 인자 천지지고굉

義者는 日月之眼目이니
의자 일월지안목

仁出於道하고 義出於德하니 君子四端之嚮心이 如此故로 春則生하고
인출어도 의출어덕 군자사단지향심 여차고 춘즉생

夏則養하고 秋則成하고 冬則閉하나니
하즉양 추즉성 동즉폐

人之元神과 九靈神이 相爲主客하야 同樂于心性하나니라.
인지원신 구령신 상위주객 동락우심성

(해석)

도(道)의 근본은 인(仁)에서 나오고, 덕의 근본은 의(義)에서 나오니, 어진 자는 천지의 팔다리요 의로운 자는 일월의 안목이니, 인은 도에서 나오고 의는 덕에서 나오나니, 군자가 사단(四端 ; 仁義禮智)에 마음 두는 것이 이와 같은 고로, 봄에는 생하고 여름에는 기르고 가을에는 이루고 겨울에는 닫는 것이니, 사람의 원신(元神)과 구령신(九靈神)이 서로 주객이 되어 심성(心性)에서 동락하는 것이다.

여기에서 도덕(道德)은 인의(仁義)라는 말과 거의 동의어로 간주하고 있음을 알 수 있다. 도덕이란 말은 원래 노자의 『도덕경』에서 나온 말이고, 심지어 불교에서도 썼던 말이니 동양의 유불선 삼교에서 모두 사용했다. 다만 그 말 속에 담긴 함의(含意)는 서로 달랐다.[11] 그런데 여기서 토암이 도덕을 유가(儒家)의 대표적 사상인

인의(仁義)와 거의 동의어로 사용하고 있다는 것은, 도덕을 천도(天道)나 지도(地道)가 아닌 인도(人道), 즉 '인지소당행지로(人之所當行之路)'로 보고 있음을 말해 준다.[12)]

이렇듯 인도를 강조하는 토암의 도덕관은 '도라는 것은 담담하기가 물과 같은 것'이라고 하여, 술법이나 주술적인 면을 배제하는 것으로도 나타나고 있음이 주목된다. 그는 "나는 난리가 나느니, 피난을 하느니, 제왕 사업을 하느니, 호풍환우(呼風喚雨)를 하느니, 둔갑장신(遁甲藏身)을 하느니, 병이 낫느니, 아들을 두느니 그런 말을 하는 사람이 아니니라."[13)] 하였고, "포교할 때에 풍설(風說)로 개화(開化)하지 말라. 천노신분(天怒神憤)하시리니 원형이정(元亨利貞)으로 개화하여 윤상을 강구하여 밝히어라."[14)] 하는 등 모든 음사(陰祀)를 철저히 배제하고, 세상의 종말(終末)이나 혁세(革世)를 주장하는 모든 술수 또한 완전히 부정하였다.

그리하여 토암은 대개의 학자들이 한국 신종교의 공통 사상이라고 일컫는 '후천개벽(後天開闢)' 사상과도 분명한 거리를 두고 있다. 토암이 오늘날의 세계를 선후천(先後天)이 교역(交易)하는 시기로 보는 것은 수운(水雲)이나 증산(甑山)과 비슷하지만, 그것을 천지가 개벽하는 시기로 보지 않고, 다만 인간의 도덕이 개화(開化)되는 시기로 본다는 점은 그들과 완전히 다른 것이다. 이것이 바로

---

11) 공자는 현세에서의 인간의 도덕적 실천, 즉 인의(仁義)를 바탕으로 한 예교(禮敎) 문화를 확립하려 했기 때문에 유교는 인도(人道)로 규정할 수 있고, 불교는 정토(淨土) 사상이나 불국토(佛國土) 사상에서 보듯이 현실에 바탕을 두고 정교한 의식을 발전시켰기에 지도(地道)로 볼 수 있다. 노자는 공자의 인의 도덕을 인위적인 것이라 하여 멸시했다. 오히려 자연(自然)의 무위지치(無爲之治)를 역설하면서 만물의 생성화육(生成化育)을 주재하는 형이상학적인 개념으로서의 도(道)를 역설하였기에 그 가르침을 천도(天道)로 볼 수 있다.

12) 토암의 도덕에 대한 자세한 논의는 졸저, 『금강대도 종리학 연구론』, 미래문화사, 2005, 191~219쪽 참조.

13) 「참다운 믿음의 길」, 『오만등대』 제1집, 금강대도백운도우회, 1981, 105쪽.

14) 『성훈통고』 편집본(금강대도교화교무원, 2000), 3~13쪽.

토암의 도덕개화(道德開化) 사상이다.

그러나 토암의 사상이 단지 인도(人道)에만 머물러 있는 것은 아니다. 인도(人道)로서의 실천 규범 못지않게, 지도(地道)로서의 의식(儀式)과 자비행(慈悲行), 그리고 천도로서의 초월적이고 유현(幽玄)한 세계관도 아울러 강조하고 있다. 뿐만 아니라 자수심성(自修心性)을 통한 천도의 내면화(內面化)를 강조하였으니, 이는 인간의 도덕적 자각과 실천, 그리고 끊임없는 내적 수련을 통한 초월의 가능성을 제시한 것으로 볼 수 있다.

위의 인의도덕장의 마지막 구절에서 사람의 원신(元神)과 구령신(九靈神)이 서로 주객이 되어 심성(心性)에서 동락한다고 했는데, 이것이 바로 토암 수련관의 핵심 개념이다.[15] 원신이란 인간 자신의 영대를 다스리는 신명이요, 구령신이란 외부의 감각기관을 다스리는 신명이니, 인간이 원신으로 구령신을 제압하고 자기를 완성하기 위해서는 그 도를 닦는 작업, 즉 수도가 필요하다는 것이다. 그리하여 심성(心性) 수련과 몸-신(身)의 수련이 일치되어 심성신(心性身)이 여여(如如)한 상태가 된다면, 이것이 바로 초월할 수 있는 인간, 즉 완성된 인간의 경지라는 것이다.

이상에서 『교유문』 가운데 '인의도덕장'을 간단히 소개하였거니와 『교유문』에는 이런 정도의 글이 모두 213개나 있다. 그러니 『대성경』을 전체적으로 다 따지면 그 양이 어마어마하다. 그것을 다 살펴보는 것은 필자로서는 불가능한 일이고, 다만 『교유문』 제1권과 제2권의 글장 제목만 소개하는 것으로 그 만의 일이라도 엿보려 할 따름이다.

---

15) 토암의 수련관에 대해서는 졸저, 위의 책, 242~249쪽 참조.

○ 제1권 : 인의도덕장(仁義道德章), 충효성경장(忠孝誠敬章), 오륜가화장(五倫家和章), 불기천도장(不欺天道章), 체천순명장(體天順命章), 도원궁구장(道源窮究章), 화복보응장(禍福報應章), 권세의로장(勸世義路章), 존심승지장(存心承志章), 근면수신장(勤勉修身章), 계식계살장(戒食戒殺章), 법계도리장(法界道理章), 도덕흥체장(道德興替章) - 총13장

○ 제2권 : 궁구연마장(窮究鍊磨章), 일청도기장(一淸道機章), 이기관철장(理氣貫徹章), 음양분위장(陰陽分位章), 생물변화장(生物變化章), 단성우우장(丹成遇友章), 군자영위장(君子靈爲章), 합물기덕장(合物其德章), 덕행실위장(德行實爲章), 생령귀허장(生靈歸虛章), 교화풍도장(敎化風道章), 강유이기장(剛柔理氣章), 관기존체장(觀其存體章), 존차도리장(存次道理章), 도기삼합장(道期三合章), 화순귀로장(和順歸老章), 석물위정장(惜物爲程章), 유지물석장(維支勿惜章), 양지위열장(養志爲列章), 영천귀수장(靈泉歸水章), 존명삼고장(存命三苦章), 기기명화장(期其命化章), 광원시방장(光圓十方章), 등물합기장(登物合氣章), 광대존체장(廣大存體章), 각세권도장(覺世勸道章), 청기자연장(聽其自然章) - 총 27장

○ 제3권 : 총 64장
○ 제4권 : 총 58장
○ 제5권 : 총 51장
* 총 합계 : 213장

(2) 『성훈통고(聖訓通攷)』

▲『성훈통고』 5권

『성훈통고』는 이토암과 서자암 선생의 행적과 언행, 그리고 제자들과의 문답, 영험, 이적 등을 모아 놓은 자료집이다. 당시 제자들 한 사람 한 사람을 주인공으로 해서 사진까지 곁들여 편집해 전 6권으로 되어 있다. 제1권은 내편(內篇) 상, 제2권은 내편 하, 제3권은 외편(外篇), 제4권과 제5권은 영험편(靈驗篇), 제6권은 부록으로 되어 있다. 1956년 제2세 도주 이청학의 명에 의해 발간되었는데, 도인들로부터 자료를 수집하고 봉추(峰秋) 유치흥(兪致興) 등 여러 학자들의 다년간에 걸친 편집으로 방대한 분량의 자료집이 완성되었다. 양적으로나 질적으로 동서고금의 어떤 종교의 경전과 비교해도 손색이 없다.

한국의 신종교 가운데서도 이만한 정도의 언행록을 만들어 낸 곳은 없는 걸로 알고 있다. 금강대도에서는 『대성경』의 압도적 중요성으로 인해 『성훈통고』를 하나의 경으로 보지 않으려는 사람들도 있다. 그러나 『성훈통고』는 분명 동서고금 대부분 종교의 예처럼 교조의 언행을 사후에 편집한 것으로 훌륭한 경전으로서의 가치가 있다.

사실 어떤 면에서 현재의 시점에서는 『성훈통고』가 『대성경』보다 더 중요한 의의가 있다. 왜냐하면 『대성경』은 토암의 직접적 저술로서 토암과 금강대도의 사상이 명확하게 드러나 있지만, 너무 어려운 한문 경전으로 대중들이 읽고 공부하기에는 어려움이 많은 책이다. 그러기에 최근에는 이 『대성경』 번역의 필요성을 절감하여 번역 작업에 착수하고 있기는 하지만, 단순한 문자적 번역에 그칠 경우 더 이해하기 어려운 글이 될 가능성이 많다. 고도의 추상적 개념과 비유로 가득 차 있기에, 이것을 이해하려면 한문 문리에 대한 기본적 지식과 동양철학 일반에 대한 수준 높은 이해가 필요하다. 또한 다년간에 걸친 대도 교리 공부와 심성 수련의 실천을 통하여 적어도 토암 선생과 심법이 일치되었을 경우에 어느 정도 이해가 가능할 것이라고 생각되기 때문이다.

그러기에 앞으로 많은 사람들이 『대성경』을 연구해 여러 가지 관점에서 다양한 해석을 할 수 있겠지만, 그러한 심도 있는 연구가 나오기 이전에 대중들이 쉽게 대도의 사상을 이해할 수 있는 방편으로 『성훈통고』만한 것이 없다. 아울러 한 사람의 체계적인 저술보다는 문답체가 더 현장감과 생동감이 있어서 쉽게 사람들의 가슴에 닿을 수 있는 장점이 있다. 아울러 종교 연구자의 입장에서도 수많은 제자들의 개별적인 상황 속에서 다양한 '종교인(Homo Religiosus)'을 만날 수 있는 가능성이 더 많기 때문에 매력적인 연구 자료가 될 수 있다.

그런데 문제는 이러한 구체적인 언행록이 1950년대에 한문 문장으로 편집되었다는 사실이다. 그 당시 한학자들이 주류를 차지했던 대도 내의 사정 때문이라 볼 수 있지만, 오늘날 한문을 멀리하는 젊은이들의 입장에서는 다소 아쉬운 점으로 남는다. 그래서 수십

년 동안 묻혀 있었던 것인데, 최근 이것의 중요성을 새삼 깨닫고 번역과 재편집이 시도되고 있다.

필자도 개인적으로 이러한 작업을 한 적이 있었는데, 완역(完譯)을 하지 않고 대도의 사상과 관련되는 핵심적인 부분만을 추려 내어 편역(編譯)해 낸 것이 『성훈통고』 편집본(대도는 담담한 물과 같으니)이다. 너무 요점만 추려 내다 보니 방대한 자료가 십분 반영되지 못하였고, 문답체가 가지고 있는 생동감을 살려 내지 못하는 등 아쉬운 점도 있다. 하지만 어렵게만 느껴졌던 토암 선생의 사상을 쉽게 이해하는 길잡이 역할은 할 수 있을 것이다.

아울러 필자로서도 이러한 작업을 하는 가운데 토암 선생의 사상적 핵심을 어느 정도 이해할 수 있는 계기가 되었으니, 이것은 편집본의 차례에 잘 나타나 있다.

제1장은 도성보(건곤부모, 미륵대불)이니, 종교적 신앙 대상이자 구세주로서의 위격이 잘 나타나 있다. 미륵세존이자 건곤부모(乾坤父母)이며, 만고대성(萬古大聖)이요, 유불선 삼교의 스승이며 옥황상제의 화신 등으로 표현되고 있으며, 혈통으로 도를 전하여 3대 성인이 한 집안에서 출세한다는 예언 등이 나타나 있다.[16)]

제2장은 의성(義誠) 신앙이니, 건곤부모에 대한 절대적 신앙의 자세를 가르치고 있다. "선생을 독실히 믿어 파리가 천리마에 붙어 힘들이지 않고 천 리를 가듯이 하라."했고, "나의 문하에 종사하는 데 세 가지 요소가 있으니, 첫째는 인연이요, 둘째는 의심을 버리는 것이요, 셋째는 중단하지 않고 끝까지 따르는 것이다." "선생이 소금 짐을 지고 물속으로 들어가라 해도 의심치 아니하고 믿어 행할 수 있어야 나의 제자라 할 만하다." "열심(熱心)이 일심(一心)만 같지 못하니, 모름지기 일심으로 신앙하라." "지성으로 진짜 믿으면

16) 이하 성훈통고에 담겨 있는 토암의 사상에 대한 자세한 논의는 졸저, 『건곤부모님과 금강대도의 진리』, 미래문화사, 2003의 제3장 '종리학시론(宗理學試論)' 참조.

▲『성훈통고』 본문

모든 일이 다 이루어질 것이라."고 하는 등 신앙의 올바른 자세를 여러 가지 비유와 치병, 영험, 이적 등을 통해 일깨우고 있다.

제3장은 도덕(도덕사업, 삼종합일)이니, 토암이 말하는 도덕의 성격에 대해 가르치고 있다. "도(道)나 술(術)에는 옳고 그름이 없고, 행하는 사람에게 옳고 그름이 있는 것이니, 바른 사람이 행하면 정도(正道)요 거짓된 사람이 행하면 사술(邪術)이니라." "너희들은 반드시 자랑할 것이 없으리니, 다만 네 선생의 도덕을 자랑으로 삼도록 하여라." "세상 사업이 셋이 있으니, 첫째는 도덕 사업이요, 둘째는 제왕 사업이며, 셋째는 문장 사업이라. 나는 도덕 사업가요 제왕 사업가가 아니니니." "세상에 가장 부드러운 것도 도덕이요 가장 강한 것도 역시 도덕이라. 또한 도라는 것은 담담하기가 물과 같으니라." "오도(吾道)는 삼가일문(三家一門)의 도요 평등일리(平等一理)의 덕이니."라고 하였으니, 사술을 멀리하고 정도를 지켜 나가려는 의지가 잘 표현되고 있다.

제4장은 수도(修道)·심성배합(心性配合)이니 내재적 초월의 방법으로서 심성 수련의 중요성과 그 방도를 제시하고 있다. "수도지방(修道之方)은 수기방심(收其放心)하여 개과천선(改過遷善)하며 시인포덕(施仁布德)하여 구제창생(救濟蒼生)할 따름이니라." 하여 수도의 방도를 네 가지로 요약하고 있다. 또한 "심성을 배합하여 허령불매(虛靈不昧)하여 만물의 이치를 자각한 연후에야 도성덕립(道成

德立)이라고 할 수 있는 것이다."라고 하여 심성배합 공부의 중요성을 강조하였다. "공부에 마(魔)가 많으니, 원신(元神)과 객신(客神)을 잘 가려서 구령신(九靈神)에 동요되지 않아야 도를 닦을 수 있느니라." "수도의 방도는 믿을 신(信)자가 제일이니." "나의 심법을 받으려면 먼저 성내는 마음을 버리고 다음으로 음심(淫心)과 도심(盜心)을 버려라." "모든 병의 빌미가 다 마음의 삿됨에서 들어오나니, 고로 마음이 바르면 만병이 사라진다고 하는 것이다."라고 하는 등 수도하는 방법을 여러 가지 비유로 가르치고 있다.

제5장은 대겁운의 임박이니, 인류의 도덕적 타락에 대한 징벌로써 대겁운이 밀려오고 있음을 가르치고 있다. "하늘에까지 미친 대겁운이 목전에 다가왔으니, 빨리빨리 가르침을 받아서 널리 창생을 구제하라."고 하여 인류의 급박한 위기를 깨우쳐 주고 있고, "너희들은 모름지기 나의 말을 좇아 충 · 효 · 성경에 마음을 다하면, 비록 물과 불이 덮치더라도 스스로 생명을 보전하는 길이 있으리라." "대겁이 가까웠으니 너희들이 장차 어떻게 생명을 부지할 수 있겠는가? 첫째 가화이니, 가화 가운데에 오륜이 있고, 둘째 청결이니, 청결 가운데에 신선 부처가 있느니라."고 하는 등 겁운에서 구원받을 수 있는 방도를 제시하고 있다.

제6장은 구원관(생사극락, 도제보)이니, 미륵대불의 문하에 백팔군자와 같은 수제자가 나온다는 예언과, 잘 믿으면 생극락(生極樂) · 사극락(死極樂)을 향유하게 되리라는 것, 7대 조상이 이고등락(離苦登樂)한다는 것 등을 가르치고 있다. 나아가 "너희들이 일심으로 수련하여 도를 이루면, 반드시 천지와 더불어 늙고, 일월로 더불어 밝으리니." "네 선생과 사모는 천지 부모이니 만일 능히 일심으로 신행하면 살아서도 극락이요, 죽어서 또한 극락이며 이름이 천추에 길이 전하리라."고 가르치고 있다.

제7장은 포교-시행방편(時行方便)이니, 포교의 중요성과 올바른

포교 자세, 그리고 포교를 위해 시행방편(時行方便)한 성적(聖蹟)을 소개하고 있다. "삼합대도 금강문에 제도중생이 제일이라. 불고가사(不顧家事)하더라도 제도(濟度)에만 전념하면 소원을 성취하리라." "빨리빨리 중생을 제도하라. 나의 신원(伸願) 되고 보면 너의 신원인들 없을쏘냐?"라고 해 포교의 중요성을 얘기하고 있고, "포교할 때에 풍설(風說)로 개화(開化)하지 말라. 원형이정(元亨利貞)으로 개화하여 윤상을 밝히어라." 하는 등 올바른 포교 자세를 가르치고 있다.

제8장은 충·효·성경(인생삼은)이니 국가와 스승과 부모의 은혜는 같은 것이니 똑같이 섬길 것을 가르치고 있다. 그리하여 어버이에게 효를 다하고, 나라에 충(忠)을 다하며, 스승을 섬김에 성경(誠敬)을 다하라는 것이다. 그는 "국가의 은혜는 입혀 주고 먹여 주는 것이며, 스승의 은혜는 가르치고 이끌어 주는 것이며, 부모의 은혜는 낳고 길러 주는 것이라."고 하였다.

제9장은 가화이니, 금은보화가 '가화'만 못하고, 인생의 모든 질고는 가화하지 못한 데서 오는 것이라는 등 가화의 중요성을 강조하고 있다.

제10장은 청결(어육불식)이니, 수도의 전제 조건으로서 몸과 마음의 청결을 강조하고 있다. 심성청결(心性淸潔), 신체청결(身體淸潔), 의류청결(衣類淸潔), 음식청결(飮食淸潔), 가택청결(家宅淸潔) 등과 함께 글씨 쓴 종이를 더러운 곳에 버리지 말 것, 어육을 먹지 말고, 담배를 피우지 말 것 등을 가르치고 있다. 그는 "흡연은 뇌(腦) 신궁(神宮)의 청명한 기를 해치고, 술은 성품과 피와 기를 어지럽히는 물질이요, 어육은 살생이 아니고서는 얻을 수 없으니 도가에서는 끊는 것이 옳으니라."고 말하고 있다.

제11장은 언행중여산(言行重如山)이니, 일상생활과 수도 생활에 있어서 말과 행동을 조심할 것을 가르치고 있다. "군자와 소인의 나

님이 언행과 마음 씀씀이에 달려 있으니, 입으로는 망언(妄言)을 하지 말고, 마음으로는 망령된 생각을 하지 말라. 마음을 속이면 하늘을 속이는 것이니, 마땅히 경계할지니라." 하여 언행과 마음 씀씀이를 경계하고 있다.

제12장은 남녀평등(여성의 도리)이니, 여성을 남성과 동등하게 존중해야 한다는 선구적인 가르침이 나타나 있다. "한 집안의 가화와 친족의 화목함이 모두 부인에게 달려 있으니, 어찌 중차대하지 않겠는가?"라고 하여 여성의 중요성을 강조하였다. 또한 "오늘날 남녀평등운을 맞이하여 스승을 찾아 도를 공부하는 것도 남녀가 평등이요, 심성을 수련하여 도성덕립하는 것도 남녀평등이요, 백팔군자가 이름을 천하에 남기는 것도 남녀평등이니, 과거 어떤 때에 이와 같은 평등의 시대가 있었다는 것을 들어본 적이 있는가?"라고 하여 사회적인 활동에 있어서도 남녀의 역할이 동등해야 한다는 점을 가르치고 있다. 금강대도는 신앙 대상을 '건곤부모'라 하고, 도의 이름과 조직도 '금강대도'와 '연화대도'를 병렬시키는 등 남녀평등의 교리를 어떤 종단보다도 강조하여, 오늘날 페미니즘 운동의 바람직한 방향을 정립하는 데 있어 주목해야 할 사상이다.

제13장은 예법(혼례 · 상례 · 제례)이니, 만물이 평등한 시대를 맞이하여 관혼상제의 전통적인 예법을 시대에 맞게 개혁해야 함을 가르치고 있다. 신종교로서의 금강대도의 개혁적 특징이 잘 나타나 있는 부분이라고 하겠다.

제14장은 약사여래이니, 토암이 행했던 수많은 치병 사례를 정선해서 싣고 있다. 이토암 선생의 경우에 있어서 치병은 그 자신의 가르침을 교화하기 위한 하나의 방편적 수단이라고 볼 수 있다.[17] 그는 치병이라는 수단을 이용해서 독실한 신앙과 정성된 수도, 그

---

17) 이 점에 대해서는 졸고, 「치병과 교화 : 李土庵 선생의 사례를 중심으로」, 『신종교연구』 제12집, 2005, 181~222쪽 참조.

리고 충효성경, 가화, 청결과 같은 자신의 가르침을 실천하도록 했다. 신앙이 없는 치료도 문제가 있고, 의학을 무시한 신앙도 문제가 있다. 오늘날 점증하는 환경오염과 도덕적, 정신적인 타락 속에서 더욱 깊어지는 육체적, 정신적 병으로부터 인류를 구원하기 위해서, 우리는 전문적인 의료 기술의 발달과 더불어 독실한 신앙과 수도, 그리고 도덕적인 실천과 화합 및 사랑을 강조하는 토암의 가르침에서 시사점(示唆點)을 얻을 필요가 있다.

제15장은 대지명당(大地明堂)이니, 『성훈통고』에는 풍수에 관련한 토암의 신통력과 혜안을 소개하는 자료들이 풍부하게 수록되어 있다. 토암은 인간의 '사원성취(四願成就)'[18]를 말하고 있는데, 그 중 하나가 '명당대지(明堂大地)'일 정도로 풍수지리를 존중한다. 풍수에 관해서는 현대적인 시각에서 많은 논란이 있는 줄 알지만, 최근 생태 의식의 계발이 절실한 시점에서 자연과 인간의 조화를 추구하는 사고방식은 상당한 의미가 있다.

4. 끝맺는 말

금강대도는 대부분의 다른 종교들과는 달리 교조 자신이 방대한 양의 경전을 스스로 남겼음이 주목되는 점이다. 따라서 이토암 선생이 남긴 『대성경』(일명 大圓經)은 한국 종교사, 또는 세계 종교사에서 매우 독특한 존재라고 아니할 수 없다. 대개의 종교는 교조가 죽은 후에 경전이 만들어지는 데 비해, 금강대도에서는 교조가 하나의 종교를 세움에 있어 경전을 먼저 만들어 교리와 사상의 원천을 확고히 했다는 데 의의가 있다.

18) 첫째는 도덕군자요, 둘째는 귀한 자식 두는 것이요, 셋째는 명당대지 얻는 것이며, 넷째는 생사극락을 얻는 것이 군자의 네 가지 소원이라고 한다.

사후에 만들어지는 언행록은 편집자의 주관적 견해에 따라서 달라질 수 있고, 또 그에 대한 해석도 각기 다를 수 있기 때문에 종파가 나뉘어질 수 있는 개연성이 있다. 그러나 금강대도에서는 권위적인 스승이 있고, 그가 만든 경전이 미리 존재했기 때문에 현재까지 큰 분파 없이 3대, 4대까지 내려오고 있는 것도 특이할 만한 일이다.

『대성경』은 우선 그 방대한 분량에 있어서 타의 추종을 불허한다. 내용에 있어서는 동양 사상의 핵심이랄 수 있는 천지인(天地人) 삼재의 도와 유불선(儒佛仙) 삼교의 가르침, 그리고 심성신(心性身) 삼품의 수련관을 종횡으로 관통하고 있다. 토암 선생은 본인이 제대로 된 한학 교육을 받지 못했기에 이러한 경전을 구술했다는 것 자체로 생이지지(生而知之)한 만고대성으로 추앙받고 있다. 그리고 위대한 경전을 지키려는 제2세 교주의 선견지명과 제자들의 정성으로 일제 강점기의 혹독한 종교 탄압을 이겨 내고 오늘날 햇빛을 보게 된 점은 참으로 다행스러운 일이다.

『대성경』에는 모든 술법이나 음사를 배제하고 인간의 정도(正道)를 천명하려는 도덕개화(道德開化) 사상이 잘 나타나 있고, 자수심성(自修心性)을 통한 내재적 초월과 인간 완성의 방도가 또한 잘 나타나 있다. 그리고 『성훈통고』는 이토암 선생과 그 제자들의 언행록으로, 『대성경』의 압도적 중요성으로 인하여 좀 낮추어 보려는 경향도 없지 않지만, 다른 모든 종교들의 경우를 돌이켜볼 때 하나의 경으로서 충분한 가치가 있다. 또한 이것은 심오한 내용을 담고 있는 『대성경』을 이해하기 위한 참고서로서, 그리고 생동감 있는 현장 상황 속에 있는 다양한 종교인을 이해할 수 있는 연구 자료로서도 많은 가치를 지닌다. 한문으로 되어 있는 것이 다소 아쉽기는 하지만, 전문(全文)에 대한 번역과 다양한 각도의 연구, 또는 재편집이 요청된다.

그런데 금강대도는 제1세 도주 이토암·서자암 선생뿐만 아니라 제2세 도주 이청학·민보단 선생과 제3세 도주 이월란·김향련 선생까지도 삼신일체의 미륵대불이요 건곤부모로 신봉하고 있다. 따라서 이들의 저술과 언행록은 그대로 『대성경』의 일부가 될 것이기 때문에, 기 간행된 대성편뿐 아니라 도성편, 덕성편도 곧 간행될 것이다.

이 논문에서는 지면 관계상 이토암 선생의 『대성경』과 『성훈통고』의 극히 일부분만을 살펴보았으며, 『성적제강』과 『성적편년』을 비롯한 이토암 선생 관련 기타 자료와 제2세, 제3세 도주 관련 자료는 검토하지 못했음을 밝힌다. 이것은 추후 계속되는 연구 관제로 남겨 두는 바이다. 그리고 금강대도에서는 『대성경』의 번역 작업과 함께, 이토암 선생의 도덕 사상을 비롯한 종리학(宗理學) 연구에 더욱 박차를 가하여 한국의 종교 문화 발전에 기여하게 되기를 기원한다.

제2장. 치병과 교화

1. 시작하는 말
2. 금강대도의 창립과 도덕 교화를 위한 방편
3. 발병의 원인
4. 치병의 방법
5. 끝맺는 말

제2장. 치병과 교화

1. 시작하는 말

인간 구원을 목적으로 하는 종교에 있어서 치병이 가장 중요한 구원 형식의 하나라는 것을 누구도 부정할 수 없다. 석가모니의 근본적 문제의식인 생로병사(生老病死)의 사고(四苦)에도 잘 나타나 있듯이, 인간은 어느 누구도 병고(病苦)를 벗어날 수 없기 때문이다. 병이라는 것은 죽음과 함께 인간이 가지고 있는 숙명적 한계상황 가운데 가장 대표적인 것이다.

따라서 모든 종교는 이러한 병고에 대한 나름대로의 해결 방식을 가지고 있으며, 정도의 문제는 있겠지만 직접적인 치병의 사례도 어느 정도는 다 가지고 있을 것이다. 다만, 어떤 종교는 상대적으로 치병에 더 역점을 두는가 하면, 어떤 종교는 낮은 수준의 기복신앙이라 하여 치병을 의식적으로 피하는 종교도 있다. 또한 최근에는 전문적인 치료는 의학이 담당하고, 종교는 환자에게 심리적인 안정이나 용기를 불어넣어 주는 일에만 관여해야 한다는 주장이 설득력 있게 받아들여지기도 한다.

종교 발달의 초기에 해당하는 신종교들은 상대적으로 치병을 더 강조할 개연성이 크다. 왜냐하면 신도들을 더 많이 확보하여 교단의 기초를 확립하는 것이 1차적인 목표인 신종교의 입장에서는, 사람들의 주목을 끌기 위해서 이념적인 교리보다는 치병과 같은 직접적인 구원이 더 매력적인 수단이 되기 때문이다. 신종교는 독특한 자기 논리가 없는 주술적 종교이기 때문에 치병을 주요 수단으로 간주한다는 주장도 있지만, 이것은 학문적인 객관성을 결여한 주장이다.[1] 종교에서의 치유는 단순한 치료 행위에 불과한 것이 아니라 하나의 의례로 보아야 한다는 주장[2]이 있는데, 이것은 상당히 의미가 있는 말이다. 종교에서의 치병을 부정적으로 보는 시각과 달리, 하나의 종교적 몸짓으로서 종교적 신념 체계 정립에 필수적인 부분이라는 관점을 제공해 주기 때문이다.

이 글의 목적은 신종교의 치병 행위가 단순한 치료 행위나 주술적 수단이 아니라, 종교의 창시자가 자신의 가르침을 전달하기 위한 보조 수단, 즉 '교화(敎化)의 방편(方便)'으로 사용하고 있음을 밝히고자 하는 것이다. 여기서는 특히 금강대도(金剛大道)를 창시한 토암(土庵) 이승여(李承如, 1874~1934)의 사례를 소개하면서, 그것의 일반적 의미를 분석해 보고자 한다. 다행히 금강대도에는 이토암 선생과 그 제자들의 언행을 수집해 놓은 『성훈통고(聖訓通攷)』라는 자료가 있어서, 이 문헌에 나타난 치병 사례만을 분석 대상으로 삼는다.

『성훈통고』는 한문으로 된 전 6권의 방대한 자료집으로서 토암과 관련된 수많은 교화와 치병, 영험 등의 사례가 있다. 그 중에서도 직접적으로 치병과 관련이 있다고 생각되는 자료만을 엄선한 결과 70여 건의 사례를 확인할 수 있었다. 이것을 몇 가지의 기준으로 유형을 분류하고, 그 가운데서도 가장 전형적인 사례만을 골라 소

---

1) 모든 종교는 역사적으로 초창기에는 다 신종교인데, 치병의 사례를 많이 가지고 있다 해서 그것을 무논리 증거로 간주할 수는 없기 때문이다. 물론 일부 신종교에서 치병을 내세워 사기 행각을 하는 경우가 있지만 이런 문제는 기성 종교에도 있는 것이므로, 부분의 문제로 전체 신종교를 비논리적인 주술적 집단이라고 치부하는 것은 논리적 모순이 있다.

2) 박상언, 「몸과 치유, 그리고 의례의 힘」, 『신종교학회 춘계학술대회 자료집』, 2004.

개함으로써 논지를 전개시키고자 한다.

2. 금강대도의 창립과 도덕 교화를 위한 방편

금강대도를 창시한 이토암은 1874년 강원도 통천군에서 금강산의 정기를 받고 태어났다. 1906년 33세 즈음에 중생 구제의 사명을 자각하고, 37세 되던 1910년 제자의 인연을 찾아 충청도 계룡산으로 남천포덕(南遷布德)을 하게 된다. 당시 일제의 무단통치하에서 은거지를 옮겨 가면서 비밀리에 포덕을 해야 했지만, 토암은 여러 가지 방편(方便)적 교화로 불과 1년 만에 수천 명의 제자를 얻었다. 식자가 있는 자들을 위해서는 『교유문(教諭文)』을 비롯, 한문으로 된 여러 경전을 스스로 저술함으로써 자신의 사상을 후세에 남겼고, 식자가 없는 사람들을 위해서는 비유를 들어 구전심수(口傳心受)하는 방법을 썼다. 그리하여 유학(儒學)과 불전(佛典) 등에 밝은 식자층은 물론, 글자를 전혀 모르는 서민 대중까지 많은 사람들이 제자가 되기 위해 모여들었다. 특히 반상(班常)의 신분제도와 남녀의 차별을 반대했기 때문에 그의 문하에는 양반과 상인, 그리고 남자와 여자가 한자리에 앉아 수도하였다.

이때 토암이 가장 강조했던 것은 '인간 도덕성의 회복'이었다.[3] 이것은 당시의 시대적 모순[4]을 구원하고자 했던 다른 신종교 지도

3) 그는 1910년 남천포덕 직후 제자들에게 가르치기를 "하늘이 세상 만물을 낳으심에 사람보다 귀한 것이 없고 가장 영특(英特)한 것이 또한 사람인데, 그 영귀(靈貴)한 것은 윤리와 도덕이 있기 때문이니, 그렇지 않다면 무슨 영귀한 것을 말할 것이 있으리오. 금수와 미물도 한두 가지 밝음이 있는 것이니, 범과 이리는 부자(父子)의 의리가 있고, 벌·개미의 군신(君臣), 비둘기의 부부(夫婦), 기러기의 형제(兄弟), 꾀꼬리의 붕우(朋友)가 모두 금수로되 윤리가 있는 것이니, 하물며 사람으로서 윤리와 도덕이 없으면 금수만도 못한 것이니라."(『성적편년(聖蹟編年)』, 금강대도총본원, 1956, 16쪽)고 하여, 당시의 시대적 모순 속에서 점점 더 심해져가는 인륜과 도덕성의 타락을 가장 심각한 문제로 느꼈음을 알 수 있다.

자들과는 구별되는 점으로서, 최수운(崔水雲, 1824~1864)의 동학은 사회 운동적 성격이 강했고,[5] 홍암(弘巖, 1864~1916)의 대종교는 민족 운동적 성격이 강했다. 강증산(姜甑山, 1871~1909)은 신비적인 종교 운동을 펼쳤고,[6] 소태산(少太山, 1891~1943)은 개벽(開闢) 사상의 실천적 합리화를 추구했다.[7] 이들은 모두 같은 시대적 모순을 배경으로 새로운 종교 운동을 펼쳤다는 점에서 공통점이 있지만, 그 시대적 모순에 대한 진단과 처방은 각기 달랐다. 그에 따라 그들이 지향했던 종교 운동의 목표와 성격도 각기 다를 수밖에 없었다.[8]

토암은 동학, 증산교, 원불교에서 공통적으로 강조하고 있는 '후천개벽(後天開闢)' 사상과는 분명한 거리를 두었고, 한서(寒暑) 풍

---

4) 한국 신종교의 발생 원인에 대해서는, 한국 근・현대사회의 주요 특징으로 지적되어 온 '계급 모순' '민족 모순'에 대한 대응이라는 성격이 강한 것으로 알려져 있다(노길명, 『한국신흥종교연구』, 경세원, 1996, 285~295쪽). 이에 대해 필자는 '종교 모순'이라는 점을 추가해야 한다고 지적한 바 있다(졸고, 「1970년대 이후 한국신종교의 현황과 전망」, 『신종교연구』 제3집, 2000, 10쪽). 요컨대 조선 봉건사회가 해체되는 과정에서 가중된 지배 계급의 억압과 착취, 제국주의 열강의 침략에 따른 민족적인 위기감, 그리고 종교적인 진공 상황에서 고통받는 민중들을 구원하기 위해 등장한 것이 바로 한국의 신종교이다. 이 점에 대해서는 졸고, 「이토암 선생의 도덕개화 사상」, 『신종교연구』 제5집, 2001, 193~194쪽 참조.

5) 수운의 동학은 민중들에게 반외세 반봉건을 통한 사회 개혁의 의지와 자신감을 처음으로 일깨워 주었다는 점에서 사회운동적 성격이 강했다고 본다. 동학의 이러한 성격은 광제창생(廣濟蒼生), 보국안민(輔國安民)이라는 표어 속에 단적으로 나타나고 있다.

6) 강증산은 동학과 같이 직접적인 사회 참여로는 광제창생을 달성할 수 없다고 보고, 보다 신비적인 방법으로 이것을 이룩하려고 하였다. 그는 자신이 구천(九天)의 상제(上帝)로서 천지도수(天地度數)를 뜯어고친다 하여 천지공사(天地公事)를 선언하며 후천개벽(後天開闢)을 주장하였다. 그는 여러 가지 면에서 한국적 민간신앙과 무속을 종교적으로 체계화한 것으로 보인다.

7) 소태산 박중빈은 동학과 증산교의 실패를 거울삼아 주술적이고 비합리적인 측면을 배제하고, 그 대신 전통 종교 중에서 불교의 합리적인 교법에 연원을 두었다. 그리하여 후천개벽설을 수용하면서도 이것을 말 그대로 천지가 개벽한다는 의미에서의 종말관보다는 '열린 세계', 즉 인간의 지혜가 밝아지는 세계의 도래라는 개념으로 이해하였으며, '물질이 개벽하니 정신도 개벽하자.'라는 개교 표어에 잘 나타나고 있다.

8) 이에 대한 좀 더 자세한 논의는 졸고, 「이토암 선생의 도덕개화 사상」, 194~195쪽 참조.

우(風雨)를 자유자재로 움직이고 죽은 자를 살려 내는 등의 일들을 모두 자연지도(自然之道)와는 거리가 먼 일종의 술수(術數)로 배제하였다. 그는 오로지 도덕을 일깨워 주는 종교성의 회복에 중점을 두었으니,

> 세상 사업이 셋이 있으니, 첫째는 도덕사업(道德事業)이요, 둘째는 제왕사업(帝王事業)이며, 셋째는 문장사업(文章事業)이라. 나는 도덕 사업가요 제왕 사업가가 아니니, 만일 이중에 제왕 사업을 하고자 하는 사람이 있거든, 즉시 나가서 제왕 사업을 하는 사람을 찾거라.[9)]

> 요즘 세상에 종교가 많아 다 자랑하는 바가 있지만, 너희들은 반드시 자랑할 것이 없으리니, 다만 네 선생의 도덕을 자랑으로 삼도록 하여라.[10)]

라는 말에서 볼 수 있듯이, 타종교와 구별되는 자신의 독특한 가르침이 '도덕(道德)' 두 글자에 있음을 분명히 했다.

이렇듯 급격한 혁세(革世) 사상이나 술법(術法)적 종교 행위를 부정하고, 정도(正道)로서의 인간의 도덕 회복을 강조한 토암이지만, 그는 제자들을 교화하는 과정에서 수많은 영험과 이적을 보여주었다. 그 중에서도 치병(治病)과 풍수(風水)를 통한 기적이 가장 많았다.

그는 계룡산에서 은도하던 포덕 초기에 제자들에게 이르기를, "오늘부터 앉은뱅이, 절름발이, 반신불수 등의 병자를 보거든 모두 데리고 오너라."고 하였다. 그리하여 제자들이 명을 좇아 이러한 난치병자들을 데려오면, 앉은뱅이에게 몇 마디 하면 앉은뱅이가 즉시 일어나고, 반신불수자에게 침 한 대 놓으면 곧 몸이 정상으로 돌아오고, 고질병・불치병자에게 약을 쓰면 평범한 약초라도 즉효하였

9) 『성훈통고』 편집본, 금강대도교화교무원, 2000, 3-13
10) 같은 책, 3-6.

다는 것이다.[11] 이리하여 포덕 초기 불과 1년 만에 수천 명의 제자를 얻은 것으로 보인다. 현대의학에서도 육체적인 질병의 상당 부분은 정신 상태에서 발생한다는 점을 지적하고 있음을 볼 때, 토암은 몇 마디 말을 통해서 환자에게 심리적인 안정을 취해 주었던 것이 아닐까 하는 생각이 든다.

그런데 중요한 것은 그가 수많은 치병의 기적을 보여 주면서도, 이것을 그 자신의 능력이나 권능으로 자부하지 않고, 환자 자신의 정성으로 돌리고 있다는 점이다. 그는 제자들에게 말하기를, "나는 본래 의원이 아니니 지금부터는 너희들의 정성을 보리라. 너희들의 정성이 지극하면 어떤 병이 낫지 않으며, 어떤 액인들 면하지 않겠느냐."[12]고 하였다. 뿐만 아니라, 수천 리 밖에서 벌어진 일들을 눈앞의 일인 듯 훤히 말하면서 "나는 무격배가 아니라." 하였으며, 심오한 문장을 부르면서는 "나는 문장가가 아니라." 하였고, 앉아서 수천 리 밖 산천의 생김새를 꿰뚫으면서 "내가 지관이냐?"고 반문하곤 했다는 것이다. 그러고는 "네가 지극한 정성이 있으면 어찌 신명의 감응이 없을쏘냐. 네 마음 중에 만 가지 이치가 갖추어져 있는 것이니라."고 하는 등 인간의 정성과 공경된 자세를 가르쳤다.

결국 토암은 인간을 신 앞에 수동적이고 나약한 존재로 만들려는 것이 아니라, 인간의 도덕적 능력에 대한 무한한 잠재력을 키워 주려 한 것이 아닐까 하는 생각을 가져 본다. 뿐만 아니라 자신의 제자들에게 흔들림 없는 신앙심을 고취하고, 자신이 가르치려고 하는 도덕의 실천을 고무하기 위한 하나의 방편(方便)으로서 치병이나 풍수를 활용했다고 하는 것이 정당한 평가일 것이다. 이제 그의 행적에 나타나는 치병 사례를 분석해 봄으로써, 더 깊은 진리를 가르치기 위한 하나의 방법, 또는 방편으로서 치병을 활용하고자 한 그

11) 같은 책, 2-51.
12) 같은 책, 2-51.

의 의도를 좀 더 가까이 다가가서 살펴보고자 한다.

3. 발병의 원인

이토암 선생의 치병 사례를 살펴보면, 대개의 경우 스승의 가르침에 따르지 않고 인간의 도덕을 실천하지 못한 것이 발병의 원인이 되고 있다. 즉 신앙이 독실하지 못하고, 가르침을 충실하게 이행하지 않았을 때 병에 걸린다는 것이다. 토암은 말하기를,

> 2-6[13] 너희들이 일심(一心)으로 믿어 행하여 스승의 가르침을 저버리지 아니하면 사람이라 할 만하지만 만일 마음을 닦지 아니하면 비록 내 무릎 위에 앉는다 해도 소용이 없으리라. 앞으로 반드시 아주 어려운 시기가 있으리니 몸과 마음을 바르게 닦아서 헛된 것에 빠지지 말고 나의 교화를 따라서 진실로 행하면 복록이 무량하리라. <1-49-1>[14]

고 하여, 자신에 대한 독실한 신앙과 가르침에 대한 실천을 강조하고 있다.

여기서 복록이란 구체적으로 무엇을 말함인가? 그것은 아마도 오복(五福)[15]에 잘 나타나 있다고 생각한다. 오복의 세 번째는 강녕이니 곧, 건강하게 사는 것이다. 결국 토암의 가르침대로 도덕을 잘 실천하면 복(福)을 받을 것이요, 그렇지 못하면 화(禍)를 입는

---

13) 『성훈통고』 편집본(금강대도교화교무원, 2000)의 장(章)과 절(節).

14) 원본 『성훈통고』(1956)의 권(券)과 면(面).

15) 오복이란, 인생에 있어 바람직한 5가지 복을 말하는 것으로, 『서경』 홍범편에 의하면 첫째, 장수를 원하는 수(壽), 둘째는 부유하게 살기를 바라는 부(富), 셋째는 일생 동안 건강하게 살고자 하는 강녕(康寧), 넷째는 다른 사람을 위해 봉사하자는 유호덕(攸好德), 다섯째는 모든 소망과 봉사를 이룬 뒤 자기 집에서 일생을 편안히 마치기를 바라는 고종명(考終命)이다.

다는 것이 금강대도의 중요한 신앙 관념을 이루고 있음을 알 수 있다.

그렇다면 이제 구체적인 사례를 통해서 발병의 원인을 분석해 보자.

(1) 신앙이 독실하지 못했기 때문

【사례 1】

4-28 김난단(金蘭丹)이 개도 59(1932)년 8월 21일에 금천에 들어가서 성사를 배알하니, 그때에 난단이 복통으로 고통을 당한 지 3개월여라. 이것을 고달하니 물으시기를, "네가 누구더냐?" 대답하기를, "김연정(金蓮程)의 자부요 박중면(朴重冕)의 처입니다." 가라사대 "그렇다면 네가 봉천(鳳川)으로부터 이사한 후에 와서 선생을 뵈인 것이 몇 번이냐?" 대답하기를 "이번이 처음입니다." 가라사대 "너의 복통은 금천에 오지 않은 죄이니라." 하시니 난단이 여쭙기를 "약을 쓰는 것이 좋겠습니까? 어떻습니까?" 하니 성사 가라사대 "네 뜻대로 하라. 약을 써서 다스리는 것과 심성(心性)으로 다스리는 것이 다만 네 마음에 있느니라." 하시니 난단이 그 죄를 알고 발심(發心)하여 회개하니 며칠이 안 가서 약을 쓰지 않고도 스스로 나았다. <3-34-1>

이 사례에서는 복통의 원인을 스승을 찾아보지 않은 죄, 즉 신앙적인 무성의로 돌리고 있다. 환자가 그 죄를 알고 스스로 회개하니 약을 쓰지 않고도 낫게 됨으로써, 환자로 하여금 신앙에 더욱 열성을 다하게 했을 것이다.

▲ 일제에 의해 강제 철거된 구성전 전경

(2) 가화(家和)하지 못했기 때문

【사례 2】

9-7 이중식(李重植)이 그 아내의 인통(咽痛)이 위중한 고로 성사께 고달하니, 성사 가라사대 노하시며 꾸짖어 가라사대, "너희 내외가 항상 불평하는 고로 그 벌을 받는 것이다. 다시 개과천선하면 무사하리니, 돌아가 보아라." 하시거늘 중식이 두려워 감히 고개를 들지 못하고 황공히 물러나와 집에 돌아가 보니, 아내의 인통이 홀연히 쾌차하니 참으로 성은은 불가사의한 것이다. <4-14-2>

【사례 3】

9-12 매곡(梅谷) 윤명준(尹明俊)이 개도 68(1941)년 3월 15일에 성사를 가깝게 모시고 도를 닦고자 처자를 이끌고 연기군(燕岐郡) 금남면(錦南面) 축산리(丑山里)에 가서 살았다. 가세가 가난하여 근근이 생계를 유지하는 것으로 낙을 삼다가 하루는 우연히 생활 곤궁으로 부부간에 다투게 되어 심신이 불안하더니, 장녀 묘진(妙鎭)이가 부모가 불화한 걸 보고 갑자기 병을 얻어 목이 뻣뻣하고 풍(風)을 일으키며 언어가 불통하여 거의 사경에 이른 것이 벌써 3일이 지난지라. 온 식구가 놀래고 당황하여 어찌할 바를 모르다가 하루는 부부가 생각을 바꿔 딸아이의 병은 가정이 불화했기 때문이니 그 죄 만 번 죽어 마땅하다고 하면서 허물을 뉘우치며 부부가 마음을 합해 목욕재계하고 성사부모께 대죄 암축(暗祝)하며 말하기를 "제자 윤명준의 불화한 죄를 특히 너그럽게 용서하시고 굽어살피시어 딸아이를 살려 주소서." 하며 계속 심축하였다. 그러자 돌연히 여아가 회생하며 말하기를 "방금 꿈에 제가 떠돌다가 어느 곳에 이르러 보니 성사의 사택이었습니다. 성사께서 웃으시며 말씀하시기를 묘진아, 네 병은 네 집이 화목하지 못한 죄이니라. 회개하면 즉시 나으리니 근심하지 말라 하시고 연꽃 한 송이를 내려 주시거늘 절하여 받으며 꿈을 깼습니다." 하였다. 명준 부부가 대죄를 마치고 더욱 신이한 성은에 감읍하여 믿는 마음과 받들어 행함이 전날보다 배나 되었다. <5-22-1>

이 두 가지 사례에서 발병의 원인은 집안이 화목하지 못했기 때문이다. '가화'는 토암의 도덕 가운데서도 가장 중요한 위치를 차지하고 있는 대표적인 가르침이다. 그는 "내 문하에 종사하고자 할진대는 먼저 가화하여 부모께 효도하고 형제간에 우애하여 인도(人道)를 밝히어라. 금강대도는 오직 윤상을 밝히는 데 있을 따름이니라."[16]고 하였으니, 그가 가르치고자 하는 도덕 가운데서도 가화를 특히 강조하였음을 알 수 있다. 또한 "사람의 길흉화복이 하늘이 내려 주시는 것이 아니라 집안이 화목하지 않으면 질고가 생기는 것이다."[17]라고 하였으며, "가화에 만사성이니 금은보화가 '가화'만 못한 것이니라."[18]고 하여, 가화의 여부가 일신의 건강을 비롯하여 인간의 행복과 불행을 결정짓는 가장 결정적인 조건이 되고 있다.

토암이 평소에 이렇게 가화를 강조하였기에 【사례 3】에서 보는 바와 같이, 아이의 병으로 인하여 스스로 가화하지 못한 것에 대한 죄의식을 불러일으킨 것이다. 웨더헤드는 질병을 가져 오는 심리적 요인으로 죄의식, 사랑의 결핍, 감정적인 혼란 등을 꼽으면서, 종교는 사람의 감정을 부정에서 긍정으로, 미움에서 사랑으로 바꾸게 함으로써 질병의 예방과 치료에 적절성을 가지고 있다고 하였다.[19] 이 경우에 있어서도 토암은 질병의 치유라는 과정을 통해서 제자들에게 육친(六親) 간의 화합, 나아가서는 천지 가족 삼라만상 상호 간의 사랑을 촉구하고 있음을 알 수 있다.[20]

(3) 옳지 못한 행동을 했기 때문

【사례 4】

---

16) 『성훈통고』 편집본, 9-3.
17) 『성훈통고』 64-1쪽.
18) 『성훈통고』 편집본, 9-2.
19) Leslie D. Weatherhead, Psychology, Religion and Healing(New York : Abingdon Cokesbury Press, 1951).
20) 금강대도의 가화 사상에 대한 좀 더 깊은 논의는 졸저, 『건곤부모님과 금강대도의 진리』, 미래문화사, 2003, 186~192쪽 참조.

11-21 김봉단(金鳳丹)이 개도 59(1932)년 2월 그믐에 청주에서 금천으로 이사하였는데 다음달 3월에 아들을 잃고 9월에 딸을 낳았다. 산후 4개월을 몸져누워 회생의 가망이 없었다. 하루는 성사께서 불러 가라사대 “네가 이사한 후에 아들을 잃고 딸을 얻었는데 어찌해서 후회하고 애통하여 눈물을 많이 흘리는가? 네가 능히 반성하고 회개하면 며칠 안 가서 나을 것이다.” 하시고 그 남편 최우식(崔佑植)으로 하여금 쌍화탕 한 첩을 쓰라 하시거늘 물러나 귀가하여 명령대로 약을 썼더니 전신의 부증(浮症)이 낫더라. <4-50-2>

【사례 5】

11-24 광음(光陰) 김천서(金千瑞)가 고향에서 땅을 팔아 금천에 들어가니 마침 대성사모께서 승하하신 때였다. 모인(某人)이 장례비로 쓴다 하고 돈을 빌려 가더니 1년이 지나도 보상할 뜻이 없거늘 천서가 분개함을 이기지 못하여 그에게 손찌검으로 욕을 보였는데, 이후로 전신이 크게 아파서 앉고 일어나지를 못하였다. 종일토록 고통받다가 밤에 뉘우치기를 “저와 내가 다 같이 성문의 제자인데 저가 돈을 빌린 것이 사사로이 쓰기 위함이 아니요 양례에 쓴 것이어늘, 이와 같이 욕을 보였으니 그 욕이 사문에 미친 것이라.” 하고 대성사모께 대죄하니 몸의 통증이 즉시 낫더라. <5-42-2>

【사례 6】

11-27 조채광(趙彩光 ; 梁世容 妻)이 가산을 정리하여 금천에 이사 와서 살다 보니 어언간에 손에는 돈 한 푼 없고 생활을 도모하기가 극히 군색하였다. 아이들이 밥을 찾아도 줄 것이 없으니 굶주림이 불쌍하고 안타까워 채소에 장을 찍어 주며 말하기를 “기갈이 심한 것은 너와 내가 일반이라.” 하고 도에 들어온 것을 후회하고 원망이 사문(師門)에 미쳤다. 그러더니 문득 눈에 하얀 이물질이 생겨 보아도 보이지 않게 되었다. 우울하고 송구함을 이기지 못하여 남편의 부축을 받아 사택에 들어가니 성사께서 보시고 가라사대 “눈이 어찌 그리 됐느냐? 쓸데없는 말을 많이 하지 않았는가?” 하시면서 경계하시거늘 채광이 황공하여 대죄하니 눈이 문득 희미

하게 밝아지게 되었다. 이에 혼자 귀가하여 밤이 지나자 눈이 정상으로 돌아오니 그 신이함에 감탄하여 더욱 하늘과 같은 성은을 깨닫고 다시는 감히 원망과 후회를 하지 않았다. <6-53-1>

이 세 가지 사례에서 발병의 원인은 옳지 못한 행동이나 말, 또는 생각 등이 원인이 되고 있다. 불교에서도 몸과 입과 생각으로 짓는 신구의(身口意) 삼업(三業)을 경계하고, 삼독(三毒)이라 하여 탐진치(貪嗔痴) 세 가지를 인간 무명(無明)의 조건으로 내세우고 있다. 토암은 "군자와 소인의 나뉨이 언행과 마음 씀씀이에 달려 있으니, 입으로는 망언(妄言)을 하지 말고, 마음으로는 망령된 생각을 하지 말라. 마음을 속이면 하늘을 속이는 것이니, 마땅히 경계할지니라."[21] 고 하여 도덕군자가 되기 위해서는 특히 언행에 주의할 것을 가르치고 있다.

심리학자인 폴 튜니어(Paul Tournier)는, 질병은 삶의 자세, 그릇된 식이요법, 폭주, 과로, 문란한 성생활, 도덕적 가책 등이 수년간 쌓여서 결국 자기 자신의 존재 활력을 상실할 때 나타나는 것이며, 인간의 죄성과 타락이 원인이라고 하였는데,[22] 올바르지 못한 행동이 마음에 가책을 일으키게 되고, 결국은 그것들이 쌓여 병의 원인이 될 수 있다는 것이다.

(4) 어육을 먹었기 때문

【사례 7】

10-8 미곡(微谷) 홍사영(洪思英)이 젊어서부터 술과 고기를 특히 즐기다가 한 번 스스로 입도하여 신행한 이후에 대성사모의 불상을 조성하여 집 뒤에 신축한 법당(唐津 合德)에 봉안하고 주육(酒肉)을 일절 금하게 되었

---

21) 『성훈통고』 편집본, 11-1.
22) Tournier, Paul, 『인간 치유의 길』, 황찬규 역, 보이스사, 1977, 127쪽.

다. 하루는 안면도(安眠島)에 가서 친구를 만났는데, 주육을 권하거늘 사영이 처음엔 사양하다가 강권에 못 이겨 스스로 생각하기를, "여기서부터 부처님이 계신 곳까지는 백여 리나 멀리 떨어졌으니, 이와 같이 먼 거리까지는 감찰하시지 못할 것이다."라고 하여 권유에 따라 술과 어육을 배부르게 먹었다. 그런데 갑자기 한기(寒氣)가 발작하여 움직이기도 어려워 거의 죽을 지경이더라. 업혀서 집에 이르러 그 죄를 깨닫고서는 목욕하고 부처님 전에 대죄하니 병이 씻은 듯이 낫는 고로 항상 스스로 말하기를 "신명의 감찰하심은 원근이 없다."고 하더라. <4-2-1>

금강대도는 계율 중의 하나로 '불식어육류(不食魚肉類)'를 꼽을 만큼 철저하게 육식을 금하는 종교이다. 토암은 "사람이 자식을 낳음에 기르기 어려운 것과 일생 병을 안고 사는 것이 다 전생에 살생한 과보(果報)이니라."[23]고 하여, 살생과 육식을 경계한다. 이러한 토암의 평소 가르침이 죄의식을 불러일으켜 결국 탈이 나게 되었던 것이다.

(5) 풍수지리의 부조화 때문

【사례 8】

4-25 하루는 성사께서 포교를 명하시기에 녹청(鹿淸) 윤석표(尹錫杓)가 분부를 받자와 천안(天安) 해정리(海亭里) 이우연(李禹淵)의 집에 당도하니, 우연의 어린 딸이 병이 들어 몇 달간 고생했으나 백약이 무효하고 거의 죽을 지경에 이르렀다. 우연이 성사께 품달코자 하나 황공하여 고달하지 못하거늘 석표가 눈 뜨고는 차마 보지 못하여 사택에 이르러 고달하니, 성사께서 가라사대, "뒷마당 동편에 유력한 지맥을 깊이 팠으므로 그러하니라." 곧바로 이 말씀을 우연에게 전하니 과연 사실이라. 온 가족이 깨닫고 나니 아이가 쾌차한지라. 성사의 도덕은 천지와 함께 짝을 하고 일월과 함께 밝으시어 감화하지 않는 곳이 없으니, 높고 높은 성화는 이름할 수 없

23) 『성훈통고』 편집본, 10-6.

도다. <3-6-2>

【사례 9】

15-21 김경단(金慶丹 ; 林日星 妻)이 본래 질병이 있어 고생하더니 입도 후에 전 가족이 들어가 성사를 뵙고 그 시모가 성사께 고달하기를 "며느리가 병이 있어 보기가 심히 민망하여 죄송함을 무릅쓰고 고달하나이다." 성사 가라사대 "전 가족이 이렇게 와서 보니 이것은 기쁜 일이나 병을 묻는 것은 스승을 의사로 대하는 것이니 이것은 칭찬할 수 없다." 하시고 하교하시기를, "시부의 산지(山地)가 불길하기 때문이니 즉시 개장하여라." 하시고 혈 하나를 가르쳐 주시며 가라사대, "여기로 개장을 하면 3년 후에 발복하여 경사가 있으리라." 하시니 가족이 물러나와 협의하여 묘를 파 보니 과연 광중에 물이 가득 차 있었다. 성사께서 보여 주신 혈에 하관을 하니 광(壙) 하나의 땅이 스스로 천연의 석곽(石槨)이 되어 성사의 말씀과 같았다. 후에 경단이 몸이 회복되고 3년 후에 아이를 가져 아들을 낳게 되었다. <5-32-2>

【사례 10】

15-23 이연광(李蓮光)의 아들 이만석(李萬石)이 병이 들어 거의 사경에 이르자 성사께서 친히 왕림하시었다. 보시고 말씀하시기를 "네 아버지 묘에 구더기가 가득 찼으니 그 아들이 어찌 이와 같지 않을 수 있는가? 만일 부주의하면 생명을 보전하기 어려우리라." 하시고, 곧바로 친히 만석의 이모부 집에 행차하시어 하명하시기를 "지금 만석의 아비 묘소에 가서 무덤을 움직여라." 하시고 다음 날 아침에 연광에게 하문하시기를 "아이의 병은 어떠한가?" 하시었다. 대답하기를 "조금도 차도가 없습니다." 하니 "일이 거의 구하기 어렵도다." 하시고 즉시 주머니 돈을 꺼내 안정호(安政鎬)에게 주시며 "네가 즉시 대평리(大平里)에 가서 마포(麻布)를 횡대(橫帶)로 칠성판(七星板)을 사서 만석의 아비 묘를 옮기어라." 하시고 이승두(李承斗)에게 이르시기를 "구묘에서 몇 발자국 떨어져 써도 거의 산화를 면하리니 네가 가서 보아라." 하시었다. 그 묘를 파니 과연 나나니벌 같은 벌레가 송장에 가득 차서 눈 뜨고는 차마 볼 수 없더라. 개렴(改殮)을 할

때에 사람의 살을 무는 고로 일하기가 심히 어려웠다. 묘를 파서 자리를 쓴 후에 아이의 병이 곧 나아 며칠 안 가 완전히 나으니 성사의 크신 은혜를 보답할 바가 없더라. <6-39-2>

여기서는 사람이 사는 양택(陽宅)이나 조상을 모시는 음택(陰宅)이 사람의 행복한 삶에 영향을 미친다는 풍수지리 사상이 나타나고 있다. 토암은 인간의 '사원성취(四願成就)'[24]를 말하고 있는데, 그 중 하나가 '명당대지(明堂大地)'일 정도로 풍수지리를 존중한다. 실제로 『성훈통고』에는 바로 이 풍수에 관련한 토암의 신통력과 혜안을 소개하는 자료들이 풍부하게 수록되어 있다. 따라서 여기에서도 제자들에게 풍수에 관한 관심을 불러일으키고 있다고 보여진다.

풍수에 관해서는 현대적인 시각에서 많은 논란이 있는 줄 알지만, 최근 생태 의식의 계발이 절실한 시점에서 자연과 인간의 조화를 추구하는 사고방식은 상당히 의미가 있다. 질병과 관련해서도 바로 인간을 둘러싸고 있는 환경적 요소의 중요성을 지적하는 연구가 나오고 있음을 볼 때, 절대로 그냥 지나칠 수 없는 중요한 문제를 시사해 주고 있다.

4. 치병의 방법

오늘날 신앙 치료를 연구하는 사람들은 치유란 전인성을 내포하고 있다. 따라서 육체적, 정신적, 사회적, 영적 치유가 통합적으로 이루어져야 한다고 말한다. 정신의학자인 제롬 프랭크는 "믿음은 환자의 질병의 핵심을 이루고 있는 공포나 좌절과 같은 특별한 감정

---

24) 첫째는 도덕군자요, 둘째는 귀한 자식 두는 것이요, 셋째는 명당대지 얻는 것이며, 넷째는 생사극락을 얻는 것이 군자의 네 가지 소원이라고 한다.

들에 대한 구체적인 해독제가 될 수도 있다. 이러한 환자들에게 있어서 어떻게 해서든지 기대에 찬 신뢰감을 갖게 하는 것은 폐렴에 대해 페니실린이 효과가 있는 것처럼 병원(病源)을 치료하는 데 매우 효과적일 것이다."[25)]라고 말한다. 즉 치유를 위한 최적의 조건은 믿음과 의학적, 심리적 시술의 결합에 있고, 이것이 하나의 신앙으로 표현된다는 것이다. 토암이 제자들을 치유하는 방법 역시 굳은 믿음과 정성을 불어넣어 주는 것이며, 그것을 통해서 자기가 의도하는 가르침으로 제자들을 교화하고 있다.

(1) 스스로의 권능과 감화

【사례 11】

1-20 조채동(趙採洞)이 개도 60(1933)년 5월 15일에 둘째 아들이 갑자기 병이 들어 성사께 고달하니 성사께서 사람을 시켜 밥을 주게 하시고 가라사대, "염려 말고 귀가하라. 아이는 반드시 괜찮을 것이다." 하시거늘 즉시 물러 나와 돌아가 보니 아이의 병이 나아 잘 놀고 있으니 성인 감화의 힘은 불가사의한 것이다. <4-32-1>

【사례 12】

1-23 개도 53(1926)년 9월에 청금(淸琴) 이화연(李華璉)의 형수가 산기가 있어 7일간 신고함에 거의 사경에 이르렀다. 그 형 수복(壽福)이 말하기를 "사부님은 하늘이 내신 성인이시니 만사에 통하지 않음이 없으시니 빨리 가서 고달함이 어떻겠느냐?" 화연이 즉시 달려가서 성사께 고달하니 가라사대 "걱정 말고 돌아가거라. 그 사이에 순산할 것이다." 하시었다. 절하고 물러 나와 귀가하니 과연 탈 없이 순산함에 형제가 성명(聖明)에 감탄하여 더욱 열복(悅服)하더라. <5-36-1>

---

25) Morton T. Kelsey, 『치유와 기독교』, 배상길 역, 대한기독교출판사, 1986, 258쪽.

제자들에게 굳은 믿음을 갖게 함에 있어서 자신의 권능을 보여주는 것은 필수적인 일이었는지 모른다. 이 사례에서 보는 바와 같이 질병의 고통을 호소하는 사람에게 아무런 처방도 해주지 않고, 그냥 '염려 말고 귀가하라.' '걱정 말고 돌아가거라.' 하였고, 결국 그 병이 낫게 되었다는 것은 토암 자신의 신통한 권능이나 영험이라고밖에는 설명할 수 없다. 이러한 사례들이 당시의 민중들에게 얼마나 큰 신뢰감과 신앙심을 불러일으켰을까 하는 것은 미루어 짐작할 수 있는 일이다. 또한 이러한 절대적인 신앙심이 병을 낫게 하는 정신적인 힘으로 작용했음도 잘 알 수 있다.

(2) 제자들에게 치병의 능력을 줌

【사례 13】

7-8 개도 54(1927)년 8월에 최인섭(崔仁燮)이 병이 심하니, 성사께서 박양래(朴陽來)에게 하명하시기를, "네가 가서 병을 고쳐 주거라." 하셨다. 양래가 황공하여 대답하기를 "무지몽매한 제가 어찌 병을 고치겠습니까?"라고 하였으나, 성사께서 "네가 도담을 잘하니 속히 가 보거라." 하시거늘 명을 받잡고 곧 가서 혹 도담도 하고 혹 명성경(明聖經)도 외우면서 밤을 꼬박 지냈더니 병은 곧 쾌차하더라. <4-24-1>

【사례 14】

7-9 성사께서 황적동(黃寂洞)에 계실 때에 오희성(吳熙成)이 나아가 배알하니 이때는 개도 42(1915)년 8월 15일이었다. 성사께서 침통 한 개를 하사하시며, "내 소매 속에 있는 물건을 희성에게 주노니, 긴급할 때에 사용하라." 하시거늘 희성이 공경히 받아 돌아가는데, 마침 괴질로 길가에 쓰러져 있는 사람이 있거늘 시험 삼아 한 번 침을 놓으니 손을 응하여 벌떡 일어나서 즉시 완전한 사람이 되더라. 이후로 누차 시험함에 응험이 여일하여 수십 인을 구하여 살리고 비록 이미 운명한 자라도 능히 회생시키니 보는 사람이 모두 놀라고 듣는 자가 기이하게 여기지 않는 자가 없었다.

그들이 비결을 물을 때마다 성사의 가르침을 자세히 설명해 주니 모두 제자 되기를 원하여 불과 8개월 만에 사방에 소리가 울리니 성화(聖化)가 미치지 아니한 바가 없고 그 사이에 세세한 영적(靈蹟)은 진실로 열거하기가 어려울 지경이더라. <5-20-1>

토암 자신의 권능을 보여 주는 또 다른 방법은 본인의 치유 능력을 제자들에게 허용함으로써 자신을 대신하여 중생을 교화하도록 했다는 것이다. 의술에 관한 지식이 전혀 없는 사람에게 '도담(道談)'이나 '독경(讀經)'을 통해서, 또는 침을 통한 치병의 능력을 주었다는 것은 토암 자신의 신통력이나 영험함이 어느 정도였는지 잘 나타내 주는 사례이다.

물론 이러한 방편(方便)적인 치병 행위를 오랫동안 지속시킨 것은 아니다. 어느 정도 시일이 지나고 많은 사람들을 입도시킨 다음에는 곧 그 능력을 거두어들였다고 하니, 이것은 그가 이러한 신통력을 남발하려고 했던 것은 아님을 말해 준다. 말 그대로 불가피한 상황하에서 임시적인 방편으로서 이러한 치병의 능력을 이용했다고 보는 것이 옳을 것이다.

(3) 성전에 치성을 올리도록 함

【사례 15】

2-46 석춘(惜春) 변영기(卞榮璣)가 하루는 병이 심하여 정신이 혼미한 가운데 그 처 이창광(李昌光)에게 말하기를, "사택에 갔다 오시오." 하거늘 집안사람이 모두 헛소리인가 의심하여 믿지 않았다. 영기가 노하여 꾸짖기를 "왜 속히 갔다 오지 않으시오?"라고 소리치니, 창광이 간호할 사람이 없는 것을 염려하면서도 거역하기가 어려워 부득이 길을 떠나는데 마침 비가 내렸다. 비를 무릅쓰고 금천에 이르러 성사를 배알하니 성사 가라사대, "어찌 비를 무릅쓰고 왔느냐?" 하시니 창광이 고하였다. 성사께서 빨리 돌아가라 하시면서 "가난한 처지에 과용할 수는 없고 백미 다섯 되를 깨끗

하게 준비해 와서 대법당에 치성을 올려라." 하시니 즉시 길을 돌려 종도(種稻)를 찧어서 쌀 다섯 되를 깨끗하게 가려서 곧 금천에 당도하였다. 치성을 마친 후에 성사께서 또 가라사대 "집에 위중한 환자가 있는데 어찌 오래 머무를 수 있겠느냐?" 하시거늘 배례하고 집에 돌아가니, 그 남편 영기가 병이 말끔하게 나아서 병들지 않았던 사람처럼 이웃집에 갔으니 성인의 과화존신의 묘를 어찌 이루 다 열거할 수 있겠는가? <5-30-1>

【사례 16】

2-48 홍남양(洪南陽)이 족인(族人) 초현(超峴) 김경동(金敬東)의 권유로 참회하였는데, 김백남(金白南)이 말하기를 "성사를 독실히 신앙하면 장차 도덕군자가 되고 모든 소원을 다 성취할 수 있다."고 하거늘, 남양이 묻기를 "둘째 아들이 20세 때에 우연히 알 수 없는 증세로 열 손가락이 모두 굽었다가 펴지지 아니하여 불구자가 되었으니 마음을 붙이고 신봉하면 굽은 손가락을 펼 수 있겠습니까?"라고 하니, 백남이 "다만 신앙의 여하에 있소이다."라고 대답하였다. 다음날 아침 문안 시에 성사 하교하시기를 "아들의 굽은 손가락을 펴려면 첫째는 독신(篤信)이요, 둘째는 법당에 치성을 올리면 될 것이니라." 하시니 남양이 목욕재계하고 준비를 갖춰 지극한 정성으로 치성을 올렸다. 치성이 끝나니 성사 가라사대 "귀가하면 반드시 기쁜 일이 있으리라." 하시어 남양이 돌아가 보니 아들의 굽은 손가락이 마음대로 굽혔다 폈다 하더라. 그 아들이 말하기를 "어머니가 금천에 들어간 다음 날 오후 1시경에 열 손가락이 우연히 스스로 펴졌습니다." 하니 곧 치성을 올리던 때였더라. 전날 남양이 치성을 올리려고 목욕재계하여 준비할 때에 가족과 동네 사람이 다 비웃고 헐뜯으며 허망한 일이라 하더니, 지금 이러한 결과에 가족의 희열은 말할 나위가 없고 백여 호 큰 동네 사람이 다 놀라지 아니한 자가 없어서 스스로 입도하는 자가 헤아릴 수 없이 많았다. <5-53-1>

【사례 17】

2-49 개도 56(1929)년 3월 12일에 보경(寶鏡) 안영득(安永得)이, 모친 이씨가 우연히 병을 얻어 사경에 이르렀는데 약을 써도 효과가 없으니 금산

(錦山)에 와서 성사를 배알하였다. 가라사대 "네가 능히 잘 믿으면 네 모친의 병은 약을 쓰지 않아도 저절로 나으리니 네가 1년 농사를 지어서 한 번이나 법당에 치성을 올렸느냐?" 대답하기를 "아직 못했습니다." 하니 가라사대 "네가 즉시 치성을 올리면 모친의 병이 저절로 나으리니 과히 근심하지 말라." 하시니 영득이 물러 나와 치성을 올리고 귀가하니 모친의 병이 문득 나았더라. <5-56-2>

토암은 절대적인 신앙심을 갖게 하는 하나의 방법으로서 법당에 치성을 올리도록 하였다. 신병에 걸린 무당이 내림굿을 통해 고통을 해결하는 것이나, 천도교의 접령(接靈) 체험을 통한 치유, 또는 기독교의 기도를 통한 신유(神癒) 등도 모두 신과의 만남이 치유의 선결 조건이라고 볼 수 있다.

토암이 법당에 치성을 올리도록 한 것은 결국 고요한 마음 상태에서 정성을 다해 건곤부모를 갈구하라는 뜻으로 볼 수 있다. 어떤 점에서는 가톨릭 등에서 행하는 고백, 또는 고해성사와도 유사한 면이 있다. 웨더헤드는 신체적인 질병이 감정적인 상태에 의해 원인되어지는 때, 특히 감정이 절망되었을 때, 죄의식과 좌절, 절망, 공포 등을 해소시키는 고백이 신체적 질병을 치유하는 전환점이 된다고 하였는데,[26] 토암이 법당에 치성을 올리도록 한 것도 같은 맥락에서 이해할 수 있다.

(4) 독실한 신앙을 교화(教化)함

위에서 자신의 직접적인 권능을 행사한 치병 사례를 소개하였지만, 더 많은 경우에 치병은 자신의 도덕적인 가르침을 교화하기 위한 수단으로 사용되고 있다. 이제 치병을 통해서 그가 가르치고자 하는 것이 무엇인지 살펴보도록 하자.

---

26) Leslie D. Weatherhead, op.cit., p.477.

【사례 18】

2-25 녹골에 장모(張某)라는 사람이 내종(內腫)으로 십여 년간 신고하여 폐인이 다 되었는데, 그 처가 조석으로 성사께 와서 지성으로 약을 묻거늘, 성사 가라사대 "나는 의원이 아니니, 어찌 약을 주겠는가? 그러나 그 정성에 감동하여 다만 약방(藥方)을 가르쳐 줄 터이니 믿고 들을 텐가?" 하시니, 대답하기를, "감히 안 그럴 수 있겠습니까? 꼭 믿고 따르겠습니다."고 하였다. 때는 마침 8월인데 성사께서 가라사대 "햅쌀을 잘 찧어 송편을 정성스레 만들어서 먼저 나에게 한 주발을 보내고, 그 나머지는 병자가 실컷 먹게 하라." 하셨다. 그 처가 즉시로 실행하여 과연 완치를 보니, 지성으로 진짜 믿으면 모든 일이 다 이루어질 것이라. <3-3-1>

여기 소개한 사례는 독실한 신앙을 강조하고 있는 가장 전형적인 이야기이다. 여기서 '나는 의원이 아니라.'는 말이 중요하다. 그는 기본적으로 병을 고치는 것은 의원이 해야 할 일로 생각하고 있었다. 그 자신이 의원이 해야 할 일까지 월권하여 모든 치유를 하려고 한 것은 아니라는 점이다. 그 '정성'이 가상하여 처방을 해 준다고 하는 것에서 토암이 가르치고자 하는 진짜 의도를 잘 알 수 있다. '지성이면 감천'이라는 옛말과 같이 환자와 그 가족의 정성이 지극하여 그에 대한 감동으로 약을 줄 수밖에 없었다는 것이다. 즉, 그는 모든 것을 본인 스스로의 노력과 정성의 문제로 돌리고 있다. 앞에서도 지적했듯이 인간을 신 앞에 수동적이고 나약한 존재로 보지 않고, 지극한 정성을 통하여 자신의 운명을 개척할 수 있는 능동적인 존재로 보았다는 점이다.

그리고 '믿고 들을 텐가?'라는 말은 환자 자신의 정신적인 면을 굳건히 함으로써 병을 고치려고 하는 신앙 치료의 일면을 보여 준다. 우리는 육체적 질병 중 많은 부분이 정신 상태에 의해 발생한다는 사실을 상기할 필요가 있다. 믿음이 모든 걸 해결해 주는 것은 아니지만, 적어도 정신적인 불안으로 인한 질병은 고칠 수 있을 것이다. 송편을 먹게 한 것이 결코 의료적인 처방일 수는 없다. 다만 이것은 불안해하는 환자와 그 가족들의 믿음을 굳건히 함으로써 심리적인 안정을 가져왔고, 그로 인해 치병을 할 수 있었던 것으로 생각할 수 있다.

(5) '가화'를 교화함

【사례 19】

9-8 성태경(成泰慶)이 일찍 고아가 되어 처부모를 모시고 살아가는데, 장인 율정(栗亭) 신선모(申善模)가 환후가 있어 부부가 함께 성사께 고달하니, 가라사대 "너희 부부가 불화하여 네 장인이 병이 난 것이니, 너희 부부가 회개하여 화합하고 성묘(聖廟)에 치성하면 차도가 있으리라." 하시거늘 부부가 분부를 모시고 두려움에 회개하고 치성을 올리니, 과연 쾌유하더라. <4-21-1>

【사례 20】

9-9 개도 57(1930)년 10월 7일에 김고경(金高景 ; 朴昌善 妻)이 시모 병환으로 성사께 고달하니 성사 가라사대, "부부간 불화의 죄가 네 시어미에게 미친 것이니, 마음을 고친 연후에야 그 병을 고칠 것이요 약물로 치료될 병이 아니니라." 하시거늘, 물러 나와 그 남편과 함께 회개하고 사부의 명을 시모께 고하니, 환후가 곧 낫더라. <4-25-1>

【사례 21】

9-13 영곡(靈谷) 민영원(閔泳源) 형제가 한집에 살았는데, 개도 52(1925)년 봄에 가정불화로 편안치 않으니 눈물을 흘리기까지 하였다. 그 후에 눈이 크게 붓고 소경이 되어 좌불안석이라. 모친을 따라 금천에 들어가 성사께 문안하니, 성사께서 꾸짖어 가라사대 "어찌 가정불화로 눈물을 흘리느냐? 네가 눈이 머는 것이 마땅하다." 하시거늘 저녁 후에 존전(尊前)에 대죄하니 다음날 아침 돌아가는 길에 눈이 다시 밝아져 걸어서 집에 가니 곧 쾌차하였다. <5-28-1>

가화는 토암이 가장 강조하는 덕목이다. 토암은 장인과 시모의 병환에 대하여 부부간의 불화 때문이라는 진단을 내린다. 또한 눈이 먼 사람에게는 가정불화로 눈물을 흘렸기 때문이라고 말한다. 이러한 사례들을 통하여 토암은 가화의 중요성을 가르치고 있다. 별다른 처방도 없이 다만 회개함으로써 치유를 보았다고 하는 점은 역시 순수한 마음과 신앙심이 초래한 결과라고 생각할 수 있다. 토암에 대한 단순한 복종과 절대적인 신뢰가 마음의 평정을 가져왔고, 그러한 상태에서 토암의 교화가 행해졌을 때, 놀라운 치유가 이루어진 것이다.

(6) 올바른 행동을 교화함

【사례 22】

11-18 성사께서 오희성(吳熙成)의 집에 머무르실 때에 희성의 처 이씨가 잉태 6개월에 몸이 가볍지 아니하고, 또 7세 여아가 잘못하는 일이 많아서 항상 성을 많이 내었다. 하루는 이씨가 그 딸을 책망하되, "왜 빨리 죽지 아니하는가?" 하더니 홀연히 태아를 조산(早産)하여 아기가 완전치 못하고 형체를 겨우 갖췄더라. 온 집안이 허둥지둥하여 어찌할 바를 모르니 성사께서 가라사대, "큰 아이의 죽음을 바라니, 어찌 태아가 조산하지 않겠느냐? 이것은 좋지 아니한 구업(口業)으로 이러한 신벌(神罰)에 이른 것이니 누구를 원망하리오. 앞으로 마땅히 경계하고 삼가라." 하시고, 이어 하교하시기를, "좋은 솜으로 미지근한 물을 적셔서 아이를 감싸고, 차갑지도 뜨겁지도 않은 온돌에 두고 때때로 젖을 빨리거라." 하셨다. 그 아이가 점차로 완성되어 잘 자라서 출가하게 되니, 성문(聖門)에서 일언(一言), 일행(一行)을 감히 경솔하게 어겨지고 거슬리지 못함이 이와 같은 결과를 가져옴이라. <4-4-2>

【사례 23】

11-26 이환수(李煥秀)가 우연히 한쪽 발의 통증이 생겨 2년 동안에 많은

침과 약을 썼지만 효과를 보지 못하였다. 그런데 이승두가 성묘에 치성 올리기를 권하거늘 환수가 일차 치성을 올리고 가고, 다시 문안차로 들어가 뵈오니 저녁 후에 성사께서 제자를 모아 교화하시는 중이었다. "환호(煥豪)는 왔느냐?"라고 부르시고는 크게 꾸짖으시기를 "네가 내 문하에 종사하면서 음주를 끊지 못하고 성내는 마음을 금하지 않으니 이 같은 자가 어찌 가히 도인이 되겠는가? 네 이름이 좋지 않으니 빨리빨리 이름을 고쳐라." 하시었다. 환수가 아뢰기를 "황송하오나 엎드려 청하오니 성사께서 고쳐 주십시오." 하니 호(豪)자를 수(秀)자로 바꾸어 주심에 이후로는 환수(煥秀)로 행세하게 되었다. <5-71-1>

여기서는 입으로 짓는 업보, 즉 구업(口業)과 성내는 마음, 즉 진심(嗔心)을 경계하고 있다. 무엇보다 실천적인 행동을 강조하는 것이 토암의 가르침이다. 따라서 이러한 사례를 통해서 올바른 언행을 가르치고 있는 것이다. 그는 " '행한다.' '행한다.' 하지마는 또한 행하지 못할 바가 있으며, '말한다.' '말한다.' 하지마는 또한 말하지 못할 바가 있으며, '먹는다.' '먹는다.' 하지마는 또한 먹지 못할 바가 있으며, '믿는다.' '믿는다.' 하지마는 또한 믿지 못할 바가 있으니, 행할 만한 것을 가려 행하고, 말 할 만한 것을 가려 말하며, 먹을 만한 것을 가려 먹으며, 믿을 만한 것을 가려 믿되, 오직 스승의 가르침을 받들어 믿는 것이 도인이니라."[27]고 말하고 있으니, 도덕의 실천을 강조하는 그의 가르침을 잘 나타내주고 있다.

(7) 지극한 정성을 교화함

【사례 24】

8-15 사택 건축 시에 성사께서 이기영(李基寧)에게 말씀하시기를, "네가 오늘 대평리(大平里)로 내려가서 나무 실은 소가 병들어 움직이지 못하거든 고쳐 주어라." 하시니, 기영이 "제가 본래 의술이 없으니 어찌 그럴 수

27) 『성훈통고』 편집본, 11-5.

있겠습니까?"라고 여쭈었다. 성사 가라사대 "네가 지극한 정성이 있으면 네 마음대로 침을 놓더라도 신명의 감응이 있을 것이다." 하시니, 명령을 받들어 대평리에 갔다. 과연 병든 소가 있거늘 마음 내키는 대로 침을 놓으니 소의 병이 즉효라. 자기도 모르게 신기하고 즐거워 돌아와 성사께 고달하니 "네 마음 중에 만 가지 이치가 갖추어져 있느니라."고 말씀하시더라. <4-27-2>

여기서는 사람의 병을 고친 사례는 아니지만, 무엇을 하든 정성을 다할 때 신명의 감화가 따르게 된다는 가르침을 전하고 있다. 금강대도의 대표적인 사상을 '의성(義誠)'이라고 하는데, 여기서 의(義)란 자신에 대한 올바름이요, 성(誠)이란 모든 대상에 대한 정성과 사랑이다. 누구를 대하든 무슨 일을 하든지 정성을 다해야 한다는 것이다. 동학의 최제우는 성경신(誠敬信)을 다해 주문을 외우면 신체적 질병이 사라진다고 했고, 구약성경에서도 "너의 마음을 다하고 힘을 다하여 네 하나님 여호와를 사랑하라."라고 하는데, 이러한 마음이 곧 지극한 정성을 말하는 것이다.

(8) 부모에 대한 효성을 교화함

【사례 25】

8-16 영추(靈樞) 노재성(盧載聲)이 청주에 살 때에 모친이 환후가 있어 수년 동안 낫지 않아 고민하였다. 하루는 이웃집에 갔는데 한 노부인이 말하기를 "공주 지방에 대성인이 출세했는데 아는 것이 신과 같으시니 너의 모친 병환도 가서 묻는다면 어렵지 않게 나으리라."고 하더라. 재성이 그때 나이가 11세인데 나이는 비록 어리나 그 말을 듣고 기뻐하여 다음날 길을 떠나 금천에 당도하여 입도하고 성사를 배알하였다. 성사 하문하시기를 "이렇게 어린 네가 무슨 소원이 있어 왔느냐?" 하심에 대답하기를 "대성인이 출세했다는 말을 듣고 왔나니 기왕 대성인의 제자가 된다면 정성껏 성인의 심법을 받들어 도덕군자가 되고 싶습니다."라고 하니, "어린아이의 말

이 실로 기특하구나." 하시고 또 하문(下問)하시기를, "또 다른 소원은 없느냐?" 하시었다. 재성이 "모친 병고로 수년 고생하니 다행히 성사의 가르침을 얻어 나을 수 있다면 이 또한 하나의 소원입니다."라고 함에 성사 가라사대 "내가 편작(扁鵲)이 아니니 네가 능히 성심으로 수도하고 지극히 효도하면 효성으로써 네 어미 병환을 고칠 수 있으리라." 하시거늘 재성이 명심불망하고 성심으로 봉행함에 모친의 병환이 모르는 사이에 쾌차하더라. <4-59-1>

여기서는 모친의 병환에 대해 의뢰하는 소년에게 효성을 지극히 하라는 처방을 내려 주고 있다. 나라에 대한 충성(忠誠)과 부모에 대한 효성(孝誠), 스승에 대한 성경(誠敬)은 가화(家和) 및 청결(淸潔) 등과 함께 토암이 가장 강조하는 덕목이다. 따라서 이 사례에 있어서도 본인이 치병의 권능을 보여 주기보다는, 환자나 가족 스스로의 정성과 효성을 일깨워 주려는 토암의 의도가 잘 나타나 있다.

(9) 스스로의 독실한 신앙에 의한 치병 사례

【사례 26】

2-39 윤신광(尹信光)이 개도 53(1926)년에 그 아들 김명복(金明福)의 병이 심한데 사람들이 모두 대장군(大將軍) 방(方)에 우사(牛舍)를 지었기에 목신(木神)이 움직인 것이라고 하였다. 이에 신광이 답하기를 "나는 대성인을 믿으니 이 따위 간사한 빌미가 어찌 침입하겠는가?" 하며 사람들 소리를 듣지 않고 다만 성사께 심축하였다. 하루는 꿈에 한 어린아이가 울고 나오면서 말하기를 "세상에 어찌 이 같은 집이 있으리오. 참말로 맹호보다 더 무섭다." 하더니 조금 있다가 성사가 친림하시어 아이의 배를 어루만지며 침을 몇 대 놓으셨다. 그러다가 잠을 깼는데, 아이의 병이 조금 물러간 것 같은지라. 사람들이 다 말하기를 이런 중병을 앓고 갑자기 정도가 감해지는 걸 보니 죽을 것이라고 하였다. 그러나 신광은 말하기를 "염려하지 마시오. 나는 장차 이 아이가 자식 있고 손자 있는 것을 보리라." 하고 호

언장담하더니 과연 잘 자라서 아들, 딸을 낳으니 성인의 과화존신(過化存神)을 어찌 능히 다 말할 수 있으리오. <4-39-1>

【사례 27】

2-43 이우석(李雨錫)의 처 금선(金仙)이 개도 59(1932)년 가을에 우연히 병을 얻어 반신불수하고 식음을 전폐하여 약을 써도 효과가 없어 갈수록 더 악화되니 회생의 가망이 없었다. 어느 날 금선이 식구들에게 말하기를 "우리 집 모든 식구가 일심단합하여 성사를 봉심하면 나의 병이 자연히 나을 것 같다."고 하여 그날로 금천을 향해 출발하는데 병든 몸으로 범과 같이 빨리 갔다. 일행이 무사히 금천에 도달하니 그날은 11월 25일이라. 성사께서 양곡을 주시거늘 6, 7권속이 법당 앞 초가에 머물게 되었다. 12월 그믐에 금선이 갑자기 기절하여 3일 지난 후에 다시 살아나 병이 완전히 낫는 고로 식구들을 데리고 귀향하여 일심으로 성훈을 받는 것이 시종이 여일하더라. <4-52-1>

【사례 28】

4-31 연당(蓮堂) 유진석(兪鎭奭)이 개도 64(1937)년 가을에 인후(咽喉)병으로 4일간 식음을 전폐하고 거의 사경에 이르렀다. 어떤 이웃사람이 와서 위로하기를 만일 빨리 치료하지 않으면 생명에 관계있다고 하면서 개장국으로 치료할 것을 권하거늘 진석이 말하기를 "죽고 사는 것은 명에 있는 것이라. 내가 성문에 입도한 이후로 육식을 금한 것이 1년이 넘었는데 어찌 생명과 관계있다 하여 마음먹은 뜻을 변동할 수 있겠는가. 그 개장국으로 치료하여 생명을 구하느니 차라리 깨끗한 몸으로 죽는 편이 더 낫다."라 하여 고사하고 약을 쓰지 않더니 다음날 아침 병은 말끔히 사라지고 약 없이도 스스로 나으니, 성사께서 말씀하신 심성대약(心性大藥)이 이것이 아니겠는가? 모든 병의 빌미가 다 마음의 삿됨에서 들어오나니, 고로 '마음이 바르면 만병이 사라진다.'라고 하는 것이다. <5-72-1>

여기에 제시한 사례는 직접적인 토암의 교화가 작용했다기보다는 환자 자신의 신앙심이 스스로의 병을 고친 사례이다. 튜니어는 인간의 구조를 기능적인 필요에 의해서 몸, 마음, 영혼의 세 영역으로 구분했다. 몸, 마음, 영혼은 각각 서로 접촉되어 있어서, 몸이 병들면 마음과 영혼에 영향을 주며, 마음이 상처를 입으면 마찬가지로 몸과 영혼이 영향을 입는다고 한다.[28] 결국 완전한 치유가 되기 위해서는 신체적, 정신적, 그리고 신앙적 치료가 함께 이루어져야 한다는 것이다.

그런데 튜니어가 말하고 있는 몸, 마음, 영혼의 세 영역은 토암이 말하고 있는 심성신(心性身) 삼합의 수련관과 유사한 측면이 있다. 여기서 '심(心)'은 선할 수도 악할 수도 있는 나 자신의 마음이요, '성(性)'은 하늘에서 부여받은 순선(純善)한 성품이니 건곤부모에 대한 지극한 신앙심으로 볼 수 있다. 토암은 이 심성(心性)이 마치 물과 불처럼 서로 화합하기 어려운 것이지만, 일단 화합할 수만 있다면 이보다 더 큰 보배는 없다고 했다. 그리하여 "삼신산 불사약이 네 심성에 있다."[29]고 하였고, 이를 심성대약(心性大藥)이라 표현하였다.

사실 심성론(心性論)은 동양철학 일반의 핵심적 문제이지만, 토암사상의 독특성은 심성(心性)의 수련이 신(身), 즉 몸의 수련과 일치되어야 함을 강조하는 데 있다. 즉 "몸 밖에 보배가 없으니, 심성을 수련하여 몸까지 달하면 몸은 천지를 짝하고 마음은 일월을 합한다."는 것이다. 이렇듯 몸 밖에 보배가 없다는 진리관은 인간의 정신과 육체를 하나로 보는 것으로서, 몸과 정신을 이원론적으로 나누어 보려는 서양 사상과는 근본적으로 다르다. 결국 완전한 치유가 이루어지기 위해서는 신앙의 독실함과 마음의 깨끗함, 그리고

---

28) Tournier, Paul, The Meaning of Person(New York : Harper, 1957), p.89.

29) 『성훈통고』 편집본, 4-8.

몸의 움직임이 하나가 되어야 하고, 나아가서는 주변 환경적인 요인까지도 고려해야 한다는 전인 치료의 중요성을 깨닫게 해주는 대목이다.

(10) 전통 의학, 또는 민간 의학을 통한 직접적인 치병 사례

앞에서 토암의 치병을 통한 교화의 사례를 살펴보았다. 토암은 환자들을 대함에 있어서 정신적이고 신앙적인 요소만 고려했던 것이 아니라, 실제로 전통 의학의 화제(和劑)나 민간 의료술을 동원한 치료도 겸해서 시행했다. 다음의 사례는 그 중의 몇 가지만을 가려서 뽑은 것들이다.

【사례 29】

14-1 앞으로 반드시 쓸 날이 있으리라 하시며 한 처방을 가르쳐 주시니 이름하여 '금강보신환(金剛保身丸)'이라. 천문동(天門冬), 지골피(地骨皮), 인삼(人蔘), 사삼(沙蔘), 현삼(玄蔘), 지모(知母), 패모(貝母), 형개(荊芥), 방풍(防風), 위령선(威靈仙), 창출(蒼朮), 백출(白朮), 강활(羌活), 독활(獨活), 필발(蓽撥), 택사(澤瀉), 후박(厚朴), 감초(甘草)를 각 한 냥씩 오동나무씨보다 크게 꿀로 환(丸)을 만들고 경면주사(鏡面朱砂)로 옷을 입히는 것이다. <3-12-2>

【사례 30】

14-2 강태형(姜泰亨)이 개도 60(1933)년 10월에 성사께 고달하기를, "소자의 어미가 흉복통(胸腹痛)으로 몇 년 고생하니 어찌하면 좋겠습니까?"라고 여쭈니 성사 가라사대 "사물(四物) 한 첩에 후박(厚朴) 5전(錢)을 넣어 복용하라." 하시거늘 명령대로 약을 쓰니 어미의 병이 곧 나으니라. <3-35-2>

【사례 31】

14-3 개도 58(1931)년 봄에 김전광(金轉光)의 아들 경수(敬洙)가 생후 겨

우 2세인데 병을 얻어 위중하여 모든 약이 무효한 고로 성사께 고달하니, 가라사대 "동쪽 집에서 거품이 나는 두부를 얻어 먹인 일이 있지 않느냐? 곶감을 달여서 먹여라." 하시고 경계하시기를 "어린아이가 충실하지 못한 것은 모두 다 부모에게 허물이 있는 것이니 음식에 주의하라. 또 부모께 효도하고 부부간에 화합하며 성심(誠心)으로 신행하는 집은 재앙이 침범하지 못하나니 빈한을 탄식 말고 청결, 가화로 일을 삼거라." 전광이 뉘우치고 깨달은 연후에 아이의 병이 점점 나아서 충실케 되니라. <3-36-1>

【사례 32】

14-4 개도 59(1932)년에 최헌성(崔憲成)이 팔에 종기가 크게 나서 2, 3개월 사이에 크게 고통을 보아 약을 써도 효과가 없고 점차 더욱 심하니, 사람들이 모두 병신을 면하기 어렵다고 하더라. 성사께 고달하니, 성사께서 우렁 껍질, 사람 머리카락 태운 것, 송진으로 가루를 만들어 종기가 난 곳에 바르라고 하시거늘, 즉시 분부대로 하여 약을 쓰니 종기의 뿌리가 즉시 뽑혀서 10일 내에 완치가 되었다. 사람들이 다 보고 이상히 여겼으나, 단지 그 약의 신효함만 알았지 성인의 신화(神化)가 미치시는 바는 알지 못하니, 어찌 괴이하고 탄식하는 데 족하리오. <4-7-1>

【사례 33】

14-5 개도 60(1933)년에 송합단(宋合丹)이, 그 남편 신기성(愼奇晟)이 우연히 목이 아파서 거의 죽을 지경이므로 성사께 고하니, 성사께서 창출(蒼朮)을 달여서 2, 3차 마시라고 하시거늘, 즉시 돌아가 그대로 약을 쓰니 이틀 만에 완치가 되었으니, 성사께 재생의 은혜를 입었다고 하더라. <4-7-1>

【사례 34】

14-6 장춘만(張春晩)이 복통으로 거의 죽을 지경이라. 개도 59(1932)년 3월에 성사를 배알하니, 성사 가라사대 "음주가 과다하여 이 같은 병이 있는 것이다. 구기자, 창출, 갈근을 합해서 복용하면 효험이 있을 것이다." 하시다. 다음날 약을 먹지 아니하여도 병이 덜하고 약을 복용한 후 완쾌하니, 성인의 감화가 이와 같이 큰 것이다. <4-13-2>

【사례 35】

14-9 개도 55(1928)년 2월 20일에 박양래(朴陽來)의 자부가 각궁반장(角弓反張 ; 중풍으로 얼굴이 비뚤어지고 반신불수가 된 상태)으로 거의 폐인이 되었는데, 성사께서 구령탕(九靈湯) 처방을 하사해 주시거늘 9첩을 쓴 3일 만에 효험이 있으니, 성사 감화의 힘은 가히 표현할 길이 없도다. <4-24-1>

【사례 36】

14-10 영탄(靈灘) 이병록(李秉錄)이 그 노모가 다산(多産)의 후유증으로 병석에 있는지라. 그 병세를 살피니 뱃속에 주발같이 크게 뭉쳐서 천둥같이 들리고 사지 육체가 아프지 않은 곳이 없는지라. 병록이 생각하기를 이 같은 대성인이라면 어찌 고칠 약을 모르시겠는가? 하고 고칠 방도를 여쭈었다. 성사 가라사대 "네 모친의 성격이 강한가? 유한가?" "강합니다." "이것은 어렵지 않으니 쌍화탕 열 첩에 감초 한 냥씩을 더하여 달여 복용케 하라." 물러가 쌍화탕 다섯 첩을 쓰니 병근이 완전히 사라져 일생 재발하지 않으니 이웃 친척이 신이하다 하여 다투어 먼저 입도하고자 하니 수백인을 포교하였다. <4-61-2>

【사례 37】

14-12 이자광(李資光 ; 庾銘鉉 妻)이 개도 49(1922)년 가을에 등창이 있어 백약이 무효한 고로 그 아들 동채(東彩)가 성사께 고하였다. 성사께서 그 성미가 느린가 급한가를 물으시거늘 조금 급하다고 고하였다. 가라사대 "그렇다면 네 즉시 귀가하여 계란 속 썩은 것 세 개를 구하여 1개씩 메밀가루와 섞어서 붙였다가 하루 뒤에 갈아붙이기를 3일만 하면 효과가 있을 것이다." 하시니, 돌아가는 즉시 가르침에 따라 약을 쓰니 2일 만에 등창의 뿌리가 다 뽑혀 쾌유하더라. <5-25-1>

【사례 38】

14-13 차추단(車秋丹 ; 延龍熙 妻)이 개도 61(1934)년 4월 21일에 다른

사람의 제사 고기를 먹고 병이 나서 큰 부스럼이 오른손에 생겨서 손이 다리와 같으니 부어올라 백약이 무효라. 성사께 대죄하니 위로하시기를, "네가 많이 욕보는구나. 네가 어찌 곡 소리 난 나머지 음식을 먹었느냐? 이것은 약을 써도 효과가 없으리라. 내가 쉬운 약을 가르쳐 줄 터이니 지성껏 쓰면 효과가 있으리라. 창출(蒼朮) 한 되에 향을 조금 넣어서 달여 먹어라." 하심에 물러가 명대로 시행하니 과연 쾌유하더라. <5-28-2>

【사례 39】

14-14 경재(瓊齋) 장만옥(張萬玉)이 개도 56(1929)년 가을에 그 어미 월광(月光)의 환후가 위중하여 금천으로 달려가 성사를 배알하고 고달하였다. 성사 가라사대 "풍증(風症)이다. 3일이 지나면 어렵사리 목숨을 구할 것이다." 하시고 처방을 가르쳐 주셨는데, 가미별방풍탕(加味別防風湯)이었다. 뛰어가서 다섯 첩을 지어 두 첩을 쓰니 그토록 중한 병이 즉시로 없어져 바로 금천에 들어가니 성사 보시고 가라사대, "월광이 이번에 얼마나 고통을 겪었는가? 이것은 산후습랭풍(産後濕冷風)이니라." 하시다. <5-32-1>

【사례 40】

14-15 신해룡(申海龍 ; 崔永春 妻)이 하루는 임신중 태(胎)가 움직여 거의 사경인데 백약이 무효라. 이웃의 이명규(李明珪)가 성사께 고달하려고 새벽에 사택에 들어갔다. 성사께서 보시고 가라사대 "네가 다른 사람을 위해 약을 물으러 오면서 이렇게 늦게 오느냐?" 하시고 증세를 하문하시고는 "염려 말아라. 사물(四物)에 빈랑(檳榔), 후박(厚朴)을 넣어 쓰거라." 하시거늘 물러나와 가르침대로 약을 쓰니 과연 즉시 차도가 있더라. <5-37-2>

【사례 41】

14-16 이환수(李煥秀)가 족통으로 고생하는 것을 보시고 처방을 내려 주시었으니, "사물(四物)에 지골피(地骨皮), 방풍(防風), 우슬(牛膝)을 각각 3전(錢)씩 더하여 다섯 첩을 쓰거라." 하심에 귀가 후 즉시 그 약을 쓰니 오랫동안 고생하던 증상이 완전히 쾌유되었다. <5-71-1>

위에서 전통 의술을 통한 직접적인 치병의 사례를 소개하였다. 여기 제시한 10여 건의 사례들이 과연 실제로 의학적인 효능이 있는 것인지는 모른다. 다만, 이러한 처방을 쓰는 경우에도 역시 토암에 대한 절대적인 신앙심이 바탕을 이루고 있었다고 보아야 할 것이다.

5. 끝맺는 말

이상에서 금강대도를 창시한 이토암 선생의 치병 사례를 통해서 그가 가르치고자 했던 것이 무엇인가 살펴보았다. 사례를 모으고 정리하는 것에 급급하다 보니 각각의 사례가 지닌 의미에 대한 충분한 논증은 부족했던 것 같다. 이 점에 대해서는 추후의 연구 과제로 남겨 둔다.

종교심리학에서는 "죽을 위험에 놓인 극한 상황과 물질적 비참이나 질병 앞에서 인간의 무능력 자각은 자발적인 종교적 행동 자세의 가장 효력 있는 충동이 일어나게 된다."[30]고 본다. 따라서 인간의 구원을 목적으로 하는 종교에서 인간의 가장 원초적인 고통인 병고(病苦)를 그냥 무시하고 넘어갈 수는 없는 것이다. 특히 이제 막 종교의 뿌리를 내려야만 하는 신종교에 있어서는 민중들의 주목을 끌기 위한 방편으로 치병은 중요한 의미를 가질 수밖에 없다.

다만 교조의 카리스마가 사라지고 종교가 제도화(制度化), 합리화(合理化)되는 과정에서 치병은 덜 강조되며, 전문적인 치료는 의술에 맡기고, 종교는 다만 심리적인 안정과 용기를 불어넣는 일만 담당하게 되는 것이 당연한 수순이라고 본다. 금강대도도 이토암(李

---

30) P.E., Johnson, 『종교심리학』, 김관석 역, 대한기독교서회, 1987, 117쪽.

土庵)이 포덕을 시작했던 초창기에는 신도설교(神道設敎)로서 수많은 기적과 영험, 그리고 치병을 통해 제자들을 모으는 사례가 있었다. 하지만 제2세 도주 이청학(李靑鶴, 1913~1957)과 제3세 도주 이월란(李月鸞, 1934~2004)으로 내려오면서는 그러한 사례들이 현저히 줄어들었다. 어떤 의미에서는 도주들이 의식적으로 그러한 사례들을 강력히 금지했다. 이것은 그러한 영험이나 치병이 일종의 술수(術數)로서 도덕의 정도(正道)가 아니라는 생각 때문이었다.

이 논문에서 분석 대상으로 삼았던 이토암 선생의 경우에 있어서 치병은, 토암이 그 자신의 가르침을 교화하기 위한 하나의 방편적 수단이었음을 알 수 있다. 우리는 다양한 치병 사례를 통해서 그가 독실한 신앙과 정성된 수도, 그리고 충효, 성경, 가화, 청결과 같은 도덕의 실천을 가르치고자 했음을 알 수 있었다. 그리고 자신의 추종자들에게도 이러한 정신을 그대로 실천할 것을 가르치고 있다고 볼 수 있다. 요컨대 신앙이 없는 치료도 문제지만, 의학을 무시한 신앙만의 치료도 문제가 있는 것이다.

전문적인 의학이 발달한 오늘날 종교가 전적으로 치병을 한다고 나설 수는 없는 일이다. 다만 치유란, 인간을 둘러싸고 있는 전체 문제를 다룰 때, 즉 전인 치료가 온전하게 이루어져 의학적 방법과 종교적 심성이 조화를 이룬다면 그야말로 완전한 치유가 된다고 생각한다.

오늘날 점증하는 환경오염과 도덕적, 정신적인 타락 속에서 더욱 깊어지는 육체적, 정신적 병으로부터 인류를 구원하기 위해서는, 전문적인 의료 기술의 발달과 더불어 독실한 신앙과 수도, 그리고 도덕적인 실천과 화합 및 사랑을 강조하는 토암의 가르침에서 시사점을 얻을 필요가 있다. 그렇게 할 때 질병은 더 이상 고통이 아니요, 오히려 인류가 금강체(金剛體)를 가진 완전한 인간으로 거듭날 수 있는 계기가 될 것으로 생각하는 바이다.

제3장. 금강대도의 신도설교와 도덕개화 사상

1. 시작하는 말
2. 신도설교를 통한 도덕적 수련
   (1) 이토암 선생에 대한 신앙 체험
   (2) 『대성경』 저술을 통한 신도설교
   (3) 치병을 통한 신도설교
   (4) 풍수를 통한 신도설교
3. 도덕개화(道德開化)를 통한 내재적 초월
   (1) 인간 도덕성의 개화
   (2) 자수심성(自修心性)과 내재적 초월
   (3) 의성일관(義誠一貫)과 천지동배(天地同配)의 구원
4. 끝맺는 말

제3장. 금강대도의 신도설교와 도덕개화 사상

– 『성훈통고』의 종교 체험 사례를 중심으로

1. 시작하는 말

한국 신종교는 19세기 말부터 현재에 이르기까지 150여 년 동안 계속되고 있는 살아 있는 문화 현상이며 한국적인 종교성의 정화(精華)이다. 기성 종교가 감당하지 못하는 민중들의 종교적 원망(願望)을 수렴하여 새로운 형태의 종교적 구원 사업을 전개하였으며, 민족정신을 앙양하고 민족문화를 지켜 온 민족적 자존심의 구심점 역할을 해 왔다. 나아가 한국 신종교는 민족(民族)이나 민중(民衆)의 범위를 뛰어넘어 세계 인류와 문명까지도 구원할 수 있는 원대한 목표와 이상을 가지고 있다.

이러한 의미를 가지고 있음에도 불구하고 그동안 한국 신종교에 대해서 적절한 연구와 평가가 이루어지지 못했다고 본다. 특히 독특한 한국적 영성의 발현이라는 점이 부각되지 못했고, 신종교 창교자의 도덕적 비전이 서양 종교의 잣대에 의해 폄훼되는 일이 많았다.

19세기 이후 격동하는 한국의 역사적 상황에 대해, 한국 신종교의 창교자들은 당시의 위기에 대한 문제의식과 처방은 각기 달랐다. 하지만 시대적 모순의 원인을 도덕적 타락으로 규정하고 도성덕립(道成德立)을 통한 민중 구원을 기치로 내세운 경우가 많았다. 특히 금강대도의 창도주 토암(土庵) 이승여(李承如, 1874~1934)

선생은 인륜과 도덕의 타락을 가장 심각한 문제로 지적하면서, 혹세 사상이나 술수 등을 배격하고 오로지 도덕을 일깨워 주는 종교성의 회복에 중점을 두었다.

사실 종교와 도덕은 밀접한 관계에 있다. 역사적으로 종교는 사회의 도덕적 질서를 유지하는 데 매우 중요한 역할을 담당해 왔다. 그럼에도 불구하고 한국 신종교의 도덕적 교리가 제대로 평가되지 못하고 낮은 종교성을 반증하는 사례 정도로 취급받는 이유는 무엇인가?

한국의 신종교는 서양의 유일신 종교와는 다른 독특한 동양적 종교성, 또는 한국적 종교성을 담지하고 있다. 물론 종교에는 초월적 성격이 있어야 하고, 종교적 신앙은 윤리적, 도덕적인 상황을 넘어선 요소가 있음을 부인할 수 없다. 그러나 동양 종교에는 서양 종교와는 다른 유형의 종교성과 초월성이 개재해 있기 때문에 서양 종교의 기준으로 보아서는 안 되고, 동양 종교는 동양 종교의 눈으로 보아야 한다.

그렇다면 동양적 종교성, 또는 한국적 종교성의 실체는 무엇인가? 이 문제는 많은 토론이 필요한 부분이지만, 여기서는 하나의 시론으로서 한국적 종교성의 정화라고 볼 수 있는 한국 신종교를 통해서 한국적 종교성의 실체를 찾아보려 한다. 금강대도는 한국 신종교 운동의 비교적 초창기에 형성된 종단으로서 현재까지 100여 년 동안 독특한 종교 형태를 견지해 오고 있다. 금강대도는 무엇보다 민중들의 종교적 열망을 수렴해 왔기 때문에 한국 신종교의 대표적 유형의 하나로 볼 수 있다.

특히 여기서는 종단의 체계화된 교리보다는 신도들의 종교 체험 사례를 분석해 봄으로써 생생하고도 순수한 민중들의 종교성을 추출해 내고자 한다.[1] 다행히 금강대도에는 『성훈통고(聖訓通攷)』[2]라는 풍부한 자료집이 있어서, 연구자들에게 충분한 연구 자료를 제공하고 있다. 『성훈통고』에 나타난 다양한 사례를 소개하면서 논지를 전개하고자 한다.

2. 신도설교를 통한 도덕적 수련

종교에서 초월성, 신비적 요소는 매우 중요한 요소라고 할 수 있다. 특히 종교 창업기에는 창교자의 카리스마를 유지하기 위해 신비적인 요소는 더욱 중요성을 발휘한다. 금강대도의 창도자인 이토암 선생도 창업 초창기에 여러 가지 신비적인 권능으로 제자들을 불러 모았다. 수많은 영험과 이적, 그리고 문장과 풍수, 의술 등이 신도설교의 방편으로 등장한다. 토암은 "성인(聖人)이 신도설교(神道設敎)하여 천하(天下)가 귀의하리라."고 하여 자신의 권능을 은연중 드러내고 있다.

(1) 이토암 선생에 대한 신앙 체험

그렇다면 제자들은 토암을 어떤 존재로 믿고 있는가?

1-22 녹정(鹿程) 조동순(趙東順)이 개도 80(1953)년에 79세인데 신기(身

---

1) 물론 종교 체험은 체험자가 믿고 있는 교리가 영향을 준다고 할 수 있다. 모든 사람들은 그들이 가진 신앙의 내용에 따라서 서로 다른 형태의 종교 체험을 하고, 모든 종교 체험은 결국 그가 가진 신앙에 따라 해석될 수밖에 없다고도 할 수 있다. 그렇다고 하더라도 종교 체험을 통해서 우리는 체험자의 무의식 속에 담겨 있는 종교성을 좀 더 용이하게 추출해 낼 수 있다고 본다. 김성민, 『종교체험』, 동명사, 2001, 15~51쪽 참조.

2) 『성훈통고』는 토암 선생과 그 제자들의 언행을 수집해 놓은 자료집으로, 한문으로 된 전 6권의 방대한 분량이다. 여기에는 토암과 관련된 수많은 교화와 치병, 영험 등의 사례가 있는데, 그 분량과 편집의 꼼꼼함 등에서 한국 신종교에서 거의 유례를 찾아 볼 수 없을 정도이다.

氣)가 불편하여 약을 써도 효과가 없는지라 그 아들 3인(元九, 亨九, 麟九)이 애태우며 걱정하였다. 하루는 동순이 가족에게 말하기를 "내가 63세로 명이 정해져 있었는데 다행히 개도 64(1937)년에 성사께서 목숨을 늘려 주시었고(꿈에 성사께서 63세의 수명에 16세를 더해 79세로 늘려 주신 일이 있음), 개도 71(1944)년에 목숨이 끊어졌을 때 또한 성사께서 약을 내려 주시어서(곽란이 일어나 인시에서 사시까지 숨이 끊어졌었는데, 이때 꿈에 성사께서 환약 3개를 주셔서 먹고는 깨어난 일이 있음) 오늘날 79세 만기가 되었는데, 오늘 또 성사께서 꿈에 나오시어 명하시기를 다시 7일을 머물렀다가 오너라 하셨으니 이달 19일에 명을 받들어 갈 것이니 너희들은 걱정하지 말라." 하고는 잘 닦고 잘 행하라 하더니 과연 19일 사시(巳時)에 선화(仙化)하였다. 아! 성사께서 제자에게 음조(陰助)하시고 양현(陽現)하심에 유명(幽明)이 따로 없는 것이 이와 같음이여.[3)]

여기서 토암은 사람의 수명을 늘려 주기도 하고, 명을 거두어 가기도 하는 존재로 믿어지고 있다.

1-23 개도 53(1926)년 9월에 청금(淸琴) 이화연(李華璉)의 형수가 산기가 있어 7일간 신고함에 거의 사경에 이르렀다. 그 형 수복(壽福)이 말하기를 "사부님은 하늘이 내신 성인이시니 만사에 통하지 않음이 없으시니 빨리 가서 고달함이 어떻겠느냐?" 화연이 즉시 달려가서 성사께 고달하니 가라사대 "걱정 말고 돌아가거라. 그 사이에 순산할 것이다." 하시었다. 절하고 물러 나와 귀가하니 과연 탈 없이 순산함에 형제가 성명(聖明)에 감탄하여 더욱 열복(悅服)하더라.

여기서 토암은 사경을 헤매는 사람을 말 한마디로 살릴 수 있는 존재로 그려지고 있다. 질병의 고통을 호소하는 사람에게 그냥 '염

---

3) 이 논문에서 소개하는 사례는 『성훈통고』 편집본(금강대도교화교무원, 2000)에서 인용하였다. 이 책은 '대도는 담담한 물과 같으니'라는 부제가 붙어 있는데, 원본 『성훈통고』를 번역하면서, 그 가운데 342항목을 뽑아 간략하게 편집한 책이다. 인용문의 맨 앞에 있는 숫자는 편집본의 장-절을 의미한다.

려 말고 귀가하라.' '걱정 말고 돌아가거라.' 하였고, 결국 그 병이 낫게 되었다는 것은 토암 자신의 신통한 권능이나 영험이라고밖에 설명할 수 없다. 이러한 사례들이 당시의 민중들에게 얼마나 큰 신뢰감과 신앙심을 불러일으켰을까 하는 것은 미루어 짐작할 수 있다. 또한 이러한 절대적인 신앙심이 병을 낫게 해 주는 정신적인 힘으로 작용하였다.

1-35 이석조(李錫祚)가 모년 정초에 성사께 신년 하배를 올렸는데, 성사께서 석조를 불러 가라사대, "이 땅이 장차 길지가 될 것이나 군병(軍兵)이 많이 들어와 장차 피난을 해야 할 것 같은데 그때에 너는 어찌 하겠느냐?" 하시니 석조가 대답하기를 "갈 수 있으면 가겠습니다." 하니, 가라사대 "가지 말라. 굳게 지켜 가지 않으면 무사히 화를 면할 수 있을 것이다." 하셨다. 그런데 그로부터 수십 년이 지나 6·25 동란이 일어남에 피난을 하지 않으면 안 되어 행장을 준비하고 막 떠나려 하는데 문득 과거 성사께서 가지 말라고 하신 훈계가 생각나 가지 아니하였더니 과연 무사히 화를 면하게 되었다.

여기서 토암은 앞으로 다가올 일을 예견할 수 있는 존재임을 알 수 있다.

1-36 동산(東山) 이영수(李永壽)가 하루는 사택 남새밭을 갈고자 황소를 몰고 왔는데 그 소가 뿔을 잘 부딪치니 사람들이 감히 가까이 하지 못하였다. 그런데 마침 성사께서 보시고 하문하시기를 "너희들, 소를 가지고 무얼 하려 하느냐?" 하심에 "소가 뿔을 잘 부딪치는 고로 밭을 갈려 해도 할 수가 없습니다."라고 대답하니, "그러냐?" 하시고는 즉시 소를 향해 "네가 어찌 사람을 몰라보느냐?"라고 꾸짖으시고 나니 그 후로는 소가 뿔을 부딪치지 않아 밭가는 데 지장이 없으니 성인의 덕화가 짐승에게까지 미침을 어리석은 우리가 어찌 헤아릴 수 있으리오.

여기서는 짐승도 말 한마디로 다스릴 수 있는 능력을 보여 주고 있다.

> 7-9 성사께서 황적동(黃寂洞)에 계실 때에 오희성(吳熙成)이 나아가 배알하니 이때는 개도 42(1915)년 8월 15일이었다. 성사께서 침통 한 개를 하사하시며, "내 소매 속에 있는 물건을 희성에게 주노니, 긴급할 때에 사용하라." 하시거늘 희성이 공경히 받아 돌아가는데, 마침 괴질로 길가에 쓰러져 있는 사람이 있거늘 시험 삼아 한 번 침을 놓으니 손을 응하여 벌떡 일어나서 즉시 완전한 사람이 되더라. 이 후로 누차 시험함에 응험이 여일하여 수십 인을 구하여 살리고 비록 이미 운명한 자라도 능히 회생시키니 보는 사람이 모두 놀라고 듣는 자가 기이하게 여기지 않는 자가 없었다. 그들이 비결을 물을 때마다 성사의 가르침을 자세히 설명해 주니 모두 제자 되기를 원하여 불과 8개월 만에 사방에 소리가 울리니 성화(聖化)가 미치지 아니한 바가 없고 그 사이에 세세한 영적(靈蹟)은 진실로 열거하기가 어려울 지경이더라.

이 사례에서 토암은 자유자재로 치병을 할 수 있는 권능자로 그려지고 있다.

이렇듯 다양한 권능을 가지고 있는 토암은 천지 삼라만상을 낳고(生成), 기르고(化育), 다스리는(治敎) 건곤부모(乾坤父母)요, 만고대성(萬古大聖)이며, 미륵대불, 태극무극현화천존(太極無極玄化天尊) 등으로 신봉된다. 또한 도통을 혈통으로 계승하여 이토암(李土庵, 1874~1934)・청학(靑鶴, 1913~1957)・월란(月鸞, 1934~2004)을 건부(乾父)로, 그 배위(配位)인 서자암(徐慈庵, 1884~1927)・민보단(閔寶丹, 1913~1959)・김향련(金香蓮, 1937~)을 곤모(坤母)로 숭봉하고 있으니, 이들을 삼신일체(三身一體)의 대도덕성사건곤부모(大道德聖師乾坤父母)로 숭봉한다. 이렇게 건곤부모에 대한 절대적인 신앙은 우주를 하나의 가정으로 보고, 그 안에 존재하는 모든 존재들을 형제로 보는 우주가화(宇宙家和) 사상[4]으로 이어진다.

(2) 『대성경』 저술을 통한 신도설교

이렇듯 다양한 권능을 가지고 있는 토암이 실제 제자들에게 행사한 영험이나 이적에는 어떠한 것들이 있을까? 토암이 제자들에게 행한 영험이나 이적에는 여러 가지 형태가 있지만, 가장 전형적인 것으로는 문장과 치병, 그리고 풍수를 들 수 있다. 즉 토암은 이 세 가지 형태로 자신의 권능을 행사하고, 제자들로 하여금 숭봉의 마음이 자연스럽게 생겨날 수 있도록 권위를 확보하였던 것으로 보인다.

▲『대성경』

문장이라고 하는 것은 토암 선생이 직접 저술한 『대성경』을 지칭한다.[5] 대성경은 토암이 구술한 것을 수행 제자들이 받아 적은 것으로, 그가 계룡산에서 본격적인 포덕을 하기 시작했던 1914년(41세)부터 1932년(59세)까지

4) 제1세 도주 이토암은 『도덕가』에서 "천지(天地)는 부모(父母)라 하고 일월(日月)은 형제(兄弟)라 하며 성신(星辰)은 붕우(朋友)라 하였으니 천하지인이 누가 형제 아니 되며 누가 붕우 아니 되리."라 하였는데, 이는 건곤부모가 낳은 천지를 하나의 가정으로 보고, 일월성신과 천하의 모든 사람들을 형제와 붕우로 보는 것이다.

5) 금강대도의 경전에 대한 자세한 논의는 졸고, 「금강대도와 경전」, 『신종교연구』 제16집, 한국신종교학회, 94~125쪽 참조.

약 18년간의 작업으로 이루어진 한문 경전으로, 11경 28권의 방대한 양을 담고 있다.[6] 그는 새로운 종교 운동을 시작하면서 제일 먼저 경전 저술에 심혈을 기울였으니, 이는 교조의 사후 언행록이 주류를 이루는 타 종교의 경전과는 다른 형태이다. 무엇보다 정확하고 객관적이며 신빙성이 높아서 교주의 사상 이외에 다른 사람들의 생각이 섞여 들어갈 가능성이 거의 없다.

또한 그 내용은 차치하고라도 우선 그 분량만으로도 보통의 사상가나 철학자의 능력을 초월하고 있으며, 한 사람의 저술로서 세계의 그 어떤 종교가도 이만한 분량의 경전을 쓴 경우는 없다고 본다. 내용상으로 볼 때에도 동양 사상의 핵심 뼈대라고 할 수 있는 천지인(天地人) 삼재의 도와 유불선(儒佛仙) 삼교의 가르침을 종횡으로 관통하고 있어서 웬만큼 한학에 통달한 사람이라 해도 그 뜻을 해석하기가 매우 어렵다고 한다. 제자들은 이것이 바로 토암이 생이지지(生而知之)한 성인임을 증거하는 것이라고 한다.

왜냐하면 토암은 어릴 적에 가계가 군색하여 정식으로 서당에 다닐 수가 없었는데, 이 경들에는 실로 동양 사상의 정수가 표현되어 있으니, 보통 사람처럼 배워서는(學而知之) 도저히 불가능한 일이라는 것이다.

제자들은 이것이 신명의 강계(降乩)에 의한 글이라고 본다. 즉 이것은 하나의 인간이 쓴 글이 아니라, 하늘의 계시에 의한 글이라는 것이다. 하늘의 뜻이 만고대성인 토암에게 내려왔고, 그의 입으로 구술된 것이 제자들로 하여금 기록으로 남게 되었다는 것이다. 토

---

6) 토암 선생은 1914년에 『교유문(教諭文)』 5권을 시작으로 경전 편찬을 계속해 나갔으니, 1923년에 『진종보감(眞宗寶鑑)』 상·하권과 『진종대전(眞宗大全)』, 그리고 『염불경(念佛經)』을, 1925년에 『현화진경(玄化眞經)』 상·하권, 1927년에 『청난경(淸難經)』, 1930년에 『삼청현화경(三淸玄化經)』 3권과 『황보경(黃寶經)』, 1931년에 『현묘경(玄妙經)』, 1932년에 『금강화신경(金剛化身經)』과 『도덕가(道德歌)』 10권을 발표하였다.

암은 처음에 자신의 교화 내용을 문자로 옮기는 것을 허락하지 않았고, 교화 즉시 불사르도록 했기 때문에 경전을 편집할 수 없었다고 한다. 제자들의 간청을 여러 번 물리친 연후에야 허락을 하게 되니, 수행하는 제자들이 그때그때 교화 내용을 붓으로 받아 적어 경전을 이룩하게 되었다.

(3) 치병을 통한 신도설교

토암은 수많은 치병 행위를 통해서 자신의 권위를 확보하게 된다.[7] 인간 구원을 목적으로 하는 종교에 있어서 치병은 가장 중요한 구원 형식 중 하나이다. 따라서 모든 종교는 병고에 대한 나름대로의 해결 방식을 다 가지고 있으며, 정도의 문제가 있을지언정 직접적인 치병의 사례도 다 가지고 있다. 신종교는 독특한 자기 논리가 없는 주술적 종교이기 때문에 치병을 주요 수단으로 간주한다는 주장도 있지만, 이것은 학문적인 객관성을 결여한 주장이다.[8)]

『성훈통고』는 토암의 수많은 치병 사례를 보여 주고 있다. 그는 계룡산에서 은도(隱道)하던 포덕 초기에 제자들에게 이르기를, "오늘부터 앉은뱅이, 절름발이, 반신불수 등의 병자를 보거든 모두 데리고 오너라."고 하였다. 그리하여 제자들이 명을 좇아 이러한 난치병자들을 데려오면, 앉은뱅이에게 몇 마디 하면 앉은뱅이가 즉시 일어나고, 반신불수자에게 침 한 대 놓으면 곧 완전한 사람이 되고, 고질·불치 병자에게 약을 쓰면 평범한 약초라도 즉효하였다.[9)] 이

7) 이토암 선생의 치병 행위에 대해서는 졸고, 「치병과 교화 : 이토암 선생의 사례를 중심으로」, 『신종교연구』 제12집, 한국신종교학회, 2005, 181~222쪽 참조.

8) 모든 종교는 역사적으로 초창기에는 다 신종교였는데, 치병의 사례를 많이 가지고 있다 해서 그것을 무논리의 증거로 간주할 수는 없다. 물론 일부 신종교에서 치병을 내세워 사기 행각을 하는 경우가 없다고 할 수는 없지만, 이런 문제는 기성 종교에도 있는 것이어서, 부분의 문제를 가지고 전체 신종교를 비논리적인 주술적 집단이라고 치부하는 것은 그 자체가 논리적 모순이다.

리하여 포덕 초기 불과 1년 만에 수천 명의 제자를 얻게 된다.

몇 가지 사례를 통해서 토암의 치병 행위에 나타난 특징을 살펴보자.

9-7 이중식(李重植)이 그 아내의 인통(咽痛)이 위중한 고로 성사께 고달하니, 성사 가라사대 노하시며 꾸짖어 가라사대, "너희 내외가 항상 불평하는 고로 그 벌을 받는 것이다. 다시 개과천선하면 무사하리니, 돌아가 보아라." 하시거늘 중식이 두려워 감히 고개를 들지 못하고 황공히 물러나와 집에 돌아가 보니, 아내의 인통이 홀연히 쾌차하니 참으로 성은은 불가사의한 것이다.

9-13 영곡(靈谷) 민영원(閔泳源) 형제가 한집에 살았는데, 개도 52(1925)년 봄에 가정불화로 편안치 않으니 눈물을 흘리기까지 하였다. 그 후에 눈이 크게 붓고 소경이 되어 좌불안석이라. 모친을 따라 금천에 들어가 성사께 문안하니, 성사께서 꾸짖어 가라사대 "어찌 가정불화로 눈물을 흘리느냐? 네가 눈이 머는 것이 마땅하다." 하시거늘 저녁 후에 존전(尊前)에 대죄하니 다음 날 아침 돌아가는 길에 눈이 다시 밝아져 걸어서 집에 가니 곧 쾌차하였다.

이 두 가지 사례에서 발병의 원인은 집안이 화목하지 못했기 때문이다. '가화(家和)'는 토암의 도덕 가운데서도 가장 중요한 위치를 차지하고 있는 대표적인 가르침이다. 그는 "사람의 길흉화복이 하늘이 내려주시는 것이 아니라 집안이 화목하지 않으면 질고가 생기는 것이다."[10]라 하였으며, "가화에 만사성이니 금은보화가 '가화'만 못한 것이니라."[11]하였으니, 가화의 여부는 일신의 건강을 비롯하여 인간의 행복과 불행을 결정짓는 가장 결정적인 조건이다. 이

9) 『성훈통고』 편집본, 2-51.
10) 『성훈통고』, 금강대도총본원, 1956, 64-1쪽.
11) 『성훈통고』 편집본, 9-2.

경우에 있어서 토암은 질병의 치유라는 과정을 통해서 제자들에게 육친(六親) 간의 화합, 나아가서는 천지 가족 삼라만상 상호 간의 사랑을 가르치고 있음을 알 수 있다.[12)]

8-16 영추(靈樞) 노재성(盧載聲)이 청주에 살 때에 모친이 환후가 있어 수년 동안 낫지 않아 고민하였다. 하루는 이웃집에 갔는데 한 노부인이 말하기를 "공주 지방에 대성인이 출세했는데 아는 것이 신과 같으시니 너의 모친 병환도 가서 묻는다면 어렵지 않게 나으리라."고 하더라. 재성이 그때 나이가 11세인데 나이는 비록 어리나 그 말을 듣고 기뻐하여 다음 날 길을 떠나 금천에 당도하여 입도하고 성사를 배알하였다. 성사 하문하시기를 "이렇게 어린 네가 무슨 소원이 있어 왔느냐?" 하심에 대답하기를 "대성인이 출세했다는 말을 듣고 왔나니 기왕 대성인의 제자가 된다면 정성껏 성인의 심법을 받들어 도덕군자가 되고 싶습니다."라고 하니, "어린아이의 말이 실로 기특하구나." 하시고 또 하문(下問)하시기를, "또 다른 소원은 없느냐?" 하시었다. 재성이 "모친 병고로 수년 고생하니 다행히 성사의 가르침을 얻어 나을 수 있다면 이 또한 하나의 소원입니다."라고 함에 성사 가라사대 "내가 편작(扁鵲)이 아니니 네가 능히 성심으로 수도하고 지극히 효도하면 효성으로써 네 어미 병환을 고칠 수 있으리라." 하시거늘 재성이 명심불망하고 성심으로 봉행함에 모친의 병환이 모르는 사이에 쾌차하더라.

여기서는 모친의 병환에 대해 의뢰하는 소년에게 효성을 지극히 하라는 처방을 내려 주고 있다. 나라에 대한 충성(忠誠)과 부모에 대한 효성(孝誠), 스승에 대한 성경(誠敬)은 가화(家和) 및 청결(淸潔) 등과 함께 토암이 가장 강조하는 덕목이다.

4-28 김난단(金蘭丹)이 개도 59(1932)년 8월 21일에 금천에 들어가서 성

12) 금강대도의 '가화'사상에 대한 좀 더 깊은 논의는 졸저, 『건곤부모님과 금강대도의 진리』, 미래문화사, 2003, 186~192쪽 참조.

사를 배알하니, 그 때에 난단이 복통으로 고통을 당한지 3개월여라. 이것을 고달하니 물으시기를, "네가 누구더냐?" 대답하기를, "김연정(金蓮程)의 자부요 박중면(朴重冕)의 처입니다." 가라사대 "그렇다면 네가 봉천(鳳川)으로부터 이사한 후에 와서 선생을 뵈인 것이 몇 번이냐?" 대답하기를 "이 번이 처음입니다." 가라사대 "너의 복통은 금천에 오지 않은 죄이니라." 하시니 난단이 여쭙기를 "약을 쓰는 것이 좋겠습니까? 어떻습니까?" 하니 성사 가라사대 "네 뜻대로 하라. 약을 써서 다스리는 것과 심성(心性)으로 다스리는 것이 다만 네 마음에 있느니라." 하시니 난단이 그 죄를 알고 발심(發心)하여 회개하니 며칠이 안 가서 약을 쓰지 않고도 스스로 나았다.

이 사례에서는 복통의 원인을 스승을 찾아보지 않은 죄, 즉 신앙적인 무성의로 돌리고 있다. 환자가 그 죄를 알고 스스로 회개하니 약을 쓰지 않고도 낫게 됨으로써, 환자로 하여금 신앙에 더욱 열성을 갖게 하였을 것이라고 볼 수 있다.

8-15 사택 건축 시에 성사께서 이기영(李基寧)에게 말씀하시기를, "네가 오늘 대평리(大平里)로 내려가서 나무 실은 소가 병들어 움직이지 못하거든 고쳐 주어라." 하시니, 기영이 "제가 본래 의술이 없으니 어찌 그럴 수 있겠습니까?"라고 여쭈었다. 성사 가라사대 "네가 지극한 정성이 있으면 네 마음대로 침을 놓더라도 신명의 감응이 있을 것이다." 하시니, 명령을 받들어 대평리에 갔다. 과연 병든 소가 있거늘 마음 내키는 대로 침을 놓으니 소의 병이 즉효라. 자기도 모르게 신기하고 즐거워 돌아와 성사께 고달하니 "네 마음 중에 만 가지 이치가 갖추어져 있느니라."고 말씀하시더라.

여기서는 사람의 병을 고친 사례는 아니지만, 무엇을 하든 정성을 다할 때 신명의 감화가 따르게 된다는 가르침을 전하고 있다. 금강대도의 대표적인 사상은 '의성(義誠)'이라고 하는데, 여기서 의(義)란 자신에 대한 올바름이요, 성(誠)이란 모든 대상에 대한 정성과 사랑이다. 누구를 대하든 무슨 일을 하든 정성을 다해야 한다는 것이다. 동학의 최제우는 성경신(誠敬信)을 다해 주문을 외우면 신체적 질병이 사라진다 했고, 구약성경에서도 "너의 마음을 다하고 힘을 다하여 네 하나님 여호와를 사랑하라."고 했는데, 이러한 마음이 곧 지극한 정성을 말한다.

11-18 성사께서 오희성(吳熙成)의 집에 머무르실 때에 희성의 처 이씨가 잉태 6개월에 몸이 가볍지 아니하고 또 7세 여아가 잘못하는 일이 많아서 항상 성을 많이 내었다. 하루는 이씨가 그 딸을 책망하되, "왜 빨리 죽지 아니하는가?" 하더니 홀연히 태아를 조산(早産)하여 아기가 완전치 못하고 형체를 겨우 갖췄더라. 온 집안이 허둥지둥하여 어찌할 바를 모르니 성사께서 가라사대, "큰 아이의 죽음을 바라니, 어찌 태아가 조산하지 않겠느냐? 이것은 좋지 아니한 구업(口業)으로 이러한 신벌(神罰)에 이른 것이니 누구를 원망하리오. 앞으로 마땅히 경계하고 삼가라." 하시고, 이어 하교하시기를, "좋은 솜으로 미지근한 물을 적셔서 아이를 감싸고, 차갑지도 뜨겁지도 않은 온돌에 두고 때때로 젖을 빨리거라." 하셨다. 그 아이가 점차로 완성되어 잘 자라서 출가하게 되니, 성문(聖門)에서 일언(一言), 일행(一行)을 감히 경솔하게 어겨지고 거슬리지 못함이 이와 같은 결과를 가져옴이라.

11-21 김봉단(金鳳丹)이 개도 59(1932)년 2월 그믐에 청주에서 금천으로 이사하였는데 다음달 3월에 아들을 잃고 9월에 딸을 낳았다. 산후 4개월을 몸져누워 회생의 가망이 없었다. 하루는 성사께서 불러 가라사대 "네가 이사한 후에 아들을 잃고 딸을 얻었는데 어찌해서 후회하고 애통하여 눈물을 많이 흘리는가? 네가 능히 반성하고 회개하면 며칠 안 가서 나을 것이다." 하시고 그 남편 최우식(崔佑植)으로 하여금 쌍화탕 한 첩을 쓰라 하시거늘 물러나 귀가하여 명령대로 약을 썼더니 전신의 부증(浮症)이 낫더라.

이 두 가지 사례에서 발병의 원인은 옳지 못한 행동이나, 말, 또는 생각 등이 원인이 되고 있다. 불교에서도 몸과 입과 생각으로 짓는 신구의(身口意) 삼업(三業)을 경계하고, 삼독(三毒)이라 하여 탐진치(貪嗔痴) 세 가지를 인간 무명(無明)의 조건으로 내세우고 있다. 토암은 "군자와 소인의 나뉨이 언행과 마음 씀씀이에 달려 있으니, 입으로는 망언(妄言)을 하지 말고, 마음으로는 망령된 생각을 하지 말라. 마음을 속이면 하늘을 속이는 것이니, 마땅히 경계할지니라."[13]고 하여 도덕군자가 되기 위해서는 특히 언행에 주의할 것을 가르치고 있다.

이상의 사례에서 치병은 토암이 그 자신의 가르침을 교화하기 위한 하나의 방편적 수단이었음을 알 수 있다. 다양한 치병 사례를 통해서 그가 독실한 신앙과 정성된 수도, 그리고 충효, 성경, 가화, 청결과 같은 도덕의 실천을 가르치고자 하였다.

또한 그가 수많은 치병의 기적을 보여 주면서도, 이것을 그 자신의 능력이나 권능으로 자부하지 않고, 환자 자신의 정성으로 돌리고 있음이 주목된다. 그는 제자들에게 "나는 본래 의원이 아니니 지금부터는 너희들의 정성을 보리라. 너희들이 정성이 지극하면 어떤 병이 낫지 않으며, 어떤 액인들 면하지 않겠느냐."[14]고 하여, 인간의 정성과 공경된 자세를 가르치고 있다.

토암은 인간을 신 앞에 수동적이고 나약한 존재로 만들려는 것이 아니라, 인간의 도덕적 능력에 대한 무한한 잠재력을 키워 주려 하였다. 뿐만 아니라 자기의 제자들에게 흔들림 없는 신앙심을 고취하고, 자신이 가르치려고 하는 도덕의 실천을 고무하기 위한 하나의 방편(方便)으로서 치병을 비롯한 수많은 영험을 보여 주었다.

---

13) 『성훈통고』 편집본, 11-1.
14) 같은 책, 2-51.

(4) 풍수를 통한 신도설교

토암은 인간의 '사원성취(四願成就)'[15]를 말하고 있는데, 그 중에 하나가 '명당대지(明堂大地)'일 정도로 풍수지리를 존중하고 있다.

▲ 금천리 금강대도 총본원 전경

또한 그가 33세 때(1906년) 대도를 자각하면서 불렀다는 글에도 "현우(顯宇 ; 토암의 字) 윤세황인(允世皇人) 개지풍수(開地風水)"라고 했으니,[16] 풍수의 능력은 그의 대표적인 권능이라고 보아도 좋을 것이다.

---

15) 첫째는 도덕군자요, 둘째는 귀한 자식 두는 것이요, 셋째는 명당대지 얻는 것이며, 넷째는 생사극락을 얻는 것이 군자의 네 가지 소원이라고 한다.

16) 그해 2월 15일에 나무를 하러 산에 올라갔다가 길옆에 누웠더니, 별안간 天地가 맑아지고 日星이 조요하여 神氣가 昏昏하더니, 이윽고 六合(동서남북상하)이 돈연히 열리고 萬理가 관통했다 한다. 이때, 입으로 글을 불러 가로되 "顯宇 允世皇人 開地風水"라 하고, 또 가로되 "閏四月之望間에 平生德之尋鑿이라 意外千里客이 明出高名傳이라, 壯元及第第一이요 富貴功名特等이라. 是時又逢春하니 萬人皆仰視라."고 하였다고 한다. 『성적제강』, 금강대도총본원, 1956, 11~13쪽.

실제로 『성훈통고』에는 바로 이 풍수에 관련한 토암의 신통력과 혜안을 소개하는 자료들이 풍부하게 수록되어 있다.

15-2 송해(松海) 조용휘(趙庸彙)가 대덕군(大德郡) 산내면(山內面) 침산(砧山)에 사는 박우석(朴禹錫)과 함께 성사를 배알하니, 성사께서 박우석을 불러 가라사대, "우석아, 너의 가세가 매우 가난하니 한번 산소를 옮기도록 하여라. 네 집 뒤 전후좌우에 암석이 있고, 정혈(正穴)이 있는 곳에 금잔디가 있으니 네 고추밭 옆이라. 가서 자세히 보면 알 수 있을 것이다." 하셨다. 용휘가 물러 나와 우석에게 "과연 성사께서 말씀하신 곳이 있소?"라고 물으니, "과연 있소."라고 대답하였다. "그렇다면 혹시 전에 성사께서 행차하시어 보고 오신 적이 있소?" 하니 대답하기를, "아니오. 그게 아니라. 성인의 혜안은 조금도 장애 없이 원근을 빠짐없이 비추시는 것이라오." 하니, 성인의 일이란 보통 사람이 헤아릴 수 있는 바가 아님을 비로소 알겠더라.

여기서 토암은 건곤부모이기 때문에 천지 산천의 모습을 꿰뚫고 있음을 알 수 있다. 직접 현장에 가 보지 않고도 모든 지형의 생김새와 위치를 정확히 볼 수 있으니, 건곤부모가 아니고서는 도저히 불가능한 일이라는 것이다.

15-8 성사께서 북촌(北村) 배순희(裵舜熙)가 사는 청원군(淸原郡) 미원면(米院面) 화원리(花源里)의 음택에 대해 말씀하시기를 "이 땅에 선인무수(仙人舞袖)형, 옥호저수(玉壺貯水)형, 행주(行舟)형, 복해(伏蟹)형이 있다."고 하시며 그 지형의 모습을 자세히 설명해 주시고는, "매화낙지(梅花落地)는 뒷산 두 번째 기슭 맨 끝 논에 있으며 군자 3인이 나올 것이라." 하시거늘 곧장 홍재구(洪在九)와 함께 가서 보니 그 다섯 자리가 모두 성사 말씀하신 것과 하나도 틀리지 아니하였다. 홍재구가 매화낙지를 도모하여 얻어 쓰니, 위대하도다! 성사께서 세계 지리를 명명백백하게 앉아시 보심이 이와 같도다.

15-26 박병직(朴秉直)이 개도 52(1925)년 5월 15일에 성사를 모시고 있었는데, 성사께서 하교하시기를 "네 선묘가 불길한 조짐이 있으니 빨리 이장하는 게 좋겠다. 한 자리 명혈이 청주(淸州) 강외면(江外面) 공북산(拱北山) 아래에 감추어 있으니 이름하여 옥녀탄금(玉女彈琴)이라. 네가 빨리 차지하거라." 하셨다. 병직이 안정호(安政鎬)와 함께 가서 산을 보니 확연히 볼 만한지라. 정호와 서로 돌아보며 말하기를 "사부는 천신이시라. 앉아서 천 리의 밖을 보시니 어찌 보통 알음알이로 헤아릴 수 있으리오." 하고는 다음 날 돌아가 성사를 배알하니 하문하시기를 "과연 그 땅을 얻었느냐?" 하심에 그렇다고 여쭈니 가라사대 "때가 장차 불리하니 다시 후일을 기다려라. 나는 비록 겨를이 없지만 후에 반드시 재혈해 주는 사람이 있을 것이니 염려하지 말라." 하시더니 10여 년 후에 과연 도성사부께서 승통하시어 교화하실새 병직에게 말씀하시기를 "선묘가 불길하니 빨리 이장하라." 하시고 친히 재혈하여 주시니 하늘같은 성은을 어찌 잊을 수 있으리오.

이 두 사례에서는 토암이 선인무수(仙人舞袖), 옥호저수(玉壺貯水), 행주(行舟), 복해(伏蟹), 옥녀탄금(玉女彈琴), 매화낙지(梅花落地)와 같은 지리의 형국을 앉아서 살피는 능력을 보여 주고 있다.

15-21 김경단(金慶丹, 林日星 妻)이 본래 질병이 있어 고생하더니 입도 후에 전 가족이 들어가 성사를 뵙고 그 시모가 성사께 고달하기를 "며느리가 병이 있어 보기가 심히 민망하여 죄송함을 무릅쓰고 고달하나이다." 성사 가라사대 "전 가족이 이렇게 와서 보니 이것은 기쁜 일이나 병을 묻는 것은 스승을 의사로 대하는 것이니 이것은 칭찬할 수 없다." 하시고 하교하시기를, "시부의 산지(山地)가 불길하기 때문이니 즉시 개장하여라." 하시고 혈 하나를 가르쳐 주시며 가라사대, "여기로 개장을 하면 3년 후에 발복하여 경사가 있으리라." 하시니 가족이 물러나와 협의하여 묘를 파 보니 과연 광중에 물이 가득 차 있었다. 성사께서 보여 주신 혈에 하관을 하니 광(壙) 하나의 땅이 스스로 천연의 석곽(石槨)이 되어 성사의 말씀과 같았다. 후에 경단이 몸이 회복되고 3년 후에 아이를 가져 아들을 낳게 되

었다.

이 사례에서는 조상의 산소가 잘못 되면 후손이 불길하게 된다는 것과 이러한 불길함을 구제할 수 있는 토암의 권능이 잘 나타나 있다.

15-15 하루는 송당(松堂) 전재구(全載九)를 불러 가라사대, "네 친산(親山) 광중(壙中)에 지금 물이 가득 찼으니, 장차 어찌 하겠는가?" 대답하여 가로되, "제가 본래 불민하니 어찌 알겠습니까? 다만 사부님만 믿을 뿐입니다." 가라사대, "네가 능히 독실히 믿겠느냐? 대개 사람의 흥망성쇠가 모두 자기의 마음 가운데 있나니, 널리 음덕을 쌓아라. 덕은 창생을 제도하는 덕만큼 큰 것이 없나니, 모름지기 널리 도덕을 펴서 도덕의 안전한 지경에 창생을 건지면 어찌 소원을 성취하는 이치가 없겠느냐?"

여기에서는 명당으로 인한 발복이 단순히 땅의 형세에만 있는 것이 아니라, 음덕을 쌓고 진심으로 신앙을 하는 등 평소의 덕행으로 인한 것이라는 교훈을 전해 주고 있다. 그는 "하늘이 길지(吉地)를 숨겨 놓고 음덕(陰德)의 백골을 기다리나니… 혈은 비록 땅에 있지만 그 영기(靈氣)한 길성(吉星)과 자손 발복의 이치는 하늘에 있나니, 다만 가히 하늘에 순응할 따름이니라."[17]고 하여 평소의 덕행이 중요함을 강조하였다. 또 "너희들이 진심으로 신행하면 비록 백골이 수화(水火)가 왕래하는 곳에 있더라도 그 산화가 독실히 믿는 집에는 들어오지 못하는 것이라."[18]고 하여 독실한 신앙의 힘을 가르쳤다.

이상의 풍수를 통한 신도설교의 사례에서도 명당 자체에 대한 집착보다는 도덕성을 일깨우려는 그의 의도가 잘 나타나 있다. 수천

17) 『성훈통고』 편집본, 15-22
18) 『성훈통고』 편집본, 15-25

리 밖에서 벌어진 일들을 눈앞에 일인 듯 훤히 말하면서 "나는 무격배가 아니라." 하였으며, 앉아서 수천 리 밖 산천의 생김새를 꿰뚫으면서 "내가 지관이냐?"고 반문하곤 하였다. 그러고는 "네가 지극한 정성이 있으면 어찌 신명의 감응이 없을쏘냐. 네 마음 중에 만 가지 이치가 갖추어져 있는 것이니라."고 하는 등 인간의 정성과 공경된 자세를 가르쳤다. 결국 더 깊은 진리를 가르치기 위한 하나의 방법, 또는 방편으로 풍수를 활용하였다.

지금까지 살펴본 바와 같이 토암은 높은 종교적 권위와 초월적인 권능으로 신도설교를 통해 인간의 도덕성을 함양시키려 하였다. 때로는 영험으로, 때로는 이적으로, 문장으로, 풍수로, 치병으로… 중생의 근기에 따라 그들이 원하는 것을 그때그때 주었지만, 궁극적인 목표는 어디까지 도덕성의 계발과 실천이었다. 한마디로 중생들을 교화하기 위한 일종의 시행방편(時行方便)으로서, 신도설교를 활용하였다.

이것은 건곤부모로 상징되는 천지(天地)의 초월의식이 인간의 도덕적 본성으로 내재화되는 것으로 볼 수 있다. 『중용』에서 "하늘(天)이 명한 것을 성(性)이라 하고, 성(性)에 따르는 것을 도(道)라 하고, 도(道)를 닦는 것을 교(教)라 한다〔天命之謂性 率性之謂道 修道之謂教〕."고 했는데, 하늘의 천도가 천(天) → 성(性) → 도(道) → 교(教)의 과정을 통해 인간에 내재화되는 것[19]과 같은 이치라고 할 수 있다. 즉 건곤부모의 초월성이 인간의 도덕성을 일깨우고, 그 도덕성을 좇아 살아가는 것이 바로 인간의 도리가 되는 것이다. 이러한 '내재적 초월성'은 '외재적 초월성'을 중시하는 서양 종교와는 다른 것이다.

---

19) 유희성, 「儒教文化의 道德性과 宗教性」, 『中國文化研究』 제8집, 중국문화연구학회, 2006, 313~337쪽.

3. 도덕개화(道德開化)를 통한 내재적 초월

(1) 인간 도덕성의 개화

건곤부모의 초월성이 인간의 도덕적 본성으로 내재화되는 과정을 살펴보았거니와, 인간의 초월의식은 반대로 건곤부모를 향하여 나아가는 것이다. 즉 인간의 내면적 도덕성을 개화하여 건곤부모의 심법(心法)과 일치되고자 하는 것이다. 건곤부모의 심법은 이심전심(以心傳心)으로 인간의 심성과 일치될 수 있으므로, 초월의식의 지향은 결국 외재적인 것이 아니라 내재적인 것이 된다. 이런 점에서 인간의 도덕성은 초월적이면서 동시에 내재적인 것이라고 볼 수 있다.

이러한 도덕성의 개화는 토암 선생의 가장 중요한 사명이요 목표였다. 그는 당시의 시대적 모순을 '인간 도덕성의 타락'으로 규정하였고, 그 원인이 바로 유불선 등 기성 종교의 중생구제력 붕괴에 있다고 보았다. 그는,

> 3-13 세상 사업이 셋이 있으니, 첫째는 도덕사업(道德事業)이요, 둘째는 제왕사업(帝王事業)이며, 셋째는 문장사업(文章事業)이라. 나는 도덕 사업가요 제왕 사업가가 아니니, 만일 이 중에 제왕 사업을 하고자 하는 사람이 있거든, 즉시 나가서 제왕 사업하는 사람을 찾거라.

라고 하여 자신의 목표를 분명하게 제시하였다. 여기서 제왕 사업이란 곧 정치권력 획득이 목표요, 문장 사업이란 학문적인 명성을 얻는 것이라고 한다면, 도덕 사업은 종교 본연의 대중적인 구제 사업을 뜻한다고 볼 수 있다.[20]

이것은 그가 무엇보다도 도덕성 회복이라는 종교 본연의 사명에

---

20) 졸저, 『건곤부모님과 금강대도의 진리』, 141~149쪽.

충실하겠다는 의지의 표명이라고 생각되는데, 다음과 같은 말에서 분명히 드러나고 있다.

3-6 요즘 세상에 종교가 많아 다 자랑하는 바가 있지만, 너희들은 반드시 자랑할 것이 없으리니, 다만 네 선생의 도덕을 자랑으로 삼도록 하여라.

3-4 사람이 잘하는 일이 많으나, 말 잘하는 사람은 다만 변사가 될 뿐이요, 글 잘하는 사람은 다만 문장가가 될 뿐이며, 앎을 자랑하여 작은 지혜를 잘 쓰는 사람은 무당을 넘지 못할 뿐이니 도덕(道德) 잘하는 것만 같지 못할 따름이니라.

라고 하였으니, 그는 타 종교와 구별되는 자신의 독특한 가르침이 역시 '도덕(道德)' 두 글자에 있음을 분명히 했다.

그렇다면 토암 선생이 말하는 도덕이란 무엇을 말하는 것인가? 토암의 도덕관을 잘 보여 주는 사례가 있다.

3-2 개도 56(1929)년 7월 보름날 밤에 대성사부님께서 총회를 명하시어 여러 제자들이 사택에 모였더니 하교하여 가라사대, "너희들은 포교에 전력하여 창생을 널리 제도하여라. 나의 소망이 다만 이것뿐이니라." 하시거늘, 한 제자가 아뢰기를 "모교(某敎)는 술수로 포교를 하여 입교자가 많고, 우리 금강도는 오로지 도덕으로만 포교를 하는 고로 입도자가 적으니 이것이 제일 한이 됩니다." 성사께서 호령을 하시며 가라사대 "이것이 무슨 말이냐? 나 또한 술수가 없는 것이 아니니라." 하시고, 곧 이어 신명의 이름을 세 번 부르시니, 그 자리에 있던 제자들이 일시에 전신을 요동하고, 공중으로 겅중겅중 뛰며 앉을 곳을 찾지 못하니, 모든 사람이 다 황공무지하여 몸 둘 바를 모르더라. 이렇게 4, 5차를 하시더니 성사께서 미소를 지으시고 다시 큰소리로 가라사대, "앉거라. 내 너희에게 말하리라." 하시니, 비로소 제자들이 정신을 차리고 머리를 조아려 엎드리더라. 성사 하교하여 가라사대, "도덕의 말씀은 담담하여 맛은 없으나 유시유종(有始有終)하니

장구한 도요, 술수는 달아서 맛은 있으나 끝내 끝을 마침이 드무니 장구한 도가 아닌 것이요, 또한 술수는 이단에 가깝고 도덕은 하늘에 이르도록 무너지지 않으리니, 너희들은 힘써 행하고 의(義)를 본받으면 굴복하지 않는 것이 없으리라."

여기서 토암은 술수와 이단을 배격하고 인간의 정도를 강조하고 있다. 도덕은 곧 '인지소당행지로(人之所當行之路)'이니, 사람이라면 꼭 걸어가야 할 길, 즉 인도(人道)를 말한다.[21] 그는 "내 제자된 자들은 모름지기 인도를 밝히고, 하늘의 뜻에 순종하라. 이것이 이른바 군자이니라."[22]라고 하여 그의 도덕관을 분명히 하고 있다.

그런데 그의 도덕은 또한 술법이나 주술적인 면을 배제하는 것이다. 그는 술법을 도덕과 완전히 반대되는 것으로 배제한다. '도라는 것은 담담하기가 물과 같은 것'이라고 하였다. 또한 그는 "나는 난리가 나느니, 피난을 하느니, 제왕 사업을 하느니, 호풍환우(呼風喚雨)를 하느니, 둔갑장신(遁甲藏身)을 하느니, 병이 낫느니, 아들을 두느니 그런 말을 하는 사람이 아니니라."[23] 하였고, "포교할 때에 풍설(風說)로 개화(開化)하지 말라. 천로신분(天怒神憤)하시리니 원형이정(元亨利貞)으로 개화하여 윤상을 강구하여 밝히어라."[24] 하는 등 모든 음사(陰祀)를 철저히 배제하고, 세상의 종말(終末)이나 혁세(革世)를 주장하는 모든 술수 또한 완전히 부정하고 있다.

따라서 토암은 '후천개벽(後天開闢)' 사상[25]과도 분명한 거리를

21) 같은 책, 202~209쪽.
22) 『성훈통고』 편집본, 8-13.
23) 「참다운 믿음의 길」, 『오만등대』 제1집, 금강대도백운도우회, 1981, 105쪽.
24) 『성훈통고』 편집본, 7-1.
25) 후천개벽 사상을 한국 신종교의 공통 사상으로 일반화시키는 것에 대한 비판적 검토는 졸저, 『금강대도 종리학 연구론』, 미래문화사, 2005, 173~180쪽 참조. 필자는 이것이 이른바 과도한 일반화의 오류로서, 후천개벽의 교리를 갖고 있지 아니한 다른 종단들을 학문적 연구의 대상에서 소외시키고, 어떤 의미에서는 헌법에 보장된 종교의 자유를 침해할 우려까지 있다는 점을 지적한 바 있다.

두고 있다. 본래 개벽이란 천개(天開)·지벽(地闢)이라 하여 천지가 닫혔다 새로 열리는 파천황(破天荒)의 대파국(大破局)을 말한다. 그런데 토암이 오늘날의 세계를 선후천(先後天)이 교역(交易)하는 시기로 보는 것은 다른 신종교와 비슷하지만, 그것을 천지가 개벽하는 시기로 보지 않고, 다만 인간의 도덕이 개화(開化)되는 시기로 보고 있다는 점은 완전히 다른 것이다. 이것이 바로 토암의 도덕개화(道德開化) 사상이다. 결국 토암은 지금까지 천도(天道)에 집중되어 있던 모든 종교 형태를 인도(人道)적인 형태로 전환시키려 했으니, 은대(殷代)의 종교주의로부터 주대(周代)의 인문주의로 문명의 축을 바꾸려 했던 공자의 문제의식과도 유사하다.[26)]

토암은 이러한 도덕개화 사상의 관점에서 동양의 전통 종교인 유불선을 비판적으로 종합하였다. 그는 기성 종교의 중생구제력 붕괴를 논하면서, "유가의 무리들은 한갓 글만 읽고 실행(實行)이 없으며, 불가의 무리들은 다만 의식만 알고 자비(慈悲)한 마음이 없으며, 선가의 무리들은 오로지 기괴한 것만 숭상하고 수련(修鍊)하는 공부가 없다."[27)]고 말하고 있는데, 여기서 그가 중시하는 것은 바로 실행(實行)과 자비(慈悲)와 수련(修鍊)이다. 요컨대 도덕적인 실천과 종교적인 자비행, 그리고 심성을 배합하는 내적인 수련을 촉구하고 있으니, 이 세 가지는 도덕개화(道德開化)를 위한 필수조건이다.

첫 번째, 도덕적 실천이라는 면에서 그는 충효성경(忠孝誠敬)과 가화(家和), 청결(淸潔)을 강조하였고, 생활 속에 실천할 수 있는 예법을 새롭게 체계화하였다. 두 번째, 대승적 자비행이라는 면에서 그는 죽이는 것을 경계하고 생명을 보존하는 계살방생(戒殺放生)을 강조하였다. 이는 어육을 철저히 금식하는 생활 규범의 실천

---

26) 『금강대도 종리학 연구론』, 209~217쪽.
27) 『聖蹟編年』, 금강대도총본원, 1956, 16쪽.

을 통하여, 비단 인간뿐만 아니라 모든 금수, 곤충, 초목까지도 구제한다는 광화중생(廣化衆生)으로까지 나아가고 있다. 세 번째, 심성 수련이라는 측면에서는 무엇보다 인간의 자율적 발심(發心)과 노력을 통한 깨달음의 성취라는 점을 강조하고 있다. 이는 인간의 도덕적인 완성에 대한 강력한 요청이며, 내적인 초월의 가능성에 대한 끝없는 추구라고 볼 수 있다.[28)]

(2) 자수심성(自修心性)과 내재적 초월

토암에게 있어서 인간의 내재적 초월에 대한 가능성은 심성신(心性身) 삼합 수련으로 나타난다. 토암은 천지인 가운데 인간의 역할에 대해 말하기를,

> 3-10 하늘은 하늘의 도를 행하고, 땅은 땅의 도를 행하시나니, 사람이 그 사이에 처하여 능히 하늘을 근본 삼고 땅을 본받아서 사람의 도를 닦아 밝히고, 천지의 화육(化育)에 참여하여 돕는다면 이것이 곧 대인의 일이요, 하늘 또한 어기지 아니할 것이니라.[29)]

라고 하였으니, 이는 인간을 천지의 화육에 참여할 수 있는 존재로 높여 보는 것이다.

그러나 모든 사람이 다 그런 것은 아니다. 왜냐하면 인간은 천지와 동격이 될 수 있는 선천적인 도덕성〔元神〕을 부여받기는 하였으나 동시에 신체의 형기(形氣)에 의한 유혹〔九靈神〕을 받고 있다. 그러므로 인간이 원신으로 구령신을 제압하고 자기를 완성하기 위해서는 도를 닦는 작업, 즉 수도가 필요하다.

---

28) 졸저, 『건곤부모님과 금강대도의 진리』, 149~173쪽.
29) 『성훈통고』 편집본, 3-10.

금강대도에서는 이러한 수련을 심성배합(心性配合), 또는 자수심성(自修心性)이라는 말로 표현한다. 사실 심성론(心性論)이라고 하는 것은 동양철학의 핵심 문제이며 인간의 존재와 가치의 문제라고 할 수 있다. 그것은 동양철학 특유의 인본주의(人本主義) 전통을 나타내고 있으며, 천인합일(天人合一)론과도 밀접한 관련을 갖는 것이니, 내재적 초월의 길이라고 할 수 있다. 금강대도에서도 이 심성의 문제를 수련법의 핵심에 위치시키고 있다. 토암은 이 심성(心性)이 배합되면 이보다 더 큰 보배는 없다고 말한다. 그리하여 "삼신산 불사약이 네 심성에 있다."[30]고 하였으며, 이를 심성대약(心性大藥)이라 표현했다.

토암은 심성의 배합을 주역의 수화(水火) 미제(未濟, ䷿)괘로 설명한 바 있는데, 즉 불이 물 위에 있어서 두 성질이 서로 섞이지 않는 것처럼 마음과 성품은 서로 화합하기가 어렵다.[31] 이렇게 되는 이유는 인간에게 기질의 욕심이 있기 때문인데, 따라서 심성을 잘 배합하기 위해서는 먼저 그 기질의 욕심을 제거해야만 한다.

그런데 금강대도의 수련법이 여기에 머물렀다면 과거 동양의 전통적인 심성론과 크게 다를 것이 없다. 금강대도 수련법의 독특성은 심성(心性)의 수련이 신(身), 즉 몸의 수련과 일치되어야 함을 강조하는 데 있다. 즉 "몸 밖에 보배가 없으니, 심성을 수련하여 몸까지 달하면 몸은 천지를 짝하고 마음은 일월을 합한다."[32]는 것이다. 이렇듯 몸 밖에 보배가 없다는 진리관은 인간의 정신과 육체를

---

30) 『성훈통고』 편집본, 4-8.

31) 마음과 성품에 대해서는 "고요한 것은 성품이니 마음이 그 가운데 있고, 동하는 것은 마음이니 성품이 그 가운데 있다. 마음이 생하면 성품은 멸하고, 마음이 멸하면 성품이 나타나느니라(靜謂之性, 心在其中矣요, 動謂之心, 性在其中矣라. 心生性滅하고 心滅性現하나니)."라고 하여 그 양자를 배합하기가 쉽지 않음을 나타내고 있다. 금강대도, 『보경』, 〈태상대통경〉.

32) 『대정경』, 금강대도도사편찬위원회, 미출간본, 658쪽.

하나로 보는 것으로서, 몸과 정신을 이원론적으로 나누어 보려는 서양 사상과는 근본적으로 다르다.[33]

▲ 심성수련 중인 도인들

이렇듯 인간의 내외(內外)가 일치되어야 한다는 사상은 '원신(元神)과 구령신(九靈神)의 상위주객(相爲主客)'이라는 독특한 표현으로 나타나기도 한다. 원신이란 나의 심성을 주관하는 신명이요, 구령신이란 나의 신체를 관장하는 신명이라는 것이다. 그리하여 청학은,

> 원신은 안에 있어 마음으로써 이루고, 구령신은 밖에 있어 물건으로써 격동하나니, 이것은 주객이 되어 응하는 것이라. 구령신으로 더불어 그 원신을 합하고, 원신으로 더불어 그 하나를 합하면, 그 힘씀을 기다리지 않아도 스스로 그 공부를 이루리니, 몸 가운데의 구령신을 어찌 보존하지 않으리오. 서로 응하고 서로 합하여 한가지로 심성에서 즐거워하면 자연히 도를 이뤄서 가히 군자를 이루리라.[34]

라고 하였으니, 원신과 구령신이 서로 화합한다고 하는 것은 심성신(心性身)이 삼합되는 수도의 이상을 표현한 것이다.

이러한 의미를 갖는 금강대도의 수련법을 토암은 네 가지로 요약해 주었다.

---

33) 졸저, 『금강대도 종리학 연구론』, 265쪽.
34) 『대정경』, 668쪽.

4-2 수도지방은 수기방심(收其放心)하야 개과천선(改過遷善)하며 시인포덕(施仁布德)하야 구제창생(救濟蒼生)할 따름이니라.

첫째, 수기방심(收其放心)은 흐트러지려는 마음을 거두어들이는 것이다. 그 전제 조건으로는 기질의 성품과 진심(嗔心)·음심(淫心)·도심(盜心) 등 심마(心魔)를 제거하는 것이다. 다음으로는 '일만 가지 경문을 외우는 것이 한결같은 마음(一心)을 보존하는 것만 같지 못하니라.'[35]고 한 것처럼, 흔들림 없는 마음, 즉 정신을 통일시키는 것이다. 이렇듯 일심이 되도록 심성을 수련하는 방법으로 '보고(寶誥) 봉독'이 있다. 보고란 건곤부모의 성덕을 찬양하는 글이니,[36] 늘 건곤부모에 마음을 집중하여 정성껏 송념(誦念)을 하면, 이심전심(以心傳心)으로 심법(心法)이 통하게 된다.

둘째, 개과천선(改過遷善)이니, 잘못된 행실을 고쳐 착한 곳으로 나아가는 것이다. 즉 심성 수련을 통해 도를 닦아 나가지만, 그것만이 전부가 아니고 그것을 몸으로 실천해야만 도덕이 완성된다는 것이니, 곧 심성신(心性身)의 합일이다. 심성배합을 통한 도덕성의 개화가 '심성(心性)에서 → 몸(身)의 행위'로 가는 방향이라면, 여기서는 '몸의 행위에서 → 심성'으로 가는 길이다. 즉 도덕적 선행을 실천함으로써 여여(如如)한 심성을 만들어 갈 수 있다. 이렇게 볼 때 '수기방심'과 '개과천선', 즉 심성의 배합과 몸으로의 도덕 실천은 건곤부모의 심법과 하나가 될 수 있는 두 가지 길로서 마치

---

35) 『대정경』, 333쪽.

36) 보고는 『보경』 속에 담겨 있는데, 이 책은 도인들이 심성 수련 및, 모든 의식에서 항시 암송하는 여러 편의 경문을 모아 놓은 것이다. 그 가운데에는 옥황상제의 칙서라는 「靈運經」, 대도의 진리를 요약한 「明教章」, 만법교주(토암, 자암)와 동화교주(청학, 보단), 통천교주(월란, 향련)를 찬양하고 그 감화를 기원하는 5편의 「보고」를 비롯해, 「十聖寶誥」 「太上大通經」 「保身益化呪」 「樂觀呪」 「通心靈異經」 「成願經」 「金剛眞言」 「關聖帝君應合三才經」 「文昌帝君鎭心魔經」 「孚佑帝君修鍊經」 등의 19개 경문이 있다.

동전의 양면처럼 어느 것 하나도 빼어 놓을 수 없는 필수불가결한 요소이다. 물론 여기서 선행이란, 악행과 완전히 다르게 이분법적으로 나누어 볼 수 있는 것이 아니라는 점이 중요하다. 잘못은 언제든 고치면 되는 것이고, 계속적인 노력을 통해 악도 선으로 바꿀 수 있다.

셋째, 시인포덕(施仁布德)이니, 인(仁)과 덕(德)을 널리 베푸는 것이다. 심성신의 수련으로 건곤부모의 심법과 합일을 했다면, 이제 거기서 얻은 진리와 성은(聖恩)을 널리 중생들에게 알리고 베푸는 일이다. 토암은,

> 4-22 '천지를 공경하고 일월을 존중하는 것'은 사람이 꼭 지켜야 할 도리이니, 하늘을 공경하지 않는 것보다 더 큰 죄가 없으되, 그 공경하는 바를 미루어 만물에까지 베풀면 끝없는 복 바다가 한없이 이어지리라.

라고 하였다. 토암의 말대로 모든 인간이 진정 만물을 하늘처럼 공경할 수만 있다면, 인간 사이에 미움, 시기, 질투, 싸움, 전쟁 등은 사라질 것이며, 환경오염의 문제도 해결될 것이다.

넷째, 구제창생(救濟蒼生)이니, 시인포덕에서 한 걸음 더 나아가 적극적으로 건곤부모의 복음을 전파하는 일이다. 토암은,

> 7-4 삼합대도 금강문에 제도중생이 제일이라. 불고가사하더라도 제도에만 전념하면 소원을 성취하리라.

> 7-7 음식은 피차간에 나누어 먹을 수 있지마는 선악은 자기 짓는 대로 돌아가는 것이니 별 생각 하지 말고 빨리빨리 중생을 제도하라. 나의 신원(伸願) 되고 보면 너의 신원인들 없을쏘냐?

라고 하여 포교를 강조하였다.

(3) 의성일관(義誠一貫)과 천지동배(天地同配)의 구원

이렇듯 인간의 초월의식은 심성신의 수련을 통해 천지와 결합할 수 있는 것인데, 천지는 곧 건곤부모이기 때문에 건곤부모에 대한 의성일관(義誠一貫)의 신앙으로 체계화되고 있음이 주목된다. 심성신은 마음(心)과 성품(性)과 몸(身)을 말하는 것인데, '마음'이 육체로 인해 선할 수도 악할 수도 있는 나 자신의 마음이라면, '성품'은 건곤부모가 인간에게 부여한 순선(純善)한 본성을 말한다. 따라서 마음과 성품의 결합은 곧 인간의 마음이 건곤부모의 심법과 하나가 되는 것이다.

따라서 인간이 초월하기 위해서는 심성배합의 수련을 해야 하지만, 그 수련의 지름길은 바로 건곤부모에 대한 지극한 신앙이다. 그래서 토암은 "수도의 방도는 믿을 신(信)자가 제일이니라."고 하여 의성일관(義誠一貫)의 신앙 자세를 강조하였다. 결국 자수심성과 의성일관은 안팎으로 서로 통하는 것이다. '자수심성'이 누구에게도 의지하지 않는 자립적 수도의 길이라면,[37] '의성일관'이란 정성스러운 신앙의 길이다. 토암은,

2-13 열 가지 백 가지 선을 행하더라도, 너희 스승에게 한 번 절하는 것만 같지 못하니라.

2-11 선생이 소금 짐을 지고 물속으로 들어가라 해도 의심치 아니하고 믿어 행할 수 있어야 나의 제자라 할 만하다.

2-2 너희들이 나를 좇음은 비유컨대 땅 짚고 헤엄치기니, 나를 믿고 따

37) 『성훈통고』 편집본, 2-17 "선생은 다만 길을 인도할 뿐이요, 믿고 안 믿고는 다 너희들의 마음에 있나니, 만일 실행이 없다면 비록 내 무릎 위에 앉아도 소용이 없느니라."

> 름을 마치 파리가 천리마에 붙은 것같이 하라. 파리가 떨어지지 아니하면 말이 천 리를 갈 때에 파리도 또한 힘 안 들이고 천 리를 갈 것이니라. 문장가와 완력자와 말 잘하는 사람과 부귀한 사람은 다 내 제자가 아니요, 손발이 거칠어도 스승의 말을 독실히 믿어, 팥을 가리켜 콩이라 해도 의심치 않고 믿는 자가 내 제자이니라.

고 하는 등 의심 없는 절대적 신앙을 강조하였다.

이렇듯 건곤부모에 대한 절대적 신앙과 심성신의 수련으로 인간은 어떤 초월적인 경험을 할 수 있는가? 토암은 천지인(天地人) 삼도의 합일을 기본적 세계관으로 제시하면서, 특히 인간의 역할을 강조한다. "사람이 아니면 천지도 없다." "하늘이 화하여 사람이 되고, 사람이 화하여 하늘이 된다." 하였고,

> 6-4 잘 닦고 잘 닦아라. 너희들이 잘 닦으면 전도가 양양하리라. 이생에서는 생극락(生極樂)을 누리고 내생에서는 사극락(死極樂)을 누리리라.

> 6-18 너희들이 일심으로 수도하여 도를 이루면, 반드시 천지와 더불어 늙고 일월로 더불어 밝으리니, 수도의 힘이 어찌 원대하지 않겠느냐?

라고 하였으니, 이는 이른바 천지(天地) 동배(同配)로서 사람(人)을 천지와 동등한 위치로 높여 보는 것이다.

그러나 권리가 큰 만큼 그에 따른 책임과 의무 또한 큰 것이니, 인간이 우주의 주체이기 때문에 이제 우주의 사활이 인간의 책임 여하에 달려 있기 때문이다. 결국 인간의 도덕적 자각과 실천이 우주 완성의 요체이다. 우리에게 끊임없는 자수심성의 수련과 의성일관의 신앙이 필요한 이유가 바로 여기에 있다.

▲ 수제자의 위패를 모신 학몽사

2-14 나의 제자들은 본래 깊은 인연으로 이생에서 다시 만났으니, 너희들이 진실로 독실히 믿어 수도하면, 나와 너희가 한곳으로 함께 돌아가 불생불멸하려니와, 만일 믿지 않고 수도하지 아니하면 비록 부자 형제라도 한곳으로 함께 돌아갈 수가 없으리니, 어찌 자만할 수 있겠는가?

라고 하였으니, 우리가 자만하면 안 되고, 무엇보다 부지런히 닦고, 또 실천해야 한다.

4. 끝맺는 말

지금까지 금강대도의 신도설교와 도덕개화 사상을 종교 체험 사례를 중심으로 살펴보면서 동양적인, 또는 한국적 종교성의 특징을 고찰해 보았다. 아직까지는 시론에 머물러 있기 때문에 서양적인 종교성과 확연히 구별되는 점이 어떤 것인가는 확실하지 않지만, 서양의 유일신 종교와는 분명히 다른 점이 있다. 그것은 아마도 전지전능한 창조신을 절대적으로 신앙하는 외적인 초월성을 인정하지 않고, 인간 심성에 내재한 도덕성을 계발하여 보편적 원리와 합일하려는 내면적 초월성을 지향하기 때문이라고 생각한다.

금강대도는 한국 신종교 운동사의 초창기에 성립되어 현재까지도 민중들의 종교적 열망을 순수하게 지키며 100여 년 동안 활발한 종교 활동을 해오고 있다. 무엇보다 우수한 성문 자료를 가지고 있기 때문에 가장 전형적인 분석의 대상이 된다고 생각한다. 사례를 정리하는 것에 급급하다 보니 의미 분석이 충분하게 되지 못했는데, 이 점은 추후의 연구 과제로 남겨 둔다.

금강대도의 종교 경험 사례를 분석해 본 결과, 금강대도는 천지인 삼재의 기본적 세계관과 인본주의 전통, 그리고 개인의 수양을 통한 내재적 초월의식과 도덕성 등 여러 가지 측면에서 동양적 종교의 특징을 잘 나타내 주고 있다. 금강대도의 창도자 토암은 무엇보다 당시의 도덕적 타락을 심각하게 느끼고, 인간의 도덕성을 일깨우지 못하는 동양의 기성 종교인 유불도 삼교를 비판하면서, 도덕성을 개화하기 위한 종교 활동을 전개하였다.

문장, 풍수, 의술을 비롯한 수많은 영험과 이적 등의 방편을 통해 신도설교를 행하면서 인간의 도덕성과 자율적 발심(發心)의 중요성을 일깨워 주었던 바, 이것은 건곤부모로 상징되는 천지(天地)의 초월의식이 인간의 도덕적 본성으로 내재화되는 과정이었다. 이와는 반대로 인간의 내면적 도덕성을 개화하여 건곤부모의 심법과 일치시키려는 노력을 강조하였으니, 이것은 인간의 초월의식이 건곤부모를 향하여 나아가게 하는 것이라고 볼 수 있다. 이러한 과정이 초월적이면서 동시에 내재적인 도덕성의 특징을 잘 나타내 주고 있다.

토암에게 있어서 인간의 내재적 초월에 대한 가능성은 심성신(心性身) 삼합 수련으로 나타나는데, 이러한 수련을 심성배합(心性配合), 또는 자수심성(自修心性)이라고 한다. 동양 사상 특유의 심성론을 계승하면서도, 여기에 몸(身)의 수련이라는 독특한 수련법을 접목하여 체계화하였으니, 이것은 인간의 정신과 육체를 하나로 보는 것으로서 서양의 이원론적 사고와는 구별된다.

또한 '심성(心性)에서 → 몸(身)의 행위'로의 방향을 '수기방심(收其放心)'이라는 용어로 체계화시키고, '몸의 행위에서 → 심성'으로 가는 방향을 '개과천선(改過遷善)'이라는 용어로 체계화시켜 양자를 조화시킴은 동양적 심성론의 높은 경지를 승화시킨 것으로 보인다. 특히 인간의 도덕적 실천을 '개과천선'이라 한 것이 주목되는데, 이것은 선과 악을 이분법적으로 구분하지 않고 일원론적으로 화해시키는 것으로 동양적 윤리관의 특징을 잘 드러내고 있다.

그리고 심성신의 수련을 통한 천지와의 결합이 건곤부모에 대한 정성된 신앙, 즉 의성일관(義誠一貫)으로 체계화되고 있는 것이 독특하다. 이것은 인간의 마음과 순선(純善)한 본성이 결합하는 것이니, 곧 건곤부모의 심법과 하나가 되려는 것이다. 따라서 인간이 초월하기 위해서는 심성배합의 수련을 해야 하겠지만, 그 수련의 지름길은 바로 건곤부모에 대한 지극한 신앙이다. 이렇게 볼 때, 자수심성과 의성일관은 서로 통하는 것으로, 자수심성이 누구에게도 의지하지 않는 자립적 수도의 길이라면, 의성일관은 정성스럽고 일관된 신앙의 길이다.

바로 이 점이 한국적 종교성이 발현된 것이 아닐까 조심스럽게 생각해 본다. 즉 전지전능한 인격적 창조신과의 결합을 인정하지 않고, 도(道)와 같은 이법(理法)적 원리와의 내재적 합일을 도모하는 동양적 종교성을 일단 계승하면서도, 다시 건곤부모와 같은 절대자를 상정하여 그에 대한 정성된 신앙을 강조하는 것은 다분히 한국적 요소가 개재된 것으로 보인다. 절대적 존재에게 '부모'라는 용어를 쓰고 도통의 계승을 혈통으로 하며, 천지의 가화(家和)를 주장하는 것 등이 가족과 혈통을 중시하는 한국적 종교성과 상관관계가 있다고 본다. 이 점에 대해서는 다른 기회에 더 상세한 논구를 해보고자 한다.

제4장. 토암 이승여와 금강 대도의 생명 사상

1. 시작하는 말
2. 천지인 삼재의 세계관과 우주가화(宇宙家和) 사상
3. 인도(人道)의 개화(開化)와 오중평등(午中平等) 사상
4. 심성신(心性身) 삼합의 수련과 계살방생(戒殺放生)의 실천
5. 끝맺는 말

제4장. 토암 이승여와 금강대도의 생명 사상

1. 시작하는 말

오늘날 인류 문명의 존속과 인류 생존까지도 위협하고 있는 생태계의 위기는 어떤 유행적인 상황 윤리나 근시안적인 사회운동을 넘어서 인류의 근본적인 의식의 혁명을 요청하고 있다. 그것은 인간의 내면적 세계의 위기와 연결되어 있으며, 또한 생명의 위기와도 직결되어 있다. 자연과 인간에 대한 인간의 잘못된 생각과 생명의 의의에 대한 무지와 오해가 오늘날 생태계 위기의 근본적 원인이 되고 있기 때문이다.

따라서 생태계 위기 극복의 관건은 근본적으로 생태계의 위기를 유발한 인간이 과거의 잘못된 세계관과 생명관을 바꿔, 생명과 자연을 올바르게 이해하는 데 있다고 할 수 있다. 그것은 인간 중심적 세계관에서 생태 중심적 세계관으로의 전환을 의미한다.

그런 점에서 최근 서양의 이원론적이고, 인간 중심적인 자연관의 문제점을 지적하면서, 그 대안으로 동양의 전일적이고 유기체적인 사고에 대한 관심이 높아지고 있다. 뿐만 아니라 동양의 전통 사상을 창조적으로 계승하여 새로운 세계를 건설하려고 하는 한국 신종교의 자연관에도 관심이 높아지고 있다.

금강대도(金剛大道)는 토암(土庵) 이승여(李承如, 1874~1934)에 의해 창도되어 100여 년이 넘는 역사를 가진 한국의 대표적인 신종교이다. 동학, 증산교, 대종교, 원불교 등과 함께 한국 신종교 운동사의 제1세대에 속하는 종단이며, 일제강점기에 충청도를 중심으로 큰 교세를 형성하여 대대적인 탄압을 받기도 하였다. 현재는 전국에 100여 개의 본분원과 회관, 70여만 명의 도인을 가진 비교적 규모가 있는 종단이다.

다만 그동안 충청과 영남 일대에서 주로 농촌을 중심으로 포교하였기 때문에 일반인은 물론, 학계에도 거의 소개되지 않아 어느 정도 베일에 싸여 있는 종단이기도 하다. 이렇게 된 이유는 그동안의 한국 신종교에 대한 관심이 주로 동학-증산교-원불교 등으로 이어지는 후천개벽(後天開闢) 사상에 초점이 맞추어져 왔기 때문이기도 하지만, 금강대도 스스로도 은둔적인 수도(修道)를 고수하며 대사회적인 적극성을 보이지 않았기 때문이다.

최근 금강대도는 그동안의 무극적(無極的) 은도(隱道)를 청산하고 다가오는 미래를 태극적(太極的) 개화(開化) 시대로 규정하면서 대사회적인 구제 활동에 적극 나서고 있으며, 자기 신앙의 사상적 객관화에도 힘을 기울이고 있어 학계의 주목을 끌고 있다. 특히 오늘날 전 인류의 관심사인 생명 존중과 생태계 보전, 그리고 양성평등의 문제 등에 대해서 교리뿐만 아니라, 실천적인 측면에서도 두드러진 모습을 보여 주고 있음이 주목할 만하다.

따라서 금강대도의 종교 사상 및 실천에 나타난 생명 존중과 생태 윤리 사상을 살펴봄으로써, 새로운 세계관 모색을 위한 실마리를 얻을 수 있을 것이라는 기대를 갖게 한다.

2. 천지인 삼재의 세계관과 우주가화(宇宙家和) 사상

금강대도는 천지인(天地人) 삼도(三道)의 합일을 가장 기본적인 교리로 내세운다. 금강대도의 교리는,

> 대도덕성사건곤부모의 심법을 의성(義誠)의 정신으로 수행, 전수하여 심성(心性)을 배합하고, 유불선 삼종일합의 진리를 궁행, 연마함으로써, 개인적으로 심성신(心性身)이 합일된 이상적 인간상, 즉 차생군자(此生君子)와 내생선불(來生仙佛)의 생사극락(生死極樂)을 누리고, 우주적으로는 천지인(天地人)이 도덕적으로 화합되는 이상 낙원, 즉 대동세계(大同世界)를 건설한다.(『교리문답』)

는 것이다. 여기서 천지인(天地人) 삼재가 기본적인 세계관으로 작용하고 있음을 알 수 있다. 또한 가장 기본적인 실천 덕목인 금강실행십조(金剛實行十條)[1]의 첫 번째가 경천지(敬天地)이며, 금강십계율(金剛十戒律)[2]에 있어서도 첫 번째로 물기천지인(勿欺天地人)을 꼽고 있는 것만 보아도 금강대도는 무엇보다 천지인 삼재의 세계관을 기반으로 한 종교라는 것을 알 수 있다.

천지인 삼재에 나타나는 자연관은 자연과 인간을 상호 분리할 수 없는 관계로 인식한다. 자연 속에서 인간을 보고, 인간 속에서 자

1) 천지를 공경하고(敬天地), 불조에 예를 하며(禮佛祖), 조상을 받들고(奉祖先), 부모님께 효도하고(孝雙親), 국법을 준수하고(守國法), 스승의 가르침을 존중히 하며(重師尊), 부부간에 분별하고(別夫婦), 형제간에 우애하며(愛兄弟), 종족 간에 화목하고(睦宗族), 친구 간에 신의를 지키는 것(信朋友).

2) 하늘과 땅과 사람을 속이지 말고(勿欺天地人), 마음과 몸을 깨끗이 하며(心身淸淨潔), 성품을 단련하고 몸의 욕심을 이기며(煉性克己慾), 글자 쓴 종이를 공경하여 소중히 여기며(敬惜字書紙), 말과 행동을 태산처럼 무겁게 하며(言行重如山), 죽임을 경계하여 중생을 건지며(戒殺濟衆生), 어육류를 먹지 말고(不食魚肉類), 한 남편은 한 아내만 마땅하고(一夫當一妻), 남의 물건을 취하지 말며(勿取他人物), 죄와 과오를 범하지 말라(勿犯罪過誤).

연을 보고, 언제든지 상호 조화의 관계 속에서 바라볼 뿐 결코 대립적 관점으로 바라보지 않는다. 이것은 정신과 육체, 정신과 물질, 인간과 세계, 인간과 자연을 분리해 보려고 하는 서양의 이원론적인 세계관과는 분명히 다른 것이다.

금강대도에서는 천지(天地)와 인간을 상호 분리할 수 없는 존재로 인식하며, 이것을 하나의 유기적 관계로 이해하고 있다. 금강대도의 제2세 도주인 청학(青鶴) 이성직(李成稙, 1913~1957)은 "사람의 생긴 모양이 머리는 위에 있어 하늘을 닮아 둥근 모양을 하고 있고, 배는 가운데 있으니 땅을 닮아 네모지며, 다리는 밑에 있으니 사람을 닮아 삼각을 하고 있다." 하여 천지인 삼재를 인간의 신체에 비유하여 유기적인 관계를 설명한다.

그런데 이렇게 천지인(天地人) 삼재로 표현되는 일원론적이고 관계론적인 세계관이 종교적인 측면에서 '건곤부모(乾坤父母)'에 대한 신앙으로 승화되고 있음이 흥미롭다. 건곤부모라 함은 건부(乾父)와 곤모(坤母)를 함께 이르는 것이니, 하늘을 아버지로, 땅을 어머니로 보는 것이다. 한마디로 천지인의 세계와 그 안에 담긴 삼라만상을 낳고(生成), 기르고(化育) 다스리는(治敎) 아버지요 어머니라는 것이다.

금강대도에서는 건곤부모를 절대 유일의 구세주로 믿고, 그가 제시하는 바에 따라 수도의 길을 간다고 한다. 건곤부모는 천지(天地), 또는 도(道) 그 자체이며, 인간의 모습으로 왔다가 갔기 때문에 인류의 위대한 스승 곧 만고의 대성인이다. 금강대도에서는 토암(土庵) · 청학(青鶴) · 월란(月鸞)의 3부자(父子)를 건부(乾父)로, 그 배위(配位)인 자암(慈庵) · 보단(寶丹) · 향련(香蓮)을 곤모(坤母)로 숭봉하고 있으니, 이들 3대의 도주를 삼신일체(三身一體) · 삼불세존(三佛世尊) 대도덕성사건곤부모(大道德聖師乾坤父母)라 하여 절대적 구원자로 신봉하고 있다.

이렇듯 천지인 삼재와 건곤부모에 대한 절대적 신앙이 갖는 생태학적 의의는 무엇인가? 그것은 이 우주를 하나의 가정으로 보고, 그 안에 존재하는 삼라만상들의 조화로운 관계를 중시한다는 점이다. 제1세 도주 이토암의 『도덕가(道德歌)』에 보면 "천지(天地)는 부모(父母)라 하고 일월(日月)은 형제(兄弟)라 하며 성신(星辰)은 붕우(朋友)라 하였으니 천하지인이 누가 형제 아니 되며 누가 붕우 아니 되리."라고 하였다. 이는 건곤부모가 낳은 천지를 하나의 가정으로 보고, 일월성신(日月星辰)과 천하의 모든 사람들을 형제와 붕우로 본다는 것이다. 더 나아가 이토암은 "천지는 부모시니 우주 만물을 나와 형제라 해도 과언이 아니요, 사람이 만물의 영장이니 비록 금수, 곤충, 초목이라도 마땅히 사랑하여서 함부로 죽이거나 꺾지 말아야 하느니라."고 말하고 있으니, 윤리적 배려의 범위를 확대하여 모든 인간은 물론, 동식물의 생명 존중과 생태계 보전을 강조하고 있다. 천지를 하나의 가정으로 보는 이러한 세계관을 '우주가화(宇宙家和) 사상'이라고 하는데, 이것은 생태학자들이 말하는 '공동체 모델'과도 유사한 측면이 있다.

3. 인도(人道)의 개화(開化)와 오중평등(午中平等) 사상

이렇듯 천지인 삼도의 조화를 중시하는 금강대도이지만, 그 중에서도 천도(天道)와 지도(地道)를 강조하지 않고, 특히 인도(人道)의 중요성을 강조하는 것이 가장 중요한 특징이다. 이토암은 "하늘은 하늘의 도를 행하고, 땅은 땅의 도를 행하시나니, 사람이 그 사이에 처하여 능히 하늘을 근본 삼고 땅을 법 받아서 사람의 도를 닦아 밝히고, 천지의 화육(化育)에 참여하여 돕는다면 이것이 곧 대인의 일이요, 하늘 또한 어기지 아니할 것이니라."고 하였는데, 이는 인간의 위치를 천지와 동격으로 높여 봄과 동시에 그 도덕적 책임을 환기하는 것이다.

여기에 바로 금강대도의 가장 큰 문제의식이 있다. 즉 천도(天道), 지도(地道)보다는 인도(人道)가 확립되지 못하고 있음을 걱정한다. 천・지・인 3자로 구성되는 우주에서 천지는 끊임없이 자기의 도(道)를 지켜 덕화(德化)를 베풀고 있거늘, 인간만이 그 도에서 벗어나 덕화(德化)는커녕 탈선의 길을 감으로써 우주 전체를 망치고 있다는 것이다. 인간이 그 도(道)를 잘 지키면 천지인(天地人) 삼재의 도가 완성되는 것이요, 그렇지 못하면 삼재의 도는 완성되지 못한다는 것이다. 여기서 우리는 생태계 위기와 관련하여 도덕적 주체로서 인간의 특수한 지위를 상기해 볼 수 있다. 요컨대 우주 사활의 열쇠는 바로 인간 자신이 갖고 있는 것이다.

오늘날 우리에게 당면한 생태학적 위기를 극복할 수 있는 주체는 오직 인류뿐이며, 오직 인간 자신의 의식 전환과 실천만이 위기 탈출의 유일한 대안이라고 볼 때, 도덕적 주체로서 인간의 역할은 더욱 강조되어야 한다. 그런 점에서 우리는 인도(人道)의 역할을 강조하는 금강대도의 가르침에서 많은 시사점을 얻을 수 있다.

이렇듯 인도(人道)를 강조하는 금강대도의 가르침은 곧 개화(開化) 사상과 오중평등(午中平等) 사상으로 이어진다. 먼저 개화란 무엇인가? 그것은 금강대도의 시대관 내지는 진리관을 함축하고 있다. 지금 우리가 처해 있는 이 시점은 천지(天地)가 개벽(開闢)하는 시대가 아니라, 인도, 즉 도덕성이 개화되어야 하는 때라는 것이다. 따라서 금강대도는 대개의 학자들이 한국 신종교의 공통 사상이라고 일컫는 '후천개벽(後天開闢)' 사상과도 분명한 거리를 두고 있다. 오늘날의 세계를 선후천(先後天)이 교역(交易)하는 시기로 보는 것은 수운(水雲)이나 증산(甑山)과 비슷하지만, 그것을 천지가 개벽하는 시기로 보지 않고, 다만 인간의 도덕성이 개화(開化)되는 시기로 보는 점은 그들과 구별된다. 이것이 바로 도덕개화(道德開化) 사상이다. 이러한 도덕개화 사상과 밀접한 관련을 갖는 것이 바로 오중평등 사상이다.

오중(午中)이란 선천(先天) 5만 년과 후천(後天) 5만 년이 교역하는 과도기를 이른다. 이것은 하루로 치면 오전과 오후가 바뀌는 정오(正午)와 같고, 1년으로 치면 여름과 가을이 바뀌는 때이며, 소강절(邵康節)의 원회운세(元會運世)의 법칙에 따른다면 사회(巳會)에서 미회(未會)로 넘어가는 중간 단계이다. 또한 오행(五行) 상생(相生)으로 말하자면 남방(南方) 화(火)에서 중앙 토(土)의 중재를 거쳐 서방(西方) 금(金)으로 가는 것이니, 화생토(火生土)와 토생금(土生金)으로 변화되는 시기이다.

따라서 오중 시대의 특징은 마치 하루 중의 한낮, 즉 정오와도 같으니 그림자가 지지 않는 가장 광명한 시기이고, 시계의 시침과 분침이 하나로 합하듯이 가장 평등한 시기이다. 또한 1년의 계절로 보면 덥지도 않고 춥지도 않은 가장 온화한 시기가 된다. 따라서 과거 선천 시대는 양(陽)의 시대이니 분열과 갈등, 즉 상극(相克)의 시대요, 다가오는 후천 시대는 음(陰)의 시대이니 조화와 성숙, 즉 상생(相生)의 시대라고 볼 수 있는데, 그러한 변화의 과도기가 바로 오중 시대이다.

오중운도(午中運度)로 바라보는 금강대도의 평등사상은 다음과 같이 요약될 수 있다.

첫째, 음양(陰陽)이 평등한 시대이니, 이 시대에 출현하시는 성인(구세주)은 건곤(乾坤)이 정위(正位)하여 건곤부모로 탄생한다는 것이다. 뿐만 아니라 오중(午中)은 가장 광명정대한 시대이니, 모든 차별과 억압으로부터의 해방이 이루어져 계급의 차별, 남녀의 차별, 빈부의 차별이 없는 세상이 된다.

둘째, 천지와 인간이 평등되는 시기이다. 과거 선천 시대는 하늘・부처・신명은 높고 거룩하며, 인간・중생은 낮고 비천한 존재로 여겼다. 그러나 이제 아버지의 엄한 면을 중재할 수 있는 자애로운 어머니가 동시에 출현하시어 천지인이 동등한 위치에서 우주의 화평을 이루어 갈 수 있는 조건이 마련되었다.

셋째, 인간과 삼라만상이 평등되는 시기이다. 앞에서 우주가화 사상에 대하여 설명하였듯이, 이제 인류는 건곤부모에 대한 신앙을 통해서 동양의 천인합일 사상을 한 단계 뛰어넘어 천하지인(天下之人)은 물론, 우주 삼라만상까지도 형제요 동기(同氣)로 볼 수 있는 안목을 갖게 되었다. 그리하여 금강대도인들은 '경천지(敬天地)'의 가르침을 생활화하고 있으며, 육식을 철저히 금하고, 조그마한 미물, 곤충까지도 사랑한 대도덕성사건곤부모의 성적을 그대로 계승하여 실천하고 있다.

넷째, 생사(生死)가 하나로 되는 시기이다. 이것은 생사극락(生死極樂)이라고 하는 구원관 속에 잘 나타나 있는데, 인간이 도를 잘 닦아 천지와 짝을 하게 되면 살아서는 도덕군자요(此生君子) 죽어서는 신선・부처(來生仙佛)가 되어 생극락・사극락을 동시에 누린다는 것이다.

그렇다면 이러한 오중평등 사상이 생태학적으로는 어떤 의미를 가질까?

오늘날 생태 윤리의 논의에서 윤리적 고려 대상의 범위를 인간, 동물, 식물, 토양 등으로 점차 넓혀 가자는 도덕 확대주의에 담긴 뜻은 인간과 다른 동식물, 또는 생태계 전체의 존재론적 차이를 인정할 수 없다는 것이다. 인간을 포함한 모든 우주와 자연의 관계는 단절적인 것이 아니라 연속적이며, 따라서 인간도 우주 전체, 자연의 일부에 지나지 않는다고 한다. 즉, 생명 공동체의 구성원들은 그것들이 본질적 가치를 갖고 있는 개체이기 때문이 아니라, 생명공동체의 구성원이기 때문에 평등한 도덕적 가치를 소유한다는 것이다.

이런 점에서 볼 때 금강대도의 오중평등 사상은 생태학 정립에 하나의 대안이 될 수 있다. 생명체를 포함한 우주 만물 그 자체가 바로 형제요 신선과 부처라는 말이니, 이것은 생태주의자들이 말하는 도덕 확대주의와 통하는 면이 있다. 또한 이것은 모든 인간이 환경 파괴에 똑같은 책임이 있는 것이 아니라고 하면서, 중요한 것은 자연뿐 아니라 인간을 지배하는 사회, 경제적 위계 구조에 원인이 있다고 보는 사회생태주의(social ecology)와도 관련이 있다. 또한 환경 지배의 원인과 여성 억압의 원인은 서로 연관된 것이라고 보아 여성의 억압과 자연의 억압 사이에 존재하는 밀접한 연관을 규명하고자 하는 생태여성주의(ecofeminism)의 주장과도 통할 수 있다. 다만 이러한 평등사상이 어떻게 현실적으로 실천될 수 있느냐가 남겨진 문제인데, 그런 점에서 금강대도의 심성신 수련 사상과 실천 사례를 살펴보아야 할 필요가 있다.

4. 심성신(心性身) 삼합의 수련과 계살방생(戒殺放生)의 실천

오늘날 생태학적 위기의 해결은 정신적인 질서나 안정과도 깊은 관련이 있다. 생태학적 위기의 실질적인 원인이 인간의 끝 모르는 소유 및 향락에 대한 욕망 때문임을 자각하고, 내 안에 들어있는 탐욕과 분노를 없애고 마음을 고요히 할 때 비로소 진정한 자비와 사랑, 환경운동도 가능하다고 생각한다. 그런 점에서 종교적인 명상과 심신 수련 등은 현대인들에게 생태적 영성을 제공해 주는 데 있어서 필수 불가결하다.

금강대도의 수련법은 심성신(心性身) 삼합을 목표로 하며, 그 내용으로는 수기방심(收其放心), 개과천선(改過遷善), 시인포덕(施仁布德), 구제창생(救濟蒼生) 네 가지로 요약될 수 있다.

우선 심성배합(心性配合), 또는 자수심성(自修心性)이 중요하다. 토암은 "삼신산 불사약이 네 심성에 있다." 하였고, 청학은 "도를 닦으려는 자는 먼저 그 마음을 닦아야 하느니라." 하였으며, 3세 도주인 월란(月鸞) 이일규(李一珪, 1934~2004)는 "다만 단전의 방촌 사이에 있다(只在丹田方寸間)."고 하였으니, 마음과 성품 다스리기, 즉 심성배합(心性配合)에 모든 열쇠가 있다는 것이다.

그런데 심(心)과 성(性)이란 것이 마치 불과 물 같아서 주역의 수화(水火) 미제(未濟, ䷿)괘처럼, 서로 화합하기가 쉽지 않다. 이렇게 되는 이유는 인간에게 기질의 욕심이 있기 때문인데, 따라서 심성을 잘 배합하기 위해서는 먼저 그 기질의 욕심을 제거해야만 한다. 청학은 이것을 심마(心魔)라고도 했는데, 음란한 마음, 탐욕하는 마음, 분노하는 마음, 어리석은 마음, 시기하는 마음, 질투하는 마음, 게으른 마음, 애착하는 마음, 증오, 번뇌, 교만… 이라고 하였다.

그런데 금강대도의 수련법이 여기에 머물렀다면 과거 동양의 전통적인 심성론과 크게 다를 바 없다. 금강대도 수련법의 독특성은 심성(心性)의 수련이 신(身), 즉 몸의 수련과 일치되어야 함을 강조하는 데 있다. 청학은 "강하고 유한 것이 형상을 드리운 만 가지 조화가 사람의 몸에 형상하여 나타나니, 몸 밖에 보배가 없다는 말이 바로 이것이다. 그런고로 심성을 수련하여 몸까지 달하면 몸은 천지를 짝하고 마음은 일월을 합하리라."고 하여, 심성 수련과 몸의 수련이 일치되어야 함을 말한다.

이렇듯 인간의 내외(內外)가 일치되어야 한다는 사상은 원신(元神)과 구령신(九靈神)의 상위주객(相爲主客)이라는 독특한 표현으로 나타나기도 한다. 원신이란 나의 심성을 주관하는 신명이요, 구령신이란 나의 신체를 관장하는 신명이다. 그리하여 청학은 "원신은 안에 있어 마음으로써 이루고, 구령신은 밖에 있어 물건으로써 격동하나니, 이것은 주객이 되어 응하는 것이라. 구령신으로 더불어 그 원신을 합하고, 원신으로 더불어 그 하나를 합하면, 그 힘씀을 기다리지 않아도 스스로 그 공부를 이루리니, 몸 가운데의 구령신을 어찌 보존하지 않으리오. 서로 응하고 서로 합하여 한가지로 심성에서 즐거워하면 자연히 도를 이뤄서 가히 군자를 이루리라."고 하였으니, 원신과 구령신이 서로 화합한다고 하는 것은 심성신(心性身)이 삼합되는 수도의 이상을 표현하는 것이다.

이렇듯 몸 밖에 보배가 없다는 진리관은 인간의 정신과 육체를 하나로 보는 것이며, 나아가서는 진리의 세계와 현실의 세계가 둘이 아니라는 사상으로 이어진다. 또한 이것은 쾌락과 고행의 양 극단을 배제한 중용적인 사상으로도 볼 수 있다. 금강대도의 『보경(寶經)』에 보면 '대경망경(對境忘境), 거진출진(居塵出塵)'이라는 말이 있다. 경치를 대하되 경치를 잊어버리고, 진세에 거하면서도 진세를 뛰어넘는다는 것이니, 이것은 진리의 세계와 현실의 세계가 둘이 아니라는 것을 말해 준다. 노자가 말했던 화광동진(和光同塵)이라는 말이 생각나는 대목이 아닐 수 없다. 결국 이러한 금강대도의 일원론적인 사상은 오늘날 생태계 위기의 사상적 근원이라고 하는 서양의 이원론적인 세계관의 대안이 될 수 있다.

그러나 금강대도가 아무리 좋은 사상을 가지고 있다고 하더라도 그것이 종교적 신앙에 바탕을 둔 실천으로 옮겨지지 않는다면 아무런 의미 없는 일이 되고 말 것이다. 금강대도의 사상은 '실천을 동반한 강력한 도덕주의'로 특징지을 수 있을 정도로 엄격한 실천을 강조한다. 그러한 실천 덕목은 앞에서 소개했던 금강실행십조와 금강십계율에 잘 나타나 있지만, 그 중에서도 생명 사상과 관련하여 몇 가지 특징적인 것을 소개하려고 한다.

첫째는 천지 공경 의식의 생활화이다. 금강도인들은 생활 속에서 체천측지(體天則地), 또는 순물자연(順物自然)의 이상을 실천하고 있음을 볼 수 있다. 우선 그들은 천지를 원망 말며(不怨天地) 풍우를 꾸짖지 않는 것(不罵風雨)을 미덕으로 여긴다. 예컨대 비가 오면 "비가 오시네." 또는 "비를 주시네."라고 말한다. 또한 함부로 가래침을 뱉지 않고, 땅을 밟을 때도 조심스럽게 밟는 것을 미덕으로 여긴다. 토암은 어릴 적에도 땅을 밟을 때 혹 벌레나 미물을 밟아 죽이지나 않을까 조심스럽게 걸었다고 하는데, 도인들은 이것을 교훈 삼아 걸을 때 발바닥의 벌레까지도 조심하는 태도로 살아가고 있다. 이것은 생태주의자들이 말하는 '산처럼 생각하기', 또는 '지구를 부드럽게 밟는 생활양식'을 떠올리게 한다. 이러한 실천들이 모두 천지를 공경하는 기본적인 의식 속에서 저절로 우러나오는 것이다.

둘째는 살생을 금지하고, 무엇보다 어육을 철저하게 금하여 채식을 실천하는 것이다. 피터 싱어(Peter Singer)와 톰 레건(Tom Regan)은 동물을 먹을 수 있고, 조작할 수 있고, 스포츠나 돈을 위해서 임의대로 이용할 수 있는 자원으로 보는 관행을 비판하면서, 인간을 먹는 것을 정당화할 수 없는 것처럼 우리는 채식주의자가 될 윤리적 의무가 있다고 하였다. 토암은 우리가 계살방생(戒殺放生)을 실천해야 하는 이유를 천지의 호생지덕(好生之德)을 배우기 위해, 심성을 배합하여 신선 부처가 되기 위해, 그리고 천지 사이의 약소한 것을 보호하기 위함이라고 했다. 또한 살생이라는 것은 천지의 화육에 참여하는 만물의 영장인 인간으로서 차마 하지 못할 일이며, 죽임을 당하는 짐승의 원한이 나에게 돌아오기 때문에 피해야 한다고 말한다. 수련 과정에 있어서는 술, 고기를 좋아하면 심성을 배합하기가 어려워 인도 환생은 가능하지만 신선과 부처 되기는 어렵다고 하여 이를 무엇보다 강조하며 철저하게 실천하도록 하고 있다.

셋째는 청결(淸潔) 사상의 실천이다. 오늘날 환경오염으로 인한 폐해는 이루 말할 수 없지만, 금강대도에서는 모든 의식(儀式)과 생활 속에서 청결을 아주 중요하게 실천하고 있어 주목된다. 우선 청결은 신명을 모시는 기본자세라고 한다. 정성된 신앙의 표현으로서 모든 종교의 공통적인 의식이라고 볼 수 있지만, 금강대도에서는 치성(致誠)이나 제향을 올릴 때 망자의 시신이나, 음식, 피에 대한 금기를 철저히 함으로써 건곤부모에 대한 정성과 공경을 표현하고 있다. 또한 수도의 과정에 있어서도 청결은 심청신안(心淸神安), 즉 안정의 기틀이 된다 하여 불노불후(不老不朽)의 묘약이라고 하며, 병겁을 면하게 하는 보결로 생명을 보존하는 길이 되기도 한다는 것이다. 토암은 청결에 대해 심성 청결, 신체 청결, 의류 청결, 음식 청결, 가택 청결 등으로 나누어 자세하게 설명하고 있는데, 그 중에서도 심성의 청결을 가장 중시한다. 오늘날 세계적으로 괴질이 확산되는 상황을 볼 때, 이러한 청결 사상이 하나의 사회운동으로 펼쳐진다면 모든 사람들의 생명을 보전하고 행복한 삶을 영위하는 데 많은 도움이 될 것이다.

▲ 제향 올리는 모습

5. 끝맺는 말

이상에서 현대의 생명 존중과 생태학적인 논의와 관련하여 금강대도의 사상적, 실천적 함의를 살펴보았다. 오늘날의 생태계 위기를 해결하기 위해서는 인간의 의식 전환이 절대적으로 필요하며, 그런 점에서 종교적 감화를 통한 생태적 영성의 제고가 논의되고 있다. 금강대도는 교리와 의례, 사상적인 면에서 오늘날 생태학에서 논의되고 있는 많은 문제에 화답할 수 있는 풍부한 생태학적인 자산을 가지고 있는 것으로 평가된다.

동양의 천지인 삼재 및 원기론(元氣論)적 세계관을 창조적으로 계승하여 자연과 인간을 상호 분리할 수 없는 관계로 인식함은 물론, 인간의 신체에 비유하여 유기적인 관계로 이해하려고 하는 점, 나아가 이를 건곤부모(乾坤父母)에 대한 신앙으로 체계화하여 천지를 하나의 가정으로 보는 '우주가화(宇宙家和) 사상'으로 승화시키고 있는 점이 주목된다. 이것은 실천적인 생태 윤리의 정립에 기여할 수 있으며, 성인도 건곤(乾坤)이 배위를 해서 건곤부모(乾坤父母)로 탄강했다는 신앙은 이른바 생태여성주의, 즉 에코페미니즘(ecofeminism) 운동과 관련해서도 많은 시사점을 줄 수 있다.

또한 천지의 개벽(開闢)보다는 인도(人道)의 개화(開化)를 강조하는 금강대도의 가르침을 통해서 생태학적 위기 극복의 도덕적 주체로서 인간의 특수한 지위를 상기해 볼 수 있다. 음양이 평등이며, 천지와 인간이 평등이고, 인간과 삼라만상이 평등이며, 생과 사가 평등이라는 오중평등 사상을 통해서는 생태 위기와 관련하여 윤리적 고려 대상의 범위를 인간, 동물, 식물, 토양 등으로 점차 넓혀가는 도덕확대주의에 대한 사상적 배경이 될 수 있다. 이것은 한 걸음 더 나아가 자연에 대한 인간의 지배와 파괴를, 인간을 지배하는 사회, 경제적 위계 구조와 여성 억압과 연관 지어 보는 사회생태주의나 생태여성주의 운동에도 사상적 깊이를 더해 줄 수 있으리라고 본다.

그리고 몸 밖에 보배가 없다는 심성신(心性身) 삼합의 수련관은 인간의 정신과 육체를 하나로 보는 것이며, 진리의 세계와 현실의 세계가 둘이 아니라는 사상으로 이어진다. 이러한 금강대도의 일원론적인 사상은 오늘날 생태학적 위기의 사상적 근원이라고 하는 서양의 이원론적인 세계관에 대한 대안으로서 시사점을 제공해 줄 수 있다. 또한 천지 공경 의식의 생활화, 계살방생 및 어육 금지의 철저한 실천, 청결 사상의 실천 등 계율을 통한 엄격한 실천적 도덕주의는 생태계 보전과 관련하여 인간의 강력한 실천을 촉구하는 의미로 확산될 수 있다.

결국 중요한 것은 이상적 교리와 사상의 제시보다는 종교적 이상과 현실적 실천 사이의 괴리를 최소화하여 생활 속에서 실천하는 것을 더욱 강조하는 것이다. 그런 점에서 금강대도는 우수한 생태학적 자산을 가지고 있으므로, 그것이 사회로 확대되어 강력한 실천 운동으로 확산된다면 금상첨화가 아닐까 하는 바람을 가져 본다. 또한 "천지를 공경하고 일월을 존중하는 것은 사람이 꼭 지켜야 할 도리이니, 하늘을 공경하지 않는 것보다 더 큰 죄가 없으되, 그 공경하는 바를 미루어 만물에까지 베풀면 끝없는 복 바다가 한없이 이어지리라."고 말한 토암의 가르침대로, 우리들의 생명에 대한 외경과 자비심, 그리고 사랑의 마음을 더욱 배양하는 것이 오늘날 생태계 위기의 시대를 살아가는 모든 종교인들의 사명이라는 생각을 해 본다.

제5장. 금강대도를 통해서 본 상생과 화해의 실마리

1. 시작하는 말
2. 오중평등 사상과 상생의 정신
3. 유불선(儒佛仙) 삼종일합과 종교 간의 화해
4. 건곤부모(乾坤父母) 신앙과 천지인(天地人)의 가화(家和)
5. 끝맺는 말

제5장. 금강대도를 통해서 본 상생과 화해의 실마리

1. 시작하는 말

오늘날 한국의 사상계에서 상생(相生)이라는 말이 자주 논의되고 있다. 이것은 아마도 탈냉전 이후의 신자유주의적 세계화 과정에서 더욱 격화되어 가는 지구촌의 갈등 구조와 관련이 있다고 생각된다. 예컨대 종교와 종교 간, 인종과 인종 간, 그리고 선진국과 후진국 등의 수많은 갈등 구조가 인류 평화와 행복을 위협하고 있는 상황에 처해, 이를 해결할 수 있는 사상적 근거를 한국의 상생적 조화 사상에서 찾으려고 하는 것이다. 뿐만 아니라, 이것은 오늘날의 심각한 환경오염 및 생태계 파괴와 관련해서 인간과 자연의 갈등 구조 해소에도 관련이 있다.

▲ 생명 존중과 상생을 주제로 한 학술대회

이른바 인류 문명의 위기라고 불리는 이러한 수많은 갈등 구조는 이미 20세기 초에 토인비가 지적했던 것이며, 새뮤얼 헌팅턴(Samuel Huntington)의 '문명충돌론'이 현실화되는 상황이기도 하다. 이제는 더 이상 차별과 모순, 투쟁적인 이분법적 사고방식으로는 생존하기 힘들다는 것을 깨닫기 시작한 것이다. 그러기에 주체와 객체, 인간과 자연, 정신과 육체의 분리를 특징으로 하는 서양의 이원론적인 세계관을 포기하고, 동양적인 상생과 조화의 정신에서 그 대안적인 가능성을 모색하게 된 것이다.

상생이란 말은 원래 주역에 나오는 개념으로, 이른바 오행(五行)의 상생(相生)과 상극(相克)설에 연유하고 있다. 상생이 서로가 서로를 살리는 관계라면, 상극은 서로가 서로를 죽이는 관계를 말한다. 오늘날 지구촌 곳곳에서 일어나고 있는 테러와 전쟁, 그리고 환경오염 등은 상극의 관계로 볼 수 있다. 상생과 상극은 물론 반대되는 개념이지만, 본질적 차원에서 보면 동전의 양면과도 같이 밀접한 관계에 있다. 동양 사회에 전형적으로 나타나는 '극즉반(極卽反)'의 사상 구조에 의하면, 모든 현상의 활동은 그 반대가 되는 것을 지향하여 움직이지만, 그것은 서로 대립되고 모순되는 것만이 아니라 더 큰 차원에서 조화되고 있는 것이다. 결국 문제는 상극의 상황을 어떻게 상생의 상황으로 전환할 수 있느냐이다.

근대 한국의 종교사에 나타난 신종교들은 모두 한결같이 이러한 동양의 상생 정신과 조화 사상을 바탕으로 하고 있다. 김일부(金一夫, 1826~1898)의 정역(正易)과 강증산(姜甑山, 1871~1909)의 해원상생(解寃相生) 사상 등은 이 상생(相生)이라고 하는 용어를 교리의 중심에 내세우고 있다. 즉 선천 시대와 후천 시대로 구분해서 선천 시대는 상극(相克)의 원리가 지배했다면, 후천 시대에는 상생의 원리가 지배한다는 것이다.

금강대도(金剛大道)는 상생(相生)이라는 용어를 직접적으로 사용하고 있지는 않지만, 동양 전통의 조화와 화합의 정신을 창조적으로 해석하여 교리 체계의 중심에 내세우고 있다. 따라서 여기에서는 한국의 대표적 신종교 중의 하나인 금강대도의 교리 사상에 상생과 조화 및 화합의 정신이 어떻게 작용하고 있는지 간단하게 소개하고자 한다.

2. 오중평등 사상과 상생의 정신

금강대도는 토암(土庵) 이승여(李承如, 1874~1934) 선생의 출생일로부터 시작하여 2010년 현재 137년의 역사를 가지고 있다. 제1세 도주 토암과 제2세 도주 청학(靑鶴) 이성직(李成稙, 1913~1957), 제3세 도주 월란(月鸞) 이일규(李一珪, 1934~2004)와 그 배위(配位)가 되는 서자암(徐慈庵, 1884~1927), 민보단(閔寶丹, 1913~1959), 김향련(金香蓮, 1937~)의 3대를 삼신일체(三身一體)・삼불세존(三佛世尊) 대도덕성사건곤부모(大道德聖師乾坤父母)라 하여 절대적 구원자로 신봉하고 있다.

이들 3대의 도주들은 한국이 근대화의 충격과 일제 식민지의 고통, 그리고 해방 후 서구 문화의 급격한 쇄도와 산업문명의 폐해로 인한 가치관의 혼란 등 한마디로 격동의 세월을 지나오는 동안 민족사의 고통과 그 흐름을 함께 하며 중생들의 정신적 구심점 역할을 한 민족 지도자였다. 뿐만 아니라 오늘날 세계 인류의 문명사적 전환을 예견하고, 그것을 종교적 구원을 통해 해결하려고 했던 선각적인 종교 지도자였다. 그리하여 금강대도는 100여 년의 긴 역사를 지켜 오면서 거의 분파 현상을 겪지 않았고, 오늘날 70여 만 명의 교세로 심성 수련과 중생제도를 위해 활발한 활동을 지속해 나가고 있다.

금강대도 신앙 대상관의 특징은 한 집안에서 성인이 혈통적으로 계승하여 나온다는 '삼대성통(三代聖統)'의 교리와, 이 시대를 음양이 평등되는 시대라 하여 성인도 부부가 배위(配位)로 출현한다는 '건곤정위(乾坤正位)'의 사상이다. 금강대도에서는 남녀평등의 성인, 즉 건곤부모(乾坤父母)가 구세주로 나오게 된 배경을 오중운도(午中運度)라고 하는 독특한 교리로 설명하고 있다.

오중(午中)이란 선천(先天)과 후천(後天)이 교역하는 과도기를 말한다. 이것은 하루로 치면 오전과 오후가 바뀌는 정오(正午)와 같고, 1년으로 치면 여름과 가을이 바뀌는 때이며, 소강절(邵康節)의 원회운세(元會運世)의 법칙에 따른다면 사회(巳會)에서 미회(未會)로 넘어가는 중간 단계, 즉 오회(午會)에 해당하는 것이다. 또한 오행(五行) 상생(相生)으로 말하자면 남방(南方) 화(火)에서 중앙 토(土)의 중재를 거쳐 서방(西方) 금(金)으로 가는 것이니, 화생토(火生土)와 토생금(土生金)으로 변화되는 시기이다.

이러한 오중 시대는 마치 하루 중의 한낮, 즉 정오와도 같으니, 그림자가 지지 않는 가장 광명한 시기이고, 시계의 시침과 분침이 하나로 합하듯이 가장 평등한 시기이다. 또한 1년의 계절로 보면 덥지도 않고 춥지도 않은 가장 온화한 시기이다. 따라서 과거 선천 시대는 양(陽)의 시대이니 분열과 갈등, 즉 상극(相克)의 시대요, 다가오는 후천 시대는 음(陰)의 시대이니 조화와 성숙, 즉 상생(相生)의 시대라고 볼 수 있는데, 그러한 변화의 과도기가 바로 오중 시대이다.

▲ 총회를 보고 있는 도인들의 모습

사실 오중 시대를 굳이 햇수로 따져 보자면 10,800년이나 되는 것이니, 앞으로 1만 년이라고 하는 장구한 세월 동안 천지는 가장 광명하고도 평등한 운도 속에 놓이게 된다. 이것은 후천 시대의 도래를 공통으로 외치고 있는 다른 신종교에서도 보이지 않는 독창적인 사상으로서 금강대도의 시대관을 잘 보여 준다. 요컨대 급진적인 천지의 개벽(開闢)을 말하지 않고 인도의 개화(開化)를 말하면서 그 시간적 배경으로서 오중이라는 넉넉한 기간을 설정함으로써, 선천의 분열 · 갈등을 후천의 조화 · 성숙으로 바꾸어 갈 수 있는 시간적 여유를 상정하고 있다.

이러한 오중 시대는 곧 오중평등(午中平等) 사상으로 이어지고 있으니, 이것은 또한 상생과 조화의 정신과도 통한다. 오중운도(午中運度)로 바라보는 금강대도의 평등사상은 다음과 같이 요약될 수 있다.

첫째, 건곤(乾坤)의 평등이니, 이 시대에 출현하는 성인(구세주)은 건곤(乾坤)이 정위(正位)하여 건곤부모로 탄생한다는 것이다. 즉 선천 시대에 출현했던 성인들은 그 시대가 양(陽)의 시대였기 때문에 모두 남자 독신의 성인이었지만, 이 시대에 출현하는 성인은 오중평등 대운을 타고나기 때문에 남녀가 배위를 해서 동반 출현한다는 것이다.

둘째, 천지와 인간의 평등이다. 과거 선천 시대는 하늘 · 부처 · 신명은 높고 거룩하며, 인간 · 중생은 낮고 비천한 존재로 여겨졌다. 그러나 이제 아버지〔乾父〕의 엄한 면을 중재할 수 있는 자애로운 어머니〔坤母〕가 동시에 출현함으로써 천지인이 동등한 위치에서 우주의 화평을 이루어 갈 수 있는 조건이 마련된 것이다. 이것은 근대 민주주의를 낳게 한 서양의 천부인권론보다 한 차원 높은 것이요, 오히려 동학의 인내천(人乃天) 사상이나 증산교에서 말하는 인존(人尊) 사상과 통하는 것이라고 볼 수 있다.

셋째, 모든 인간의 평등이니, 오중(午中)은 가장 광명정대한 시대로서 모든 차별과 억압으로부터의 해방이 이루어져 계급의 차별, 빈부의 차별이 없는 세상이 된다는 것이다. 실제로 금강대도는 지금으로부터 100여 년 전 초창기부터 반상의 구별을 타파했고, 남녀평등을 철저히 실천하고 있는 종단이다.

넷째, 인간과 삼라만상의 평등이다. 토암은 "천지는 부모시니 우주 만물을 나와 형제라 해도 과언이 아니요, 사람이 만물의 영장이니 비록 금수, 곤충, 초목이라도 마땅히 사랑하여서 함부로 죽이거나 꺾지 말아야 하느니라."고 말하고 있다. 이제 인류는 동양의 천인합일 사상을 한 단계 뛰어넘어 천하지인(天下之人)은 물론, 우주삼라만상까지도 형제요 동기(同氣)로 볼 수 있는 안목을 갖게 되었다. 그리하여 금강대도인들은 계율상에 '경천지(敬天地)'라 하여 자연 공경을 생활화하고 있으며, 육식을 철저히 금하고, 조그마한 미물, 곤충까지도 사랑하였던 대도덕성사건곤부모의 성적을 그대로 계승하여 실천하고 있다.

다섯째, 생사(生死)의 평등이다. 이것은 생사극락(生死極樂)이라고 하는 구원관 속에 잘 나타나 있는데, 인간이 도를 잘 닦아 천지와 짝을 하게 되면 살아서는 도덕군자요(此生君子), 죽어서는 신선·부처(來生仙佛)가 되어 생극락·사극락을 동시에 누린다는 것이다.

이렇듯 오중평등 사상은 천지와 인간과 삼라만상이 모두 상호 간의 존경과 사랑을 돈독히 함으로써 일방적인 지배가 아니라 동반자로서 살아가야 한다는 것을 가르쳐 주고 있다. 또한 이것은 비폭력적 문화와 생명 존중의 실천을 촉구하고 있으니, 바로 이것이 상생(相生)의 관계요 조화의 정신이 아니겠는가?

상생이란 한마디로 '남을 잘되게 하는 것'이다. 자기의 욕망을 줄이고 남의 욕망 충족을 위해 배려하는 것, 그것은 기본적으로 윤리와 도덕의 문제이기도 하다. 타락한 도덕을 일으켜 세운다는 도성덕립(道成德立)과 광화중생(廣化衆生)은 금강대도의 최대 문제의식

▲ 천도봉불 제향 모습

이며 수행의 목표이다. 토암은 "누군가 뺨을 때리거든, 도리어 그 사람을 불쌍히 여기어 그 손바닥을 어루만질 수 있어야 도인이 될 수 있느니라."고 하였으니, 도덕이란 베풂과 나눔의 정신이요, 타자에 대한 사랑이기도 하다.

이러한 도덕성의 계발을 위해 금강대도에서는 백지환원(白紙還元)·중용지도(中庸之道)·지성무식(至誠無息)이라는 금강삼대보훈(金剛三大寶訓)을 수행 지침으로 내세우고 있다. 백지환원이란 순수한 본래의 마음을 찾는 것이요, 중용지도란 불편부당(不偏不黨)한 올바른 길을 걷는 것이요, 지성무식이란 타자에 대한 끊임없는 사랑과 정성을 의미하는 것이니, 여기에 또한 상생과 조화의 정신이 나타나고 있다.

3. 유불선(儒佛仙) 삼종일합과 종교 간의 화해

오늘날 인류에게 절실하게 필요한 상생의 정신이 널리 확산되고, 또한 그것이 추상적인 호소에 그치지 않고 구체적으로 실천되기 위해서는 무엇보다 종교와 종교 사이의 화해가 중요한 문제이다. 새뮤얼 헌팅턴이 『문명의 충돌』이라는 저서에서 '탈냉전 이후 새로운 세계에 나타나게 될 갈등의 근본 원인은 이데올로기나 경제가 아니라 바로 문화적 요인이 될 것'이라고 하면서 세계 문명권을 구분하는 1차 기준으로 종교를 내세운 바 있듯이, 오늘날 지구촌에서 일어나고 있는 각종 테러와 전쟁의 배후에는 종교가 직간접적으로 관계되어 있음을 알 수 있다.

오늘날과 같은 종교 다원주의 시대에 '내가 믿는 종교만이 오로지 인류를 구원할 수 있다.'는 편견은 필연적으로 타종교와의 갈등을 야기할 것이며, 더욱이 그러한 갈등을 폭력적으로 해결하려는 시도는 평화를 지향하는 종교 본연의 자세라고 보기 어렵다. 스스로의 가르침에도 충실하지 못한 종교가 어찌 중생들에게 사랑과 자비를 가르칠 수 있겠는가? 우리는 "문명의 충돌을 완화시키기 위해서는 지성인들이 자신과는 완전히 다른 문화를 배우고 이해함으로써 진정한 의미의 공존을 준비할 필요가 있다."는 헌팅턴의 말을 경청해야 한다.

이런 점에서 금강대도의 '삼종합일(三宗合一)'의 정신은 종교 간의 화해가 절실한 오늘날의 우리들에게 시사하는 바가 크다. 물론 유불도(儒佛道) 삼교의 교섭은 동아시아 종교사에서 역사가 오래된 것이며, 특히 한국 신종교 가운데 이것을 부정하는 종단이 거의 없을 정도로 일반화된 사상이기에 새로울 것이 없다고 볼 수도 있다. 그러나 금강대도는 창도 초기부터 유불선(儒佛仙) 삼종일합(三宗一合)을 교리의 가장 중심에 내세우고 있기 때문에 특별히 관심을 갖게 된다.

금강대도는 오늘날 인류 문명의 위기를 '도덕의 타락' 때문이라고 진단했고, 그래서 도성덕립과 광화중생을 수행상의 최고의 목표로 하고 있음은 이미 앞에서 지적한 바와 같다. 그런데 이러한 도덕의 타락이 무엇보다도 유불선(儒佛仙) 등 기성 종교의 중생 구제력 상실에서 비롯되었다고 본다. 토암은 다음과 같이 기성 종교들을 비판한다. "근래에 인류가 금수화하여 상하가 없어지고 예의가 없어짐은 근본적으로 성인의 도가 밝지 못한 때문이니, 유가(儒家)의 무리들은 한갓 글만 읽고 실행이 없으며, 불가(佛家)의 무리들은 다만 의식(儀式)만 알고 자비한 마음이 없으며, 선가(仙家)의 무리들은 오로지 기괴한 것만 숭상하고 수련하는 공부가 없어서, 스스로 높은 체만 하고 서로서로 부딪쳐 헐뜯고 싸우는 살벌함을 자아내고 있으니 이 모두 성인들께 큰 죄인이라. 하늘에 계신 성인들의 영혼이 어찌 혁연히 진노하지 않겠는가?"라고 하였다.

여기에 토암의 종교관이 뚜렷이 나타나고 있으니, 그는 종교란 모름지기 인간의 도덕성을 일깨우고 실천으로 이끌어 주는 것으로 보고 있다. 그리하여 도덕적 실행이 없는 종교, 자비로운 이타행이 없는 종교, 심성 수련의 공부가 없는 종교들을 비판하고 있다. 아울러 중생제도라는 본연의 사명은 망각한 채 스스로 높은 체만 하여 아장피단(我長彼短)을 일삼는 종교, 서로서로 부딪쳐 헐뜯고 싸우기만 하는 폭력적 종교들을 비판하고 있다. 오늘날 종교의 이름으로 자행되고 있는 수많은 갈등 관계가 인류 평화를 해치고 있음을 볼 때, 토암의 비판은 정확한 지적이라고 생각한다.

이렇듯 기성 종교들을 비판하는 이유는 물론 새로운 종교인 금강대도를 부각시키려고 하는 것이겠지만, 중요한 것은 유불선 삼교의 존재 이유를 완전히 부정하는 것은 아니다. 그는 "대개 모든 성인이 마음은 한가지요, 도는 둘이 될 수 없는 것이니라. 유불선 삼교의 각립(各立)됨이 비유컨대, 세 배에서 한 달을 보는 것과 같으니, 배는 비록 셋이나 달은 하나인 것이다. 그리하여 유가의 존심양성(存心養性)과 불가의 명심견성(明心見性), 선가의 수심연성(修心鍊性)이 말은 비록 다르나 심성은 하나인 것이다."라고 하는 독특한 표현을 쓰고 있다. 요컨대 삼교의 가르침이 모두 하나의 진리를 향하고 있으니, 그것은 곧 인간의 심성신(心性身)을 배합(配合)하여 완전한 도덕적 인간을 만들어 내는 것이다.

여기서 주목할 점은 유・불・선 등 기성 종교들이 과거 선천 시대에 중생구제의 사명을 가졌던 점을 인정함과 동시에, 비록 완전하지는 않지만 인간의 도덕성 계발이라는 견지에서는 사상적으로 어느 정도의 가치는 인정하고 있다는 점이다. 이것은 새로운 종교를 내세우면서 과거의 종교들을 완전히 부정하는 종교 단체들과는 확실히 구별되는 점이다. 요컨대 하늘 아래 완전히 새로운 것은 없고, 또한 내 것만 옳고 네 것은 완전히 나쁘다는 것도 아니다. 다만 이미 활력이 떨어진 유불선 삼종을 심성배합과 실천궁행이라는 도덕적 원리로 살려 내, 후천 시대의 참 종교인 금강대도로 통합한 것이다.

이렇듯 종교와 종교 간에 상생적 조화를 강조하고 있는 금강대도의 삼종합일 사상은 원효(元曉)의 화쟁(和諍)과 최치원이 말한 현묘지도(玄妙之道) 이래 한국 전통 사상에 흐르고 있는 원융회통(圓融會通)과 조화적 사유 전통을 계승한 것이라고 볼 수 있다. 이것은 각 종파의 서로 다른 이론들을 인정하면서도 이들을 더 높은 차원에서 통합하는 것이니, 무조건적인 절충이 아니라 하나의 세계로의 조화요 종합이라고 할 수 있다.

오늘날 종교 다원주의가 일반화되어 타종교에 대한 관용(寬容)의 자세가 절실히 요구되는 시점에서 금강대도의 이러한 삼종합일 사상은 음미해 볼 가치가 있다. 내 것만이 옳고, 네 것은 모두 틀렸다고 하여 자기 주장하는 것으로 능사를 삼으며, 인류의 평화와 미래보다는 자신의 이익 지키기에만 급급한 종교는 오늘날 세계에 적합한 종교라고 보기 어렵다. 우리가 지향하는 종교는 세계 안에서의 갈등과 불안을 해소하려고 노력하는 평화적 종교이다.

그런 점에서 "도(道)와 술(術)에는 사정(邪正)이 없는 것이다. 행하는 사람에게 있나니, 바른 사람이 행하면 정도(正道)요, 간사한 사람이 행하면 사술(邪術)이니라."고 한 토암의 말처럼, 단지 종교의 이름을 팔아서 자신의 이익만 챙기고, 그 가르침대로 실천하지 않고 아장피단(我長彼短)으로 분쟁만 일삼는 타락한 종교가들은 마땅히 사라져야 한다. 모든 종교의 가르침은 대개 사랑과 평화의 정신을 담고 있다고 할 때, 결국 문제는 종교 자체의 문제라기보다 종교인의 문제가 되기 때문이다.

4. 건곤부모(乾坤父母) 신앙과 천지인(天地人)의 가화(家和)

오늘날 인류 문명의 존속과 발전을 위해서 인류가 풀어야 할 가장 중요한 과제는 무엇보다 '인간과 자연의 화해'라고 할 수 있다. 그동안 근대화, 산업화 과정에서 서양의 인간 중심적 세계관에 의해 자연을 착취하고 파괴를 일삼은 결과, 인간의 존속 자체가 위협받는 상황에까지 이르렀다. 인간 중심적 세계관이란 서양의 기독교와 플라톤, 데카르트, 칸트로 이어지는 철학적, 신학적, 이원론적 형이상학에 의해 뒷받침되어 온 것이다. 그리하여 마음과 몸, 정신과 육체를 분리하고 인간과 자연을 분리함으로써, 인간이 자연을 일방적으로 이용할 수 있다는 생각이 만연되어 인간과 자연의 관계를 왜곡하기 시작하였다.

이제 인류는 인간 중심적 세계관을 하루빨리 폐기하고, 이에 대한 대안으로서 생태 중심적 세계관으로의 전환이 절대적으로 요구되고 있는 상황이다. 그런 점에서 최근에 하나의 대안으로서 동양 사상이 조명받고 있다. 동양의 전일적이고 유기체적인 사고가 서양의 분절적, 환원론적, 이원론적 사고방식에 대한 유력한 대안이 될 수 있다.

금강대도는 동양의 전통 사상을 창조적으로 계승하여 독특한 체계를 형성하고 있기 때문에 자연스럽게 동양의 유기체적이며 일원론적인 사유 방식이 그대로 드러나고 있다. 금강대도의 교리는 천지인(天地人) 삼재의 세계관과 유불선(儒佛仙) 삼종일합의 진리관, 그리고 심성신(心性身) 삼합의 수련관으로 집약된다. 이것은 모두 동양철학의 핵심을 그대로 옮겨 놓은 것과 다름이 없다.

동양적 세계관의 핵심은 무엇보다 천지인(天地人) 삼재의 세계관이라고 볼 수 있다. 천지인 삼재 세계관의 특징은 자연과 인간을 상호 분리할 수 없는 관계로 인식한다는 것이다. 이것은 서양의 이원론적인 세계관과는 분명히 다르다. 금강대도는 교리의 핵심에 이 천지인 삼재의 세계관을 정면으로 내세운다. 또한 가장 기본적인 실천 덕목인 금강실행십조(金剛實行十條)의 첫 번째가 경천지(敬天地)이며, 금강십계율(金剛十戒律)에 있어서도 첫 번째로 물기천지인(勿欺天地人)을 꼽고 있는 것만 보아도 금강대도는 천지인 삼재의 세계관을 기반으로 한 종교라는 점을 알 수 있다.

그런데 금강대도는 이러한 천지인 삼재의 세계관을 '건곤부모(乾坤父母)' 신앙으로 체계화하고 있음이 독특하다. 건곤부모라 함은 건부(乾父)와 곤모(坤母)를 함께 이르는 것이니, 하늘을 아버지로, 땅을 어머니로 본다. 한마디로 천지인의 세계와 그 안에 담긴 삼라만상을 낳고(生成), 기르고(化育), 다스리는(治教) 아버지요 어머니이니, 동양의 천지인 삼재적 세계관을 창조적으로 승화시켰다. 제2세 도주 청학은 "천지가 곧 사람이요, 사람이 곧 천지라. … 하늘이 화하여 사람이 되고 사람이 화하여 하늘이 되는 이치를 누가 알꼬. 대성인이 하늘에 오르시고 땅에 나리시매 삼재 융합하는 이치가 소연히 밝도다."라고 하여, 토암 · 청학 · 월란과 자암 · 보단 · 향련이 건곤부모로서 천지, 그 자체임을 선언한다.

결국 건곤부모에 절대적 신앙은 곧 천지인으로 구성되는 우주 가정의 완성을 의미하는 것이니, 이른바 '우주가화(宇宙家和)' 사상이다. 토암의 『도덕가(道德歌)』에 보면 "천지(天地)는 부모(父母)라 하고 일월(日月)은 형제(兄弟)라 하며 성신(星辰)은 붕우(朋友)라 하였으니 천하지인이 누가 형제 아니 되며 누가 붕우 아니 되리."라 하였는데, 이는 건곤부모가 낳은 천지를 하나의 가정으로 보고, 일월성신(日月星辰)과 천하의 모든 사람들을 형제와 붕우로 본다는 것이다. 또한 청학은 "세상 사람이 다만 나를 낳은 부모의 동포(同胞)만 알고 건곤부모의 동포를 알지 못하니 어찌 함인고. 오직 우리 대성사부모님께서 본대 건곤부모로서 호생(好生)하시는 덕이 미치지 아니하는 바가 없으시니 일체 중생이 모두 동포가 아님이 없다."고 말하고 있으니, 천하의 모든 중생이 동포(同胞)요 형제가 된다는 것이다. 그리하여 이 세상은 창조론(創造論)도 아니요, 진화론(進化論)도 아니고 모두 건곤부모가 낳았다는 의미에서 태생론(胎生論)이라는 교리를 주장하기도 한다.

천지를 하나의 가정으로 보는 이러한 '우주가화 사상'은 최근 생태학자들의 논의와도 일치하고 있다. 즉 자연물 간의 관계를 중시하고, 토양, 물, 식물, 동물, 무생물, 또는 종과 생태계 같은 생태적 전체에도 직접적인 도덕적 지위를 부여하자는 생태학적 논의에 비추어 볼 때, 금강대도의 이러한 우주가화 사상은 실천적인 생태 윤리의 정립에 많은 기여를 할 수 있을 것이다. 뿐만 아니라 금강대도에서는 무엇보다 남녀평등의 가르침을 강조하고, 성인도 건곤이 정위해서 건곤부모로 탄강했음을 강조하고 있다. 오늘날 환경 파괴의 원인과 여성 억압의 원인은 서로 연관된 것이라고 하면서 여성 억압과 자연의 억압 사이에 존재하는 밀접한 연관성을 규명하고자 하는 생태여성주의, 즉 에코페미니즘(ecofeminism) 운동과 관련해서도 많은 시사를 해 줄 수 있을 것으로 보인다.

5. 끝맺는 말

오늘날 점점 더 격화되어 가는 전쟁과 테러를 비롯한 수많은 갈등 구조, 그리고 전 세계적인 환경 파괴와 생태계의 위기에 대하여 동양 전통의 생명 존중 사상과 상생의 정신은 유력한 대안이 되고 있다. 금강대도는 동양적 세계관의 정수를 창조적으로 계승한 한국의 신종교로서 민족의 범위를 뛰어넘어 인류 문명의 생존에 필요한 많은 비전을 제시해 주고 있다.

금강대도는 건곤부모(乾坤父母)가 구세주로서 이 세상에 출현했음을 믿는 신종교인데, 시대적으로 오중운도(午中運度)의 도래를 주장하고 있다. 오중(午中)이란 선천과 후천이 교역하는 과도기를 말하는 것이니, 가장 광명(光明)한 시대요, 평등의 시대이며, 상극을 상생으로 돌리는 평화의 시대이다. 이러한 오중평등 사상은 다양한 의미로 해석할 수 있는데, 첫째는 건곤(乾坤)의 평등이요, 둘째는 천지와 인간의 평등이며, 셋째는 모든 인간의 평등이요, 넷째는 인간과 삼라만상의 평등이며, 다섯째는 생사의 평등이니, 천지와 인간, 그리고 삼라만상이 모두 동반자로서 살아가야 한다는 것을 가르쳐 주며, 비폭력적 문화와 생명 존중의 실천을 촉구하고 있다. 뿐만 아니라, 도성덕립(道成德立)과 광화중생(廣化衆生)의 목표를 통해서 베풂과 나눔, 그리고 사랑이라는 인간 본연의 도덕성을 계발해 나가고 있다.

한편 금강대도의 유불선(儒佛仙) 삼종일합(三宗一合)론은 종교와 종교 사이의 화해가 절실하게 요구되는 종교 다원주의 시대에 타종교에 대한 관용과 조화의 관점을 제시해 주고 있다. 금강대도에서 비판하는 종교는 참다운 실천과 중생제도의 사명은 망각한 채, 아장피단(我長彼短)으로 싸우기만 하는 폭력적 종교들이다. 그러면서도 타종교의 존재 가치를 완전히 부정하지 않고 어느 정도는 인정하고 있으니, 유불선(儒佛仙) 삼종을 '세 배에서 하나의 달 보기', 즉 삼주동간일월(三舟同看一月)이라고 표현한 것에 그러한 정신이 잘 나타나 있다. 또한 종교 간의 화해에 있어서 가장 중요한 문제는 종교 자체보다는 종교인들이 자기 종교의 가르침대로 잘 실천하는가에 달려 있다는 지적은 오늘날 세계의 종교인들이 경청해야 할 가르침이라고 생각한다.

오늘날 인류가 풀어야 할 가장 큰 과제는 '인간과 자연의 화해'라고 할 수 있는데, 금강대도의 '건곤부모 신앙을 통한 천지인 가화' 사상은 동양의 유기체적이며 일원론적인 세계관을 창조적으로 승화시켜, 오늘날 우리에게 꼭 필요한 생태학적 영성(ecological spirituality)을 제공해 주고 있다. '천지가 인간 되고, 인간이 천지가 된다.'는 사상이나, 우주가 하나의 가정으로서 삼라만상이 모두 형제요 동포가 된다는 사상은 오늘날 심층생태론이나 여성생태주의(ecofeminism)에 있어서도 깊은 영감을 줄 수 있는 선각적인 사상이라고 평가된다.

오늘날 세계는 각자 자신의 특수성을 넘어 모두가 하나의 지구촌 구성원이라는 의식을 가지고 인류의 생존과 번영이라는 공동의 목표를 위해 노력할 것을 요구한다. 이를 위해서 우리는 일방적 지배와 억압이라는 위계 구조를 탈피하여, 모든 존재가 서로 의지하면서 하나의 유기적 관계를 맺고 있다는 의식의 전환이 필요하다. 그런 점에서 금강대도가 가지고 있는 상생과 화해, 그리고 화합의 정신 속에서 우리들의 삶의 형태를 근본적으로 바꿀 수 있는 가능성과 실마리를 얻고자 하며, 그것이 한국과 동아시아 사상 속에서 보편성을 확보해 구체적인 실천 운동으로 전개되기를 기대한다.

제6장. 단군국조와 금강대도

1. 시작하는 말
2. 금강대도의 단군 숭배 역사
3. 단군신화의 종교학적 의미와 금강대도의 사상
   (1) 천신(天神) 하강(下降) 신앙
   (2) 지신(地神)의 성화(聖化)와 천지 융합 신앙
   (3) 삼신일체(三神一體) 사상
4. 끝맺는 말

제6장. 단군국조와 금강대도

1. 시작하는 말

『삼국유사』와 『제왕운기』에 따르면, 단군은 천신(天神)과 지신(地神)의 결합으로 태어났으며, 고조선(古朝鮮)을 건국하여 1000년 이상 통치하다가 은퇴한 후에는 아사달산(阿斯達山)에 들어가 산신(山神)이 되었다고 한다. 결국 단군은 범속한 인간들과는 구별되는 신성한 존재로, 단순한 민족의 시조 이상의 의미, 즉 종교적 숭배의 대상이 되었다.

흔히 단군 숭배에는 두 가지가 있다고 한다. 하나는 한국의 국조(國祖)로서의 단군이고, 다른 하나는 초월적 존재 내지 신으로서의 단군이다. 물론 양자를 떼어서 생각하기는 어렵다. 왜냐하면 단군은 시조이기 때문에 신성한 존재이고, 신성하기 때문에 건국의 시조가 될 수 있었기 때문이다.[1)]

단군이 역사적 실존 인물이냐, 아니냐에 대한 논쟁은 오랫동안 있어 왔다. 그런데 단군신화가 완전히 날조된 이야기라고 보기는 어렵다고 생각된다. 왜냐하면 단군신화는 오랜 기간에 걸쳐 재해석되거나 윤색된 부분이 없다고 할 수는 없지만, 거기에는 분명 고대인의 사고방식을 보여 주는 불변의 기본 구조가 내포되어 있기 때문이다. 따라서 단군신화는 고조선 시대의 신앙 형태, 또는 종교적

---

1) 서영대, 「檀君崇拜의 역사」, 『정신문화연구』 제32호, 1987, 19~20쪽.

의식구조를 전하고 있는 것으로서, 분명히 실재했던 어떤 역사적 실재에 대한 고대인의 신화적인 설명의 틀이라는 점이 분명하다.

만약 단군이 고조선과 무관한 것으로서 후대에 조작된 것이라면, 그것이 민족 전체에 그렇게 폭넓게 수용되지는 못했을 것이며, 민족의 위기 때마다 정신적 구심점으로서 자리하지 못했을 것이다. 중요한 것은 단군이 국조로서 적어도 수천 년 동안 한국의 자주성을 상징하는 존재요, 믿음의 대상으로서 존재해 왔다는 사실이다. 특히 조선 후기에는 한국 문화의 기원을 단군에서 찾으려는 움직임이 나타나기도 했는데, 예컨대 신선(神仙) 사상과 무속(巫俗)의 기원을 단군에서 찾으려 했던 것 등이 바로 그것이다.

이러한 움직임은 단군이 한국 신종교에서 숭배될 수밖에 없는 조건이라고도 볼 수 있다. 왜냐하면 근대 한국에서의 신종교의 발생이 무엇보다 조선 봉건사회의 붕괴와 서세동점 및 국권 침탈에 대한 민중들의 위기의식을 바탕으로 성립된 것이라고 볼 때, 한국 문화의 기원을 단군에서 찾으려고 하는 이러한 민중들의 신앙과 맥락을 같이 한다고 볼 수 있기 때문이다.

금강대도는 일제강점기에 태동한 신종교로서 무엇보다 단군을 내세워 민족의 구심점이 되고자 했다. 또한 한국인들의 심성 저변에 자리 잡고 있는 종교적 원형(archetype)을 새롭게 승화시켜 건곤부모(乾坤父母)를 신앙하며, 스스로의 도덕성을 닦아 나가는 새로운 종교 운동을 전개하려고 했던 민족종교(民族宗教)의 하나이다.

따라서 이 글에서는 금강대도라는 신종교가 단군을 숭배해 온 역사를 소개함과 동시에, 단군신화의 종교학적 구조가 금강대도의 신앙과 교리에 어떻게 용해되어 나타나고 있는지를 살펴, 유구한 역사 속에서도 변하지 않는 한국적인 종교 심성의 기본 구조와 원형을 밝혀 보고자 한다.

2. 금강대도의 단군 숭배 역사

▲ 단군 국조 존영

금강대도는 창도 초기부터 단군을 숭봉해 왔다. 금강대도의 창도주 토암(土庵) 이승여(李承如, 1874~1934)는 원래 강원도 통천에서 태어나 33세에 대도를 자각하고, 37세 되던 1910년 계룡산 신도안 백암동으로 남천포덕(南遷布德)을 결행한다. 이후 10여 년간 일제의 무단통치를 피해 계룡산 주변을 옮겨 다니며 신도설교(神道設敎)로 수천 명의 제자를 교화하고 『교유문(敎諭文)』(1914)을 비롯 수십 권의 『대성경(大聖經)』을 반포하는 등 은도(隱道)를 행하다가, 1923년에 이르러서 마침내 충남 연기군 금남면 금천리에 도장의 기지를 잡고 법당을 건설한다.

그는 법당에 불상을 봉안하면서 그 속에 단군 성상을 비밀리에 모시게 하였으니, 이는 1919년 3·1운동으로 현양(顯揚)된 민족독립 정신을 계승하고, 단군 사상을 통해 유불선 삼종합일의 진리를 은연중에 전해 주고자 했던 것이다. 그는,

우리 배달민족이 단군국조(檀君國祖)의 신령스런 감화를 받지 아니함이 없고, 국조(國祖)의 현묘지도(玄妙之道)가 실상 유불선 삼교를 포함하니 그 가르침이 높고 크도다. 들어가면 부모에게 효도하고 나가면 임금에게 충성

함은 노사구(魯司寇, 공자)의 뜻이요, 악한 것을 짓지 말고 모든 착한 것을 받들어 행함은 천축태자(天竺太子, 석가여래)의 교화요, 무위(無爲)의 일을 처리하고 무언(無言)의 가르침을 행함은 주주사(周柱史, 노자)의 종교이니, 천하에 어떤 종교가 우리 단군국조의 현묘한 도에 벗어나리요. 따라서 우리들이 마땅히 단군국조를 높이 받들어야 할 것이나, 일제(日帝)의 탄압으로 뜻을 이루지 못하니 실로 통탄할 일이다. 그러나 스스로 천운이 돌아올 날이 반드시 있으리니, 지금으로서는 방편의 도리를 취할 수밖에 없도다.

라고 하는 등 단군국조를 앞세워 민족정신을 앙양하는 데 주력하였다.

그리고 일제가 대륙 침략을 위해 만주사변과 중일전쟁, 태평양전쟁으로 이어지는 침략 전쟁을 본격화하면서 모든 종교에 대한 황민화를 완수하여 대륙 침략 전쟁에 적극 동원하였다. 그에 따라 대부분의 종교와 민족 단체들이 변절하여 부일협력으로 돌아서던 1930년대에도 금강대도는 단군을 중심으로 한 민족정신을 꿋꿋하게 지켜 나갔다. 그러한 상황을 보여주는 대표적인 사례가 바로 1934년에 일어난 만세사건이다.

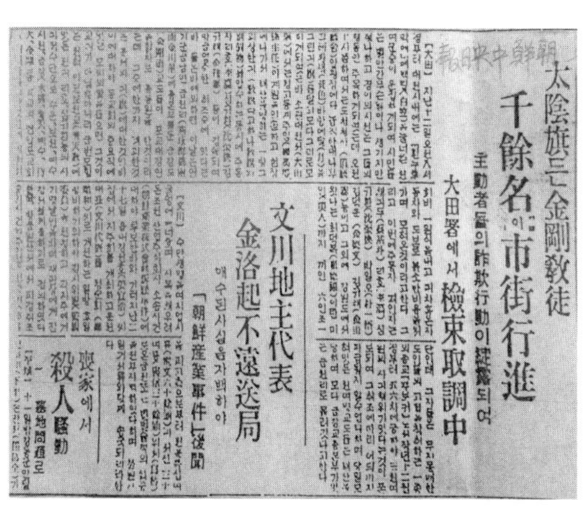
太陰旗든 金剛敎徒
千餘名이 市街行進
大田署에서 檢束取調中
文川地主代表
金洛起不遠送局
매수된사실을자백하야
「朝鮮産業事件」後聞
喪家에서
殺人騷動

▲ 만세사건을 전하고 있는 조선일보 기사

토암은 1934년 3월(음력)에 대전 충남도청 앞 광장에 전국의 도인들을 소집하여 대강연회를 열 계획을 세웠으니, 그 목적은 포덕(布德)과 함께 민족의식의 선양(宣揚)에 있었다. 그리하여 도인들은 배달민족을 상징하는 흰 옷을 입고 손에는 태극기

(太極旗)와 함께 사구기(四九旗; 금강대도 도기)를 들고 수천 명이 광장에 모였다. 그러나 공을 시기하는 오희운(吳熙運)이라는 자의 밀고로 사전에 발각되어 계획은 실패하고 말았다.

이에 토암의 장남이며 훗날 제2세 도주가 된 청학(靑鶴) 이성직(李成稙, 1913~1957)과 몇몇 제자들이 보안법 위반으로 검거되어 옥고를 치렀다. 만일 이때의 대집회가 예정대로 열렸다면 그것은 독립 만세 운동으로까지 번질 수 있었고, 이 때문에 일본 경찰은 미리 겁을 먹고 강제 해산을 시킨 것이다.[2] 토암은 이때의 강연회 실패와 제자의 배반에 가슴 아파하며 병세를 보이기 시작하더니, 결국은 그해 11월에 61세를 일기로 운명하고 말았다.

토암 사후에 청학 이성직이 도통을 계승하였는데, 토암의 정신을 계승하여 배일 사상 고취에 주력하였다. 그는 수차례 일본 불교에의 합병을 권유받았으나 이를 단호히 거절하였으며, 단군을 숭상하고 민족정신을 앙양하는 등의 활동을 보이자, 일본 불교와 신도(神道)를 제외한 모든 종교를 인정하지 않던 일제는 금강대도의 말살을 계획하였다.

1937년 2월 총독부는 11,900명의 간도 이민을 추진하면서 충남에 그 인원을 할당했는데, 충남에서는 배일 단체로 규정된 금강대도 도인들을 보내기로 하였다. 그러나 3월에 간도로 떠난 이민자 속에 금강도인은 없었다. 그해 5월 일본은 만주에 한국인 노동자 10만 명을 이민시킬 것이라고 발표하면서 7,000명을 충남 지방에서 차출했다. 역시 금강대도 도인들을 강제로 끌고 가려 했으나 청학은 "우리 배달민족은 단군의 자손이지 천황의 자손일 수는 없다. 우리 신도들은 신사 참배와 일본 천황을 경배할 수 없으며 그 날조

2) 이 사건에 대해서는 동아일보와 조선일보 1934년 5월 14일자 기사와 青野正明, 『朝鮮農村の民族宗教』, 社會評論社, 2001, 201~235쪽과 「金剛大道 抗日鬪爭史」, 『五萬燈臺』, 金剛大道白雲道友會, 제1·2집 참고.

된 논리에 귀를 기울여도 안 된다. 또한 신민이 되겠다는 노래를 부를 수 없다."고 선언하였다. 이 보고를 들은 총독부에서는 충남지사에게 금강대도를 굴복시키든지 아니면 없애 버리든가 하라는 명령을 하달하였다.

그리하여 충남도경 경무부장은 총독부 경무총감과 협의하여 금강대도 말살 작전을 세웠다. 이에 치밀한 계획을 세우고 1941년 10월 19일 밤 12시를 택하여 공주, 조치원, 대전의 3개 경찰서에서 400여 명을 동원하여 가구당 2명씩 배치했다. 도주와 간부들에게는 10명씩 배치하여 가옥을 완전히 포위하고 신도를 검거하며 도서와 문서를 모두 압수하였다. 이때에 청학은 모든 책임을 내가 질 테니 모든 도인들은 즉시 석방하라고 항거하였으나, 결국 청학 이하 중요 역직원 53명이 검거되었으니, 일제는 이른바 '조선어학회 사건'에 연루되었다는 죄목을 씌워 투옥하였다. 이때 옥중 순도자가 10여 명에 달하였고, 도장 내의 성전과 부속 건물은 일체 훼철되어 당시 친일파로 유명했던 공주 갑부 김갑순에게 넘어가고 말았다.[3)]도인들은 징병 및 추방을 당하여 만주, 간도 등으로 뿔뿔이 흩어지는 비운을 맞게 되었으니 금강대도에서는 이 사건을 이른바 '신사사변(辛巳事變)'이라고 부른다.

그러나 토암 이래 수십 년간 쌓아온 포덕의 기지가 하루아침에 무너져 버리는 아픔 속에서도 청학은 민족정신을 포기하지 않고 계속해서 항일 의식을 고취해 나갔다. 1942년 병보석으로 출감한 후에 일제의 거주 제한과 삼엄한 감시의 눈을 피해 찾아오는 제자들을 접견하고, 모든 의식(儀式)을 비밀리에 거행하였다. 뿐만 아니라, 해방이 멀지 않았으니 그 소식을 널리 전해야 한다며 광복을 암시하는 '봄노래'를 만들어 제자들에게 가르쳤으며, '태극무(太極

3) 이 점에 대해서는 조선일보 2005년 9월 14일자 기사 참고.

舞)'를 춤추게 했다고 한다.

1945년 마침내 해방을 맞이하여 청학은 도기를 앞세우고, 수많은 도인들의 환영을 받으며 은거지 개문동(開門洞)을 떠나 금천리(金川里)로 돌아왔다. 9월 15일 금화산(金華山)에서 민족 해방을 경축, 고천(告天)하는 천제를 올리고, 곧 일제의 만행으로 훼손된 도장의 복구에 들어가 12월 중순에 성전(聖殿) 및 단군성전(檀君聖殿)을 재건하였다. 그 후로 10여 년간, 청학은 제자들을 교화하고, 금강대도의 포덕문을 넓히는 데 혼신의 노력을 다했다. 특히 밤낮을 가리지 않는 정열적 교화와 숱한 영험, 이적으로 제자들을 감화시켰으며, 다양한 예화와 비유를 통해 교리 체계를 발전시켜 나갔다.

특히 해방 이후 좌우(左右) 대립으로 인한 혼란과 미군정 및 이승만 정권의 기독교 편향적인 종교 정책하에서도 단군을 숭상하는 민족의식을 견지해 나갔다. 또한 금천리 총본원은 물론, 각 지방 포교소에도 단군 성전을 건설하여 제1세 도주 토암(土庵) 및 자암(慈庵)에 대한 신앙과 함께 단군의 홍익사상을 고취하였다. 1949년 거창 지부에 단군 성상 봉안을 시작으로 1954년에는 경북 의령 포교소, 1956년 무주 지부 등 각 지방 포교소에 단군 성전을 신축하고 단군 성상을 봉안해 나갔다.

한편 1957년에 이르러 청학이 일제로부터 겪은 옥고의 여독으로 환후가 재발하여 향년 45세에 열반에 들었고, 몇 년간의 과도기를 거쳐 1962년 월란(月鸞) 이일규(李一珪, 1934~2004)가 제3세 도주가 되어 도무를 총괄하게 되었다. 이때 5·16 군사 쿠데타로 집권한 박정희는 유사한 신종교들을 통합하여 인위적으로 재편하려 하였다. 정부의 종단 통합 지시에 의하여 모두 단군을 숭봉하는 단체라 하여 제주도 단군성주교(檀君聖主教), 부산 단군도덕성회(檀君道德聖會)와 더불어 삼교가 통합하게 되었다. 삼교의 합의로 도명(道名)은 단군천선금강대도(檀君天仙金剛大道)라 이름하고, 종헌과 교리, 연혁 등으로 등록 서류를 갖추어 문교부에 사회단체 235호로 등록하였다. 이어 연석회의를 개최하여 부서 설치를 협의하니 총본원은 금천리에 두고 각 지방에 본분원 회관을 설치하는 동시, 대의원 회의에서 최고책임자를 월란으로 추대하며 기타는 월란이 발령하는 것으로 하였다. 그 후 당국에서는 서류를 심사한 후 '귀 종단은 실질적으로 종교 활동을 하는 종단이므로 사회단체에서 배제한다.'는 회보를 받게 되었다. 그런데 1964년에는 단군성주교와 단군도덕성회가 의식에 참여하지 않고 뜻을 달리하여 다시 삼교가 각기 분리하게 되니, '단군천선'이라는 이름을 버리고 '금강대도(金剛大道)'라는 본래의 명사를 되찾게 되었다.

월란은 성균관대학교 동양철학과에서 수학하여 금강대도의 교리를 학문적으로 체계화하고 종단 조직의 현대화와 포교에 주력하였다. 특히 총본원의 성역화와 지방 포교 조직 확대에 중점을 두어 노력하는 가운데 단군 숭배도 소홀하지 않았다. 예컨대 1962년에 청소년들의 도덕과 민족정신 함양을 목적으로 효제성신회(孝悌誠信會)를 조직하였는데, 그 회가에 보면,

> 예의동방 해동이라 역사 반만년, 단군성조 백성사(白聖師)의 도덕이라네. 홍익인간 그 성훈을 길이 받들어, 배달민족 민족정기 바로 찾아서. 우리들의 갈 길이라 실행십조(實行十條)로, 만고불변 극락세계 이루어보세. 선풍도골 본천생의 좋은 바탕에, 효제와 진리로써 수를 놓으니, 성신회의 우리 초석 튼튼하도다.

라고 하였으니, 단군을 백성사(白聖師)로 존숭함은 물론, 단군에서 유래하는 도덕을 금강대도가 계승하여 만고불변의 극락세계를 이룩하자고 하는 가사에 단군을 숭배하는 금강대도의 의지가 잘 나타나

있다.

금강대도는 1・2・3세 도주인 토암・청학・월란과 그 부인들인 서자암(徐慈庵, 1884~1927)・민보단(閔寶丹, 1913~1959)・김향련(1937~)을 '대도덕성사건곤부모(大道德聖師乾坤父母)'라 하여 삼신일체의 건곤부모(乾坤父母)로 신봉하는 종단이다. 그리하여 삼종대성전(三宗大聖殿)에는 이들 삼대의 도주들이 존영으로 모셔져 있는데, 여기에 단군국조의 존영도 함께 모시고 있다. 삼대의 도주들에게 각각 오배(五拜)의 예절을 갖춤과 동시에 단군국조에게도 오배의 예절을 행하고 있다.

뿐만 아니라 금강대도의 연중총회일[4]은 이들 삼대 도주의 탄강일과 제향일이 주가 되고 있는데, 여기에 단군국조의 개국일인 10월 3일 개천절(開天節)과 그 제향일인 3월 15일 어천절(御天節)이 있어서 그 어떤 종단보다 단군에 대한 숭봉 의식이 철저하며, 실제 의례를 통해 실천하고 있음을 알 수 있다. 최근에는 성전을 신축하면서 삼대 도주의 존영은 삼종대성전에 모시고, 단군국조는 태상노군 등과 함께 삼청보광전(三淸寶光殿)이라는 전각에 따로 모시고 있다.

---

4) 1월 5일(新年賀拜式-세배 및 시무식), 1월 18일(金剛龍華大宗聖誕節-대종법사 탄강일), 2월 6일(蓮華龍華大宗聖誕節-대종덕사 탄강일), 2월 15일(太淸聖德通天節-통천교주 봉대 기념일), 3월 15일(御天節-단군국조 제향일), 4월 29일(金剛德聖普化聖誕節-금강 제3대 도주 탄강일), 5월 5일(金剛道聖大化聖誕節-금강 제2대 도주 탄강일), 5월 12일(蓮華道聖大化聖誕節-연화 제2대 도주 탄강일), 5월 19일(金剛開道聖誕節-금강 제1대 도주 탄강일), 5월 28일(金剛三淸玄化道聖乾元節-금강 제2대 도주 제향일), 6월 10일(金剛三淸玄化德聖乾元節-금강 제3대 도주 제향일), 6월 15일(流頭節-유두절), 7월 7일(雙七節-칠월 칠석), 8월 1일(聖山奉誠節-성산 금초일), 9월 13일(蓮華三淸玄化道聖坤元節-연화 제2대 도주 제향일), 10월 3일(開天節-단군 개국일), 10월 19일(誠敬崇義節-신사사변 崇義師 제향일), 11월 2일(金剛三淸玄化大聖乾元節-금강 제1대 도주 제향일), 11월 25일(蓮華開道聖誕節-연화 제1대 도주 탄강일), 12월 25일(蓮華三淸玄化大聖坤元節-연화 제1대 도주 제향일), 12월 26일(蓮華德聖普化聖誕節-연화 제3대 도주 탄강일)

▲ 삼청보광전 전경

3. 단군신화의 종교학적 의미와 금강대도의 사상

(1) 천신(天神) 하강(下降) 신앙

단군신화의 요지는 하느님의 아들 단군이 고조선을 세우고 이를 다스렸으며, 은퇴한 후에는 산신이 되었다는 것이다. 요컨대 천신(天神), 즉 하느님이 인간세계에 하강했다. 이러한 천신강림 신앙은 동북아시아 유목민, 곧 부권적 천신 신앙민들 사이의 공통된 신앙 형태이다.[5)]

그런데 이러한 하느님 신앙은 서구의 유일신(唯一神) 개념과는 다른 것이다. 즉 자연의 모든 사물에 정령(精靈)이 깃들어 있다고

5) 護雅夫, 『遊牧騎馬民族國家』, 60쪽, 柳東植, 「始祖神話의 構造」, 李恩奉 엮음, 『단군신화연구』, 온누리, 1994, 102쪽에서 재인용.

보는 애니미즘적인 다신 숭배를 기본으로 하면서도, 그 중에 최고신(High God)을 숭배하는 단일신교(單一神敎, Henotheism)의 성격을 가진다. 예컨대 단군신화에서 태양신을 자연신의 최고 상징으로 숭배해 단군을 천신(天神)인 동시에 '밝음님'이라고 보는 관념이 이러한 신앙을 반영한다.

또한 이러한 단일신교적 신앙에서는 여러 자연신을 선택하여 받들되, 목적에 따라 신앙하는 주신(主神)을 바꾸어 가면서 신앙을 하는 교체신교(交替神敎, Kathenotheism)적 관념도 나타나고 있다. 즉, 하늘에 있는 천신이 지상에 강림하면 지신(地神)이 되고, 인간계에 들어오면 생산신으로서의 삼신(三神) 등으로 바뀌는 것을 볼 수 있다. 또한 단군은 천신인 환인(桓因)의 손자이며, 환웅(桓雄)과 지신(地神)인 웅녀(熊女)의 아들로 나타나고 있다.

그리고 서양의 하나님이 천지를 창조한 창조신(創造神)으로 숭봉되는 것에 비하여, 한국의 하느님은 우리의 조상을 낳아 준 조상신(祖上神)으로 받들어진다는 점도 특이한 일이다. 이에 따르면 우리 민족은 하느님의 피를 이어받은 성스러운 민족, 즉 천손(天孫) 민족이다. 우리 민속에 아기를 점지해 준다고 믿어지는 삼신(三神)에 대한 신앙도 결국은 단군신화에 의한 한민족의 시조로서의 천신을 삼신으로 보고, 이 삼신을 민족의 생산신(生産神)으로 받드는 신앙에서 기인한 것이라고 볼 수 있다.

한편, 단군이 교화(敎化)와 치화(治化)를 행함에 있어서 가장 중요한 일은 하늘에 대한 제사, 즉 제천(祭天)이었다. 단군(檀君)이라는 이름 자체가 제단(祭壇)에서 천제에게 제사를 올리는 천군(天君)이라는 뜻을 갖는다고 볼 수 있다.[6] 오늘날 직업 무를 '당굴' '단골' '당골' 등으로 부르고 있는데, 이것 역시 천군, 또는 단군이

---

6) 李康五, 「檀君信仰의 實態 分析」, 『정신문화연구』 제32호, 1987, 57쪽.

변형된 것이라고 본다. 그런데 환웅이 강림한 곳이 바로 태백산 꼭대기에 있는 신단수(神檀樹)라 했고, 제천을 행한 곳도 바로 단목(壇木), 또는 신단수라 했다. 이는 하늘 높이 솟아 있어서 하늘과 땅을 연결한다고 믿는 거룩한 산, 곧 우주산(宇宙山)과 우주의 중심을 표시하는 신목(神木) 신앙을 표현하고 있다. 그러므로 오늘날 민속신앙에 있어서 당산(堂山), 또는 성황신(城隍神) 신앙은 이러한 천신이 강림하여 산이나 나무에 깃들어 있다는 신앙으로 보아야 한다.

이러한 천신 강림 신앙은 금강대도의 교리에도 그대로 나타나고 있으니, 이는 우리 민족의 심성 저변에 자리 잡고 있던 원형(archetype)으로서의 천신 신앙을 계승한 것이라고 생각된다. 금강대도는 건곤부모(乾坤父母)가 이 땅에 오셨음을 믿는 종교이다. 건곤부모란 우주(天)와 지구(地)와 인간(人)을 낳고(生成), 기르고(化育), 다스리는(治教) 아버지요 어머니이니, 우주를 주재하는 근원적인 지고자(至高者)가 인간의 모습으로 왔다는 것이다. 이청학은 "이제 삼불세존이 부모(父母)로서 도(道)를 행하나니, 하늘에서는 건곤부모(乾坤父母)요 인간 세상에서는 성사부모(聖師父母)라 한다."고 하였으니, 삼부모, 즉 삼불세존이 바로 하늘에서나 인간 세상에서나 최고의 존재로서 도(道)를 주재한다는 것이다.

그렇다면 '건곤부모'는 서양의 유일신과 같은 개념인가? 그렇지 않은 것 같다. 토암의 시[7]를 통해서 살펴보면, 금강대도의 신관(神觀)은 옥황상제를 정점으로 하는 도교적 천신(天神)을 비롯하여 기타 하위 신들을 거느린 다신적(多神的) 판테온(pantheon)을 형성하고 있음을 알 수 있다. 이러한 신관은 한국 민간신앙의 그것과

---

7) 玉皇上帝開化任, 日月神明三教師, 劫劫生生梅花發, 天地四海道德明, 釋迦如來牟尼佛, 太上老君孔夫子, 伏魔大帝關帝君, 文昌帝君呂純陽, 二十四劫天地神, 五岳大帝道通神, 金剛道師何處在, 行盡江南洞庭梅, 八師五師重天緣, 南宮得道第一仙, 三十六宮七十二, 通理君子百八士, 採芝登山小天下, 九千八百古名過

거의 다르지 않을 정도로 다신적(多神的)이며, 그러면서도 최고신으로서의 건곤부모에 대한 신앙을 상정하고 있다는 측면에서 단일신교(單一神教, Henotheism)적인 성격을 가지고 있다.

또한 금강대도의 천신 신앙에 있어서 그 특징으로 지적하지 않을 수 없는 점[8]이 있다. 천신을 인간과 동떨어져 막연히 높은 하늘에 있는 존재로 인식하는 것이 아니라, 생명의 근원에 있어 인간과 동일하며 인간과 매우 밀접한 관련을 갖는 존재로 인식하고 있다. 토암은 "천상을 주재하는 상제도 사람이 죽은 영이며, 일월성신, 풍우뇌전(風雨雷電)의 신과 강해(江海), 산악(山岳), 성궐(城闕), 유풍(幽酆)의 신에 이르러서도 역시 다 사람 죽은 영이니라."[9]고 말하여 천지의 모든 신명은 물론 상천의 상제까지도 사람이 죽어서 된 존재임을 강조하였다. 이것은 한국 고유의 신명사상(神明思想)을 수용한 것이라고 본다. 신명사상이란 한국 고유의 사상으로, 인간의 현실 세계와 대등한 신명 세계가 이 세계의 이면에 그대로 전개되어 있고, 이 신명의 세계와 인간의 세계는 떼려야 뗄 수 없는 밀접한 관계를 맺고 있다고 보는 신관이다.[10]

이것은 천신(天神)인 환인과 환웅, 지신(地神)인 웅녀, 그리고 인신(人神)인 단군을 하나로 보는 단일신교적 성격을 나타내는 것으로서, 창조신(創造神)이 아닌 조상신(祖上神)으로서의 천신에 대한 신앙과 일치한다. 그리하여 금강대도에서는 천지를 건곤부모가 낳았다고 보며, 우주 탄생에 대한 이론으로서 창조론(創造論)이나 진화론(進化論)도 아닌 '우주태생론(宇宙胎生論)'을 믿는다.[11] 이에

---

8) 이 점에 대해서는 졸저, 『금강대도 종리학 연구론』, 미래문화사, 2005, 157~162쪽 참조.

9) 『성훈통고』, 제2권, 35쪽.

10) 柳炳德, 「開化期・日帝時의 民族宗教思想에 관한 硏究」, 『哲學思想의 諸問題(Ⅲ)』, 韓國精神文化硏究院, 1985, 271쪽.

11) 우주태생론에 대해서는 졸저, 『건곤부모님과 금강대도의 진리』, 미래문화사, 2003, 62쪽, 71쪽 참조.

대해 김상일은 "이러한 건곤부모론은 진화론과 창조론을 조화시킬 수 있는 절묘한 신관이라 아니할 수 없다. 다시 말해서 남성 신의 말 한마디로 천지가 창조되었다는 것도 아니고 비인격적인 아메바에서 생명이 창생되었다는 진화론도 아닌, 인격적인 부모가 정상적인 생물학적 관계에 의해 우주를 탄생하였다는 것은 진화론과 창조론의 조화 사상이라 할 수 있다."[12]고 말한다.

그러나 이렇듯 천지를 낳고 기르는 존재로서의 건곤부모를 신앙하는 금강대도이지만, 금강대도인의 목표는 어디까지나 수도(修道)에 있으며, 신앙에 있는 것은 아니다. 즉 대타적(對他的) 신앙보다는 내면적인 도덕적 자각과 자수심성(自修心性)을 더 중요시한다. 이것은 깨달음의 주체와 대상이 바로 나에게 있다고 보는 점에서 '내재적 신관'이라고 말할 수 있다.

이러한 '내재적 신관' 역시 한국적 신명 사상과 무관하지 않다. 이것은 단군이 신선(神仙)의 조종(祖宗)이 된 이래[13]의 신선 사상과도 관련이 있으며, 동학에 있어서는 내유신령(內有神靈), 외유기화(外有氣化)라고 하는 점이 바로 이러한 신명성을 계승한 것이라고 생각된다. 또한 천도교의 인내천(人乃天) 사상이나 시천주(侍天主) 사상, 그리고 증산교의 인존(人尊) 사상 등 신종교의 신관은 하나같이 위로부터 내려오는 신을 선천 시대의 신관이라 하였고, 아래로부터 올라가는 신, 즉 인간의 심성에서 도출되는 신을 후천 시대의 신관이라 하였다. 요컨대 한국 신종교에서 공통적으로 보이는 내재적 신관은 단군 이래의 한국적 신명 사상을 계승한 것이라고 볼 수 있다.

또한 이것은 신관에 있어서 무엇보다도 인간을 중시하며 현세를

---

12) 김상일, 「천지왕복 '하느님'과 금강대도의 건곤부모님 신관」, 『徐慈庵 大聖師母 탄강 2회갑 기념 학술대회 자료집』, 금강대도종리학회, 2004, 31쪽.

13) 근대 한국학의 태두인 이능화는 그의 『조선도교사』에서 여러 가지 근거를 들어 도교 신선설의 근거지가 한국이며, 단군이 그 조종이었음을 주장하고 있다.

긍정한다는 면에서 한국적 인본주의(人本主義)의 표출이라고 본다. 즉 단군신화에서 환웅은 탐구인세(貪求人世)하고 지상의 곰은 원화위인(願化爲人)하여 천신과 지신이 모두 인(人)이 되고자 했으니 이는 인본주의, 또는 현세 중심주의이다. 이것이 한국인들의 심성에 종교적 원형으로 자리하고 있다가 신종교의 사상으로 승화되었음을 알 수 있다.

▲ 칠월 칠석 총회

한편 우리 민족의 천신 신앙은 부족국가 시대의 제천 의례로 나타나는 바, 부여(扶餘)의 영고(迎鼓), 예(濊)의 무천(舞天), 고구려의 동맹(東盟), 삼한(三韓)의 소도제(蘇塗祭) 등이 모두 단군을 비롯한 천신을 숭배하는 제사 의식이었다. 금강대도에서는 개천절(開天節)과 어천절(御天節) 등 단군을 직접 제사하는 의식은 물론, 정월 보름, 단오(端午), 유두(流頭), 칠석(七夕), 추석 상달제의 전통을 지켜 오고 있어 단군 이래의 제천(祭天) 의례를 계승하려는 의지가 엿보인다. 뿐만 아니라 앞에서 소개한 연중 총회일과는 별도로, 3~5년에 한 번씩 중요한 고비가 있을 때마다 직접 옥황상제를 주신(主神)으로 모셔 천제(天祭)를 행하고 있어, 한국적 천신신앙을 실제 의례로

▲ 유월 유두 총회

실천하는 매우 드문 경우라고 생각된다.

(2) 지신(地神)의 성화(聖化)와 천지 융합 신앙

천신 강림과 함께 단군신화의 또 다른 줄거리는 천신의 아들인 환웅(桓雄)이 곰이 변한 웅녀(熊女)와 결합하여 인신(人神)인 단군을 낳았다는 것이다. 요컨대 천신과 지신이 결합하여 인류의 조상을 낳았다. 이것은 동양의 전통적인 음양 사상의 표현이요, 더 직접적으로는 『주역』에 나타난 천지인(天地人) 삼재 사상의 표출이라고 볼 수 있다.

그런데 유동식은 이것을 지모신(地母神) 신앙과 종교적 이니시에이션(initiation)의 표현으로 해석한다.[14] 우선 이것은 북방의 유목민 문화를 배경으로 한 천신 강림 신앙과는 대립되는 남방적인 농경문화를 배경한 지모신 신앙이라는 것이다. 즉, 웅녀는 곧 지모신이요, 생산신(삼신)을 의미한다. 그녀는 햇빛을 못 본 채 동굴 속에 삼칠일을 머문 끝에 인간으로 재생했다. 빛은 생명을 뜻하는 보편적인 종교적 상징이다. 그러므로 빛 없는 동굴 속에 있다가 다시 빛을 보게 되었다는 것은, 일단 죽어서 창조 이전의 모태로 들어갔다가 다시 창조되어 재생한다는 곡신(穀神)의 신비에 대한 표현이다. 그리고 곰에서 여인으로 변했다는 것은 새로운 존재로 질

▲ 대성사모 존영

14) 이 점에 대해서는 유동식, 앞의 논문, 103~106쪽 참조.

적 변화를 가져 온 종교적 체험을 상징한 것이요, 종교적 이니시에이션을 표현한 이야기이다. 또한 우리말에 신령이나 높은 어른을 부를 때 이를 '곰', 또는 '검'이라고 했으니, '대감', 또는 '왕검'의 경우가 그것이다. 그러므로 단군신화의 곰이 상징하는 뜻은 수렵민족의 토템이라기보다 단순히 신적 존재인 지모신의 표현으로 보아야 한다.

▲ 도성사모 존영

다음으로 하늘의 신과 땅의 인간이 융합하기 위해서는 먼저 하느님이 강림해야만 하고, 인간은 자기 부정을 매개로 성화되지 않으면 안 된다. 웅녀의 경우처럼 죽고 다시 사는 종교적 이니시에이션을 경과하지 않으면 거룩한 신과 결합할 수 없다. 이러한 신인 융합으로 말미암아 새로운 생명이 창조되어 단군이 태어났고, 그로 말미암아 새로운 세계인 나라가 창조된 것이다.

▲ 덕성사모 존영

이렇듯 천신 신앙과 대조를 이루는 지모신에 대한 신앙과, 지모신이 되기 위한 종교적 이니시에이션이라는 관념은 가부장적인 남성 중심주의를 표방하는 대개의 세계 종교들에서는 찾아보기 힘든 것인데, 금강대도의 교리를 보면 건곤(乾坤)이 정위(正位)한다는 사상으로 상징화되고 있어서 주목된다.

금강대도에서는 1·2·3대 도주인 이토암·이청학·이월란을 건부(乾父)라 하여 금강대불(金剛大佛)로, 그 부인들인 서자암·

민보단 · 김향련을 곤모(坤母)라 하여 연화대불(蓮華大佛)로 신봉하고 있다. 이들은 삼신일체로 통칭 대도덕성사건곤부모(大道德聖師乾坤父母)라 한다. 여기서 건부라 함은 천신(天神)이라 할 수 있고, 곤모(坤母)라 함은 바로 지모신(地母神)이라 할 수 있다. 그런데 건부의 계승은 조부자(祖父子)로 내려가는 혈통의 계승인 데 비해 곤모의 계승은 그렇지 않다. 다만 건부와 결혼으로 맺어짐으로써 비로소 곤모의 위치에 서게 된다. 평범한 여인에서 곤모의 위치로 성화(聖化)되는 계기가 바로 결혼이라는 사건을 통해서 이루어진다. 곰이 동굴에서 삼칠일의 재계 과정을 통해 여인(웅녀)으로 변하는 것과 평범한 여인이 결혼이라는 성스러운 의례를 통해서 곤모가 되는 것, 모두 종교적 이니시에이션을 표현한다는 점에서 공통점이 있다.

금강대도에서는 이것을 '천지인(天地人) 삼재의 변증법'으로 설명하고 있다. 즉 건부(乾父, 토암)가 탄강을 해서 곤모(坤母, 자암)와 결혼함으로써 인자(人子, 청학)를 낳았는데, 이 인자가 또 건부(청학)가 되어 곤모(보단)와 결혼함으로써 인자(월란)를 낳게 되고, 다시 또 건부(월란)가 되어 곤모(향련)와 결혼함으로써 인자(法山-제4세 도주 大宗法師)를 낳아 도덕가(道德家)의 종손이 된다는 것이다. 이에 대해 제2세 도주 청학은 "하늘이 화하여 사람이 되고 사람이 화하여 하늘이 되는 이치를 누가 능히 알리오."라고 했다.

그런데 여기서 또 하나 중요한 점은 지신(地神), 즉 곤모(坤母)의 역할을 강조하고 있다는 것이다. 금강대도는 과거 선천 시대를 양(陽)의 시대로, 그리고 다가올 후천 시대를 음(陰)의 시대로 규정한다. 그리하여 선천의 모든 성인들은 오직 남자였고, 종교가에서도 여성은 차별적인 대우를 받았다고 한다. 아버지만이 숭배의 대상이 되었고, 어머니는 늘 아버지 권위에 밀려 눈물만 흘려야 했다. 한 가정에서도 아버지는 무섭고 엄한 분이다. 따라서 과거 선천 시대에는 '하느님 · 아버지'만 있었지, '땅님 · 어머니'가 오시지 않았기 때문에, 인간과 하늘, 또는 인간세계와 신명 세계의 거리는 멀 수밖에 없었다. 결국 인간은 늘 아주 낮은 위치에서 아버지를 우러를 수밖에 없었고, 항상 죄의식에 사로잡혀 있을 수밖에 없었던 것이다. 그런데 이제 자애로운 어머니가 오심으로, 아버지의 위치는 상대적으로 하강하고 오히려 인간의 위치가 상승함으로써 인류는 아버지와의 거리감을 좁힐 수 있게 되었고, 하느님 아버지(乾父)와 땅님 어머니(坤母), 그리고 인간 자식(人子)이 함께 즐거워할 수 있게 된 것이다.[15)]

요컨대 어머니의 사랑이 건부(乾父)와 인자(人子)의 거리감을 좁힐 수 있는 매개적인 변수로 중요한 역할을 할 수 있다는 것이다. 단군신화에서도 높고 거룩하신 천신 환인과 그 아들 환웅을 인간에게 가까운 존재로 하강시키는 매개적인 역할을 한 것이 바로 지신인 웅녀였으니, 이것은 완전한 종교적 구조를 갖추고 있는 이야기이다.

또한 성스러운 천신과 지신, 그리고 인간의 관계를 조(祖)-부모(父母)-자(子)의 가족 구조로 설명하여 혈통적 계승의 정당성을 설명하고 있는 것 역시 단군에서부터 발원하는 한국인 특유의 가족중시, 또는 혈통 중시 의식을 계승한 것이 아닐 수 없다. 예컨대 환인이 환웅의 탐구인세(貪求人世)하는 뜻을 알아주어 부지자의(父知子意)했다는 것은 한국인 특유의 가족 중시 의식을 상징하는 것이며, 환인-환웅-단군으로 이어지는 혈통 계승 의식을 반영하고 있는 것이다.

금강대도에서는 이러한 한국인 특유의 가족성(家族性)을 확대시

---

15) 김상일은 인류 문명사가 거의 4000년 간격으로 신이 땅에서 하늘로 하늘에서 땅으로 왕복한다고 보아 이를 천지왕복 '하는님'으로 본다. 하나님oneness도 아니고 하느님heavenness도 아닌 천지를 왕복하는 하는님Doing God으로 보는 것이다. 이 점에 대해서는 김상일, 앞의 논문, 7~8쪽 참조.

켜서 이른바 우주가화(宇宙家和) 사상으로까지 발전시키고 있다. 즉 건곤부모에 대한 절대적인 신앙은 우주를 하나의 가정으로 보고, 그 안에 존재하는 모든 존재들을 형제로 보는 안목을 갖게 해 준다는 것이다. 실제로 토암은 그의 『도덕가』에서 "천지(天地)는 부모(父母)라 하고 일월(日月)은 형제(兄弟)라 하며 성신(星辰)은 붕우(朋友)라 하였으니 천하지인이 누가 형제 아니 되며 누가 붕우 아니 되리."라 하였는데, 이는 건곤부모가 낳은 천지를 하나의 가정으로 보고, 일월성신과 천하의 모든 사람들을 형제와 붕우로 본다는 것이다. 또한 "천지는 부모시니 우주 만물을 나와 형제라 해도 과언이 아니요, 사람이 만물의 영장이니 비록 금수, 곤충, 초목이라도 마땅히 사랑하여서 함부로 죽이거나 꺾지 말아야 하느니라."고 하여 우주 만물을 형제로 대해야 한다는 점을 강조하고 있다.

(3) 삼신일체(三神一體) 사상

단군신화에 나타난 천신 숭배에서 주목되는 점은 환인・환웅・단군은 실상 3이면서 동시에 1이라는 삼신일체(三神一體) 사상이다. 즉 환인은 조화주(造化主)요, 환웅은 교화주(敎化主), 그리고 단군은 치화주(治化主)라고 보는 것이다. 이러한 신앙 형태는 인접 천신 신앙 민족에게서도 보이지 않는 독특한 한국적인 사상이요, 종교학적으로 보더라도 매우 뛰어난 해석이다. 조화주라는 것은 대개 종교학적으로 격절신(隔絶神, deus otiosus)의 성격과 통하고, 교화주라는 것은 그 신이 인간에게 여러 가지 모습으로 나타나는 것과 관련되며, 치화주라는 것은 하늘의 뜻을 이어받아 홍익인간을 위해 봉사하는 이념이 나타나 있기 때문이다.[16)]

---

16) 李恩奉, 「단군신화의 종교적 의미」, 『정신문화연구』 제32호, 1987, 7쪽.

첫째, 환인(桓因)은 조화주이니, 삼위태백을 내려다볼 수 있는 천신이며, 아들의 뜻을 알고(父知子意) 천부인 세 개를 주어 보내 다스리게 할 수 있는 권능을 가진 지고신(至高神) 아버지이다. 그런데 환인은 구체적 인간사를 직접 다스리는 신은 아니다. 인간세계에 대한 통치권은 환웅에게 맡기고 그는 다만 조화주로서의 위치만 지키고 있으니, 이러한 신을 격절신(deus otiosus)이라고 한다.

둘째, 환웅(桓雄)은 교화주이니, 구체적으로 인간과 깊은 관련을 맺고 있는 신이다. 그가 거느리고 온 신들은 구체적인 인간의 삶과 직접적인 관련을 맺도록 기능이 분화된 신이니, 바람의 신(風伯), 비의 신(雨師), 구름의 신(雲師)이 바로 그것이다. 뿐만 아니라 그는 인간의 삶에서 꼭 필요한 곡식(穀), 생명(命), 질병(病), 형벌(刑), 선악(善惡) 등 360여 가지를 주관하였으니, 인간에게 가까운 신이었다.

셋째, 단군은 치화주이니, 그는 우리 민족의 시조가 되신 분이다. 그는 다른 조상들과는 달리 천신의 후예로서, 고조선 건국의 이념적 기반이 되었을 뿐만 아니라, 고조선의 시조를 뛰어넘어 한민족 전체의 시조로서 승화될 수 있는 능력을 갖춘 존재였다.

그런데 중요한 것은 조화주, 교화주, 치화주인 이들 삼신이 실은 하나라는 삼일신(三一神) 사상, 혹은 삼위일체의 사상이다. 여기서 1은 3의 체(體)가 되고, 3은 1의 용(用)이 되는 것이니, 이러한 삼일(三一) 사상은 동양의 보편적 사유 구조라고도 볼 수 있다. 예컨대 주역의 괘효사(卦爻辭)에 나타나는 숫자의 60%가 3이며, 복희가 처음 만들었다는 팔괘가 삼효(三爻)로 이루어졌다는 사실, 그리고 서법(筮法)에 있어서 하나의 효를 결정하는 데 삼변(三變)을 거쳐야 된다는 점도 이와 무관하지 않다고 생각된다.[17] 또한 도교

---

17) 崔英辰, 「周易에 있어서의 數의 問題」, 『儒敎思想硏究』 제1집, 儒敎學會, 1986, 249~283쪽 참조.

에 있어서도 3 수는 가장 중요한 수로서 나타나는데, 삼원(三元), 삼기(三氣), 삼재(三才), 삼군(三君), 삼경(三境), 삼동(三洞), 삼계(三界) 등의 용어들에 보이는 3 수가 그것이다.

그런데 '3' 수는 한국인의 사유 구조 속에서 더욱 뚜렷한 모습으로 나타나고 있으니, 바로 단군신화의 삼신일체 사상은 물론, 성(性)·명(命)·정(精) 삼진귀일(三眞歸一)의 원리가 그것이고, 민간신앙에 있어서의 삼불제석(三佛帝釋), 삼신할미, 그리고 삼칠일의 금기일 등 우리 생활의 저변 속에서 3 수는 상당히 넓게 분포하고 있다. 이것은 일즉다(一卽多)와 다즉일(多卽一)이 공존하는 '한' 철학의 사유 구조를 잇는 것으로 볼 수 있다.[18] 이러한 '한' 철학적 사유 구조가 이어져 불교에서는 성속(聖俗)을 2원적으로 분리하지 않고 화엄(華嚴) 도리를 대중 속에서 생활화시키려고 한 원효(元曉)의 '융이이불일(融二而不一)'이라는 회통불교(會通佛敎)를 낳았으며, 유교에서는 이기(理氣)를 분리하지 않고 원리와 현실을 함께 생각하려 했던 율곡(栗谷)의 '이기지묘(理氣之妙)'라는 일원론적 성리학을 탄생시켰다.

그런데 금강대도에서는 건곤부모(乾坤父母)를 중심으로 하는 이중(二重)의 삼신일체(三身一體) 사상을 신봉하고 있다.[19] 그것은 무극(無極)적 삼신일체와 태극(太極)적 삼신일체 사상인데, 이것을 도표로 나타내면 다음과 같다.

여기서 '무극적 삼신일체 건곤부모'라 함은 삼계(三界)·십방(十方)을 생성(生成)하는 대도(大道)의 근원으로서의 건곤부모와, 그 진리의 빛으로 삼라만상을 화육(化育)하는 대덕(大德)으로서의 건

18) '한' 철학의 성격과 내용에 대해서는 김상일, 『한철학』, 전망사, 1983. 참조.
19) 여기에 대해서는 졸저, 『건곤부모님과 금강대도의 진리』, 98~105쪽의 '삼부모(三父母) 일신론(一身論)' 참조.

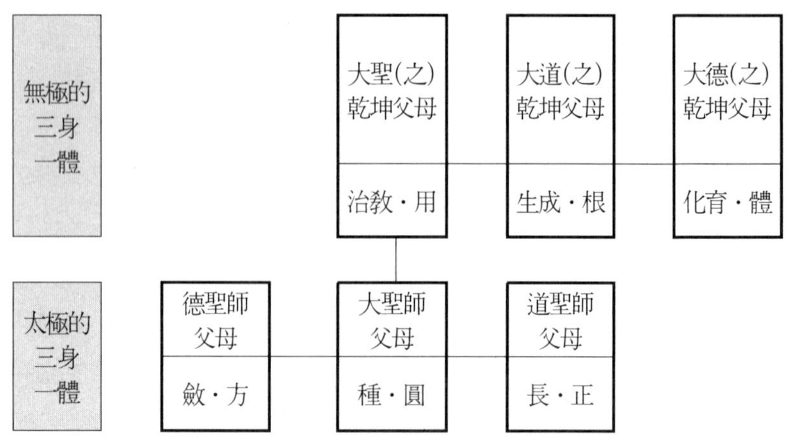

곤부모, 그리고 금강체(金剛體) · 연화체(蓮華體)로 화신하여 중생을 치교(治敎)하는 대성(大聖)으로서의 건곤부모는 다만 그 작용하는 모습이 다를 뿐이지 원리적으로 하나요, 별개의 이체(異體)가 아니라는 것이다. 비유하자면 대도(大道)의 부모가 태양 그 자체라면, 대덕(大德) 부모는 태양빛을 이르는 것이요, 대성(大聖) 부모는 구체적인 사물에 비친 태양의 형체와 같은 것이며, 다른 표현을 빌린다면 대도는 '뿌리(根)'요 대덕은 '몸체(體)'이며, 대성은 그 '쓰임(用)'이라고 볼 수 있다.

'태극적 삼신일체 건곤부모'라 함은 대성(大聖)의 건곤부모가 대(大) · 도(道) · 덕(德)으로 차례로 종통을 이으며 출세하였다는 것이니, 이 또한 삼부모(三父母) 일신론(一身論)이 성립된다. 여기서 제1세 도주 대성사부모(土庵 · 慈庵)는 도덕의 씨앗을 뿌렸고, 제2세 도주 도성사부모(靑鶴 · 寶丹)는 그것을 가꾸었으며, 제3세 도주 덕성사부모(月鸞 · 香蓮)는 그 열매를 하나하나 거두는 것이니, 3세의 도주는 몸은 비록 셋이지만 그 근원은 하나로서, 삼신(三身)이 일체(一體)요 일체(一體)가 삼신(三身)이 된다.

이러한 이중의 삼신일체 건곤부모론에 대해서 김상일은 다음과 같이 말한다.

> 이는 과정철학의 범재신관과 같은 점이 있다. 범재신관은 양성적 신관을 말한다. 하나는 시원적 본성primordial nature이고, 다른 하나는 결과적 본성consequential nature이다. 시원적 본성은 무극적 삼위일체와 같고 결과적 본성은 태극적 본성과 같다. 그러나 금강대도의 이중 삼위일체 사상은 시원적 본성과 결과적 본성에 모두 건곤부모를 부여하는 것이라 할 수 있다. 그러나 과정철학의 시원적 본성은 초월적 남성적 성격이라면, 결과적 본성은 내재적 여성적 본성을 지니고 있다. 이런 점에서 앞으로 과정신학의 삼위일체 사상은 금강대도의 이중 삼위일체 사상으로부터 많은 배움을 얻을 수 있다고 본다.[20]

결국 단군신화의 삼신일체 사상은 우리 민족의 독특한 함삼위일(函三爲一) 정신, 또는 일즉다(一卽多)·다즉일(多卽一)의 '한' 철학적 구조로서 민족 심성의 저변에 자리 잡아 왔다. 이것이 금강대도의 이중 삼신일체 건곤부모 사상으로 승화된 것이니, 이는 한국인들의 독특한 조화 사상의 발현이 아닐 수 없다.

이뿐만 아니라 금강대도는 이른바 '삼종대도(三宗大道)'라 하여 세상 만물의 이치를 3합의 이치로 설명하는 것도 특이할 만한 일이다. 즉, 우주·종교·인간은 물론, 신관에 있어서도 3합의 이치로 일관시키고 있다. 우주적으로는 천지인(天地人)이 삼합된 연후에야 도(道)가 완성되고, 종교적으로는 유불선(儒佛仙)이 삼합된 연후에야 교(敎)가 완성되며, 인간적으로는 심성신(心性身)이 삼합된 연후에야 인(人)이 완성된다는 것이다. 또한 건곤부모를 모신 가장 중요한 법당을 '삼종대성전'이라 하고, 제3세 도주를 '삼종법사'라 칭하는 등 삼종대도를 가장 중요한 사상의 하나로 내세우고 있다. 결국 이렇게 삼합되지 않은 각각은 마치 창공에 뜬 달을 셋으

20) 김상일, 앞의 논문, 35~36쪽.

로 쪼갤 수 없는 것과 같이 무의미한 것으로서 반드시 삼합이 되어야만 각자의 의미를 발휘할 수 있다는 것이다.[21)]

4. 끝맺는 말

이상으로 금강대도라는 신종교를 통해서 단군을 숭배해 온 역사를 살펴보고, 단군신화의 종교학적 구조가 금강대도의 신앙과 교리에 어떻게 용해되어 나타나고 있는지 살펴보았다.

단군이 실존인물이냐 아니냐의 논쟁을 떠나서 단군이 수천 년 동안 우리 민족의 국조(國祖)로서 정신적 구심점의 역할을 해왔다는 것이 중요하다. 특히 단군신화 속에는 우리 민족 고대인들의 사고방식과 종교적 의식 구조가 내재되어 있기 때문에 오늘날 우리가 관심을 갖지 않을 수 없다. 왜냐하면 그것은 우리 민족의 종교적 원형이라 할 수 있고, 그러한 불변의 기본 구조를 통해서 오늘날 우리의 모습을 비추어 볼 수 있기 때문이다.

또한 우리는 민족이 위기에 처할 때마다 민족을 하나로 묶는 정신적 지주로서 단군 민족주의가 등장했음을 주목할 필요가 있다. 수천 년 동안 이민족의 외침을 받으면서도 국권을 지키고 평화를 존중해 왔던 그 저력의 밑바탕에는 바로 경천숭조(敬天崇祖)의 정신이 강하게 작용하였고, 그것은 미래에도 마찬가지일 것이기 때문이다.

특히 국권이 침탈되었던 구한말과 일제 강점기에 단군 사상은 또한 번 크게 강조되었고, 이것은 당시에 등장했던 수많은 신종교의 사상에도 일정 부분 수용되지 않을 수 없었다. 금강대도 역시 민중

---

21) 졸저, 『금강대도 종리학 연구론』, 163쪽.

들의 아픔을 치유하고 용기를 불어넣어 줄 수 있는 정신적 구심점으로서 단군을 강조하여 국조(國祖)로 숭배하면서, 그 어떤 종단보다 강렬하고 선명하게 민족정신을 현양(顯揚)해 왔으며, 민중들의 원망(願望)을 수렴하여 새로운 종교 운동을 전개하는 과정에서 자연스럽게 한국적 종교 심성의 원형에 접근하여 이를 승화시켜 나갔다.

예컨대 천신의 강림과 땅의 여신이 자기부정 또는 죽음을 매개로 재생함으로써 성화(聖化)된다는 것, 강림한 천신과 성화된 지신과의 결합에서 생명이 탄생하고 문화가 창조된다는 것은 비단 단군신화뿐만이 아니다. 주몽(朱蒙) 신화와 혁거세(赫居世) 신화 등 다른 건국신화에도 공통적으로 나타는 공통된 기본 구조인 바,[22] 금강대도의 교리나 사상 속에도 이러한 구조가 완전하게 용해되어 있음을 알 수 있었다.

또한 금강대도의 종교 사상을 분석하는 과정에서 한국적 종교 심성의 원형적 특징으로서 도덕성(道德性), 인본성(人本性), 묘합성(妙合性), 현세성(現世性), 가족성(家族性), 광명성(光明性), 신명성(神明性) 등을 추출해 보았다. 이러한 특징들이 미래 한국 종교문화의 발전에 긍정적으로 기여할 수 있기를 기대한다.

---

22) 유동식, 앞의 논문, 116쪽.

제7장. 한국 신종교의 생태 담론과 생태 사상

1. 시작하는 말
2. 생태 담론과 생명운동의 전개
3. 동학의 지기론(至氣論)과 시천주(侍天主)
4. 원불교의 일원상(一圓相)과 사은(四恩)
5. 금강대도의 건곤부모론(乾坤父母論)과 경천지(敬天地)
6. 끝맺는 말

제7장. 한국 신종교의 생태 담론과 생태 사상

1. 시작하는 말

오늘날 환경 위기는 지금까지 인류에게 닥친 가장 큰 문제로서, 그야말로 문명의 존속과 인류의 생존마저도 위협하고 있다. 따라서 이것을 해결하기 위해서는 단순한 저항과 반대 못지않게 근본적인 의식의 혁명으로서 총체적인 가치관과 생활양식의 전환, 나아가서는 문명사적 전환이 이루어져야 한다. 킨젤바흐(R. Kinzelbach)는 "우리가 당면하고 있는 생태학적 위기의 극복과 해결은 근본적으로 인간의 내면적 세계의 위기를 해결하지 않고는 불가능하다."고 말한 바 있다.[1)]

▲ 북경 국제 학술대회

이제 인류는 인간 중심적 세계관에서 생태 중심적 세계관으로의 전환이 절대적으로 요구되고 있는 상황이다. 인간 중심적 세계관은 서양의 기독교와 플라톤, 데카르트, 칸트로 이어지는 철학적, 신학적, 이원론적 형이상학에 의해 뒷받침되어

1) 진교훈, 『환경윤리』, 민음사, 1998, 18쪽.

왔다. 오늘날 이러한 세계관에 바탕을 두고 발전해 온 근대 문명이 환경의 위기를 몰고 왔으며, 심지어 인류의 생물학적 존속까지도 위협하는 상황에 이르렀으므로 그것을 재고하지 않으면 안 된다는 당위성이 입증되고 있다.

그러나 인간의 의식 전환이라는 것이 그렇게 쉽게 일어나는 것은 아니기에, 무엇보다 올바른 생태학적 지식에 대한 교육이 절실히 요청된다. 공교육을 통한 체계적인 교육뿐만 아니라, 가정교육을 통한 생활화, 그리고 문학과 예술을 통한 감성 교육 또한 빼놓을 수 없다. 그리하여 큰 것보다 작은 것이 아름답고, 물질적 가치보다 정신적 가치가 귀중함을 깨닫게 해 주는 것, 그리고 언제나 자신을 자연과의 상호 연관을 통해서 존재하는 것으로 이해하는 전체주의적이고 관계적인 자아 모델로서의 큰 자아실현 등등이 교육을 통해 이루어져야 할 성과이다.

따라서 서양에서는 환경 위기에 대한 하나의 대안으로서 동양 사상을 주목하고 있다. 요컨대 지구의 환경 위기가 서양의 이원론적이고, 인간 중심적인 자연관에 있다고 진단하면서, 동양의 전일적이고 유기체적인 사고가 서양의 분절적, 환원론적, 이원론적 사고방식에 대한 유력한 대안이 될 수 있다는 것이다. 아울러 생태 의식의 계발과 근본적인 세계관의 전환을 가져올 수 있는 유력한 방법으로서 종교적 감화가 주목받고 있다. 인간의 근본적인 의식 개혁을 이룩할 수 있는 것은 종교라고 보기 때문이다. 그래서 오늘날 많은 종교들이 이 문제에 관심을 기울이고 있고, 또 다양한 실천 운동을 이끌어 내고 있다. 요컨대 생태 윤리의 정립을 위한 이론적 모티브 제공의 측면뿐만 아니라, 그것을 계획적으로 실천하고 반성하게 하는 데 있어서도 종교적 영성은 가장 매력적인 수단이다.

최근에는 한국 신종교, 예컨대 천도교, 원불교, 금강대도 등에 나타난 자연관에도 관심이 모아지고 있다. 이들은 대개 동양의 전통 사상을 창조적으로 계승하고 있기 때문에 오늘날 환경 윤리의 근본이 될 수 있는 생태학적 영성(ecological spirituality)을 제공해 주고 있기 때문이다. 뿐만 아니라 최근에는 생태주의 운동의 사상적 기반이 되고 있음은 물론, 생태학적 실천을 선도하는 사회운동을 조직, 후원하는 등 적극적인 사회 활동을 보여 주고 있다.

사실 그동안 한국 신종교에 대한 일반인들의 인식은 다소 부정적인 경향이 많았는데, 이렇게 된 원인은 대개 세 가지 정도로 요약할 수 있다. 첫째는 일제가 소위 유사종교(類似宗教)로 낙인찍었던 부정적 이미지 때문이요, 둘째는 해방 이후 서구 중심의 가치와 기독교 편향적인 종교 정책 때문이다. 셋째는 신종교에 대한 부정적 이미지에 편승해 신종교를 이른바 '사이비종교(似而非宗教)'로 몰고 갔던 언론들의 보도 경향을 지적하지 않을 수 없다.[2] 이에 대해 필자는 한국 신종교를 단순히 민족·민중운동의 틀 안에 매몰시킬 것이 아니라, 인간의 보편적 종교 심성을 바탕으로 한 보편적 종교운동으로 보는 자세가 필요하다는 주장[3]을 했다. 또 이와 함께 단순히 건강이나 치병과 관련된 비술(秘術), 액운을 방지하는 주술이나 술법 정도로만 치부하는 것에서 탈피하여,[4] 21세기 인류 문명의 새로운 패러다임을 끄집어낼 수 있는 사상사적 연구로까지 나아갔으면 하는 소망을 피력한 바 있다.[5]

---

2) 이에 대한 필자의 자세한 설명은 졸저, 「1970년대 이후 한국 신종교의 현황과 전망」, 『금강대도 종리학연구론』, 미래문화사, 2005, 297~298쪽 참조.

3) 이 점에 대해 姜敦求는 "이제 우리는 종교와 신종교가 크게 다르지 않고 종교인과 신종교인이 크게 다르지 않다는 사실을 인식해야 한다. 그리고 그렇게 전환된 인식 아래 신종교를 연구할 필요가 있다."고 지적한 바 있다. 강돈구, 「신종교 연구의 길」, 『한국종교』 제23집, 원광대종교문제연구소, 1998, 138쪽.

4) 신종교운동의 미래를 예측하는 학자들은 신종교의 확산이 오히려 세속화에 대한 반작용으로서 탈세속화를 촉진시킬 것이라는 점을 강조하기도 한다. 즉 과학화와 탈신비화, 그리고 지구화라는 새로운 물결은 역설적으로 그 자체에 대한 성스러운 해석과 함께 인간의 삶에 대한 보편적 질서의 개념을 마찬가지로 요청한다는 것이다. 노길명, 『한국신흥종교연구』, 경세원, 1996, 73~74쪽.

5) 졸저, 위의 책, 306~315쪽 참조.

그런 점에서 볼 때 최근 한국 신종교를 중심으로 전개되고 있는 생태주의 운동이나 대안적 사상 모색은 한국 신종교인들이 꿈꿔 왔던 '이상 사회 만들기'의 실현 과정에 다름 아니며, 인류의 영적 복지를 위해서도 반가운 일이 아닐 수 없다. 따라서 여기서는 1970년대 이후 동학을 중심으로 일어났던 생태주의 담론을 일별해 보면서, 한국 신종교 가운데서도 풍부한 생태학적 영성과 실천을 보여주고 있다고 판단되는 동학, 원불교, 금강대도의 세 종교가 가지고 있는 생태 사상을 간단히 소개함으로써, 인류가 처한 생태학적 위기에 대한 대안을 모색해 보고자 한다.

2. 생태 담론과 생명운동의 전개

한국의 환경운동은 세계 체제와 한국 사회의 구조 변동과 깊은 관련을 맺는다. 권위주의 정권과 급속한 자본주의화, 그리고 돌진적인 산업화 과정에서 오염 물질 다량 배출형 공업화 구조는 만성적 환경 위기의 근본 원인이었다. 이와 함께 노동운동과 민주화운동 등 모든 사회운동을 억압적으로 배제하는 정치 체계의 특성은 환경운동이 발전하지 못하도록 만들었다. 아울러 공업화 중심의 이데올로기는 국민들 속에 내면화되어 환경운동이 발전하는 데 걸림돌이 되었다.[6]

그러나 1987년 이후 자유화, 민주화 과정을 거치면서 환경운동은 크게 성장했고, 1990년대 들어서는 양적, 질적 변화를 경험하게 되었다. 먼저 국가는 성장 중심의 패러다임에서 환경 관리주의 패러다임으로 전환하고 있다. 즉 국가의 지속 가능한 발전과 안정적

---

6) 한국의 환경운동에 대한 서술은, 구도완, 「한국 환경운동 : 급속한 성장과 제도화」, 『계간 사상』, 2003 겨울호를 참조했음을 밝혀 둔다.

성장을 위해 환경 정책은 필수적인 것으로 인식되기 시작했다. 이러한 배경에는 환경문제에 민감한 도시 신중간계급의 확산이 깊이 자리 잡고 있다. 젊고 학력 수준이 높은 중간계급들은 보다 높은 삶의 질의 핵심으로 맑은 공기, 맑은 물, 아름다운 자연을 향유할 권리를 요구하게 되었다.

한편 선구적인 환경운동가들과 피해자들의 집합 행동은 1980년대 반공해운동으로 성장하기 시작했다. 1982년에 창립된 한국공해문제연구소, 1986년의 공해반대시민운동협의회 등이 활동을 시작했고, 1988년에는 공해추방운동연합이 반공해운동의 중심이 되어 활발한 활동을 전개했다. 더욱이 새로운 형태의 대중적 전문 환경운동 조직이 탄생했다는 사실은 환경운동의 질적 성장을 가져온 계기가 되었다. 환경운동연합, 녹색연합, 환경정의시민연대 등이 주류 환경운동 조직으로 등장하게 된 것이다.

또한 생태주의를 지향하는 소규모 운동 조직도 발전하였으니, 김지하 시인을 중심으로 생태주의 문화운동, 공동체운동을 지향했던 한살림모임의 생태주의 이념은 1990년대 불교환경교육원, 귀농운동본부, 인드라망생명공동체, 생태공동체운동센터 등의 활동으로 발전했다. 생태주의적 운동 단체들은 일반 환경운동 조직이 주로 정부와 기업에 대한 비판과 현실적 정책 변화에 자원을 집중하는 데 반하여, 개인의 생활양식과 가치관을 전환하는 것을 주된 목표로 삼는다.

한국의 생명운동에 있어서 그 사상적 단초를 제공한 것은 1974년에 출간된 윤노빈의 『신생철학』이라고 한다.[7] 이 책은 데카르트의 인간공학 이론으로 완성된 요소론적인 서구적 세계관과 그로부터 진행된 서구 산업문명을 비판하고 있다. 이 책은 생태・환경문

---

7) 윤형근, 「한국의 생태담론과 생명운동」, 『계간 사상』, 2003 겨울호, 97쪽.

제를 직접적으로 거론하지는 않았지만, 동학에 뿌리를 두고 근대 산업문명의 핵심을 꿰뚫고 있기에 생명 사상의 기본 골격을 갖출 수 있었고, 시인 김지하를 비롯한 문화운동 그룹에 커다란 영향을 미친 것으로 보인다.

그 후 1970년대 말 급속한 도시화 과정에서 해체된 농촌 공동체가 지니고 있던 생명력에 주목한 민중문화운동이 일어난다. 이것은 산업화 과정에서 인간과 자연이 분열되고 도구화되는 과정에서 상실했던 신명(神明)의 회복을 통해 민중문화가 지녔던 생명력을 부활시키고, 그 문화의 기반이었던 공동체를 되살리려 한 것이다. 이것은 생명운동의 또 다른 정신적 뿌리를 형성하게 된다.

이러한 몇 가지 배경들을 기반으로 본격적인 생명운동이 시작되었으니, 오늘날 한국에서의 생태 담론과 생명 사상의 체계화는 시인 김지하를 중심으로 이루어졌다고 해도 과언이 아니다. 특히 주목되는 점은 그가 생명 사상을 체계화하는 데 있어서 무엇보다도 동학, 증산교, 정역 등 한국 신종교의 사상을 재발견해 내고 있으며, 문제 해결의 실마리를 여성적 원리가 지배하는 후천의 개벽적 전망에서 찾는다는 점이다. 그는 전 인류와 전 생명계에 찬란한 부활을 가져다 줄 세계사적 대전환을 주장하면서,

> 토지를 살아 있는 생물로 보고 물과 바람과 대기, 빛과 그늘, 변화하는 기후와 계절, 풀, 곡식, 나무와 벌레, 짐승들을 하나의 총체적 생명체로… 인식하고… 일체 생명을 신령한 것으로 존중하는 전통과, 이웃을 한 형제, 한 가족처럼 가깝게 느끼는 전통 속에 이미 영성적이면서 공동체적인 세계관, 생명의 세계관과 그에 입각한 전 사회적, 전 우주적인 협동적 생존의 확장을 통해… 정신개벽, 문화적 대변혁은 시작될 것이다.[8)]

---

8) 김지하, 「삶의 새로운 이해와 협동적 삶의 실천」, 『남녘땅 뱃노래』, 도서출판 두레, 1985.

라고 강조하고 있다. 나아가 그는 사회 구조의 변화에 앞서서 무엇보다 먼저 인간이 변해야 한다고 하면서, 새 시대의 비전을 열기 위한 새로운 인간 마음이란 적어도 영성적 인간, 우주적 인간, 우주적 무의식을 가진 깊고 넓은 인간이어야 한다고 말한다. 새 인간은 우주의 마음을 읽을 수 있는 인간이라는 것이다. 바로 여기서 그의 '율려(律呂)' 사상이 전개되는 것이다.[9)]

한편 본격적인 생명운동의 전개에 있어 빼놓을 수 없는 것이 바로 장일순(張日淳, 1928~1994)과 한살림운동이라고 할 수 있다. 이것은 1970년대 초 민주화운동의 구심체였던 원주캠프[10)]의 농촌개발운동이 소비지와의 관계라는 생태적 연관성을 무시한 요소론적 운동이었다는 각성으로, 유기농산물 직거래를 통한 생산자와 소비자와의 생활협동운동을 실천 양식으로 출발했다. 한살림운동은 산업문명 전반에 대항하여 죽어가는 생명을 살리는 총체적 사회운동을 펼쳐나갔다. 그 바탕에는 세상 만물이 우주를 품고 있고, 그런 만물이 서로를 의지하고 있다는 동학사상, 특히 해월 최시형의 사상을 재조명한 장일순의 모심(侍)의 철학이 깔려 있었다.[11)]

그리고 1989년 '한살림선언'을 발표하였는데, 여기에는 장일순과 김지하에 의해 재해석된 동학사상, 그리고 서구의 녹색운동과 신과학운동의 성과를 한국적 맥락에서 수용하여 새로운 인간 이해와 사회운동의 새지평을 열었다. 그 이념적 틀을 살펴보면, '나와 세계가 유기적으로 연결되어 있다.'는 모든 생명의 유기적 연관성을 강조하

---

9) 율려는 기본적으로 동양적 음악 구조이니, 따뜻한 계절 6개월에 대응하는 양(陽)의 6율(律)과 차가운 6개월에 대응하는 음(陰)의 6려(呂)를 일컫는 말이다. 동양에서 새로운 정치, 새로운 삶을 일으키려면 맨 먼저 우주와 인간의 마음 관계를 다시 살펴서 율려, 즉 음악부터 새롭게 한 것이다. 김지하, 『율려란 무엇인가』, 한문화, 1999, 15쪽, 113쪽 참조.

10) 이것은 1970년대 민주화운동의 성지로 불렀던 원주에서 장일순과 지학순 주교를 중심으로 모인 운동가들의 그룹을 말하는 것이다. 김지하, 『사상기행』 2, 실천문학사, 1999.

11) 윤형근, 앞의 논문, 103~104쪽.

는 생태적 사유를 바탕에 깔고 있다. 동시에 동학의 '시천주(侍天主)' 사상을 현대화한 '사람 안에 모셔진 우주 생명'이란 표현으로 근대적 개인을 넘어서 인간의 몸과 이성, 감성을 포함한 전인적 개인에 대한 이해, 즉 영성적 존재로서의 인간 이해를 시도하고 있다. 그리고 그 실천 양식으로 서양의 기계론적 세계관을 대체할 생명의 세계관 확립과 이에 입각한 새로운 생활양식의 창조를 내세우고 있다. 이는 한 살림이 기존의 가치 체계를 변혁하려는 문화운동임과 동시에 새로운 문명 전환의 선언이라는 성격을 드러내고 있음을 말해 준다. 그리고 사회의 주변인이었던 여성들을 운동의 주체로 등장시켜 여성들의 '살림'을 운동의 핵심으로 부각시켰다는 점이 중요하다.

한편, 환경운동이 시민운동의 중요한 영역으로 부각되면서, 일각에서는 서구의 환경론과 생태담론들이 수입되어 그 이론적 기초가 되기도 하였지만, 우리의 생명문화 전통에서 운동의 동력을 찾으려는 노력들도 확산되었다. 특히 샤머니즘, 접화군생(接化群生)의 풍류도(風流道), 세시풍속과 민속문화, 동학의 사상은 생명담론의 보고로 주목받는다. 또한 물아일체(物我一體)나 천인합일(天人合一)의 동양 사상에서 생명론의 근거를 찾는 노력도 있다. 생태계의 위기를 초래한 서양적 세계관의 대안으로 도가와 유가를 포함하는 동양 사상의 '자연적 호혜주의', 즉 인간과 자연의 조화, 단일성을 강조하여 만물은 여타의 만물과 호혜적으로 연관되어 있다는 사상에 주목한다.

3. 동학의 지기론(至氣論)과 시천주(侍天主)

동학의 자연관은 '지기금지원위대강(至氣今至願爲大降) 시천주조화정(侍天主造化定) 영세불망만사지(永世不忘萬事知)'라는 21자의 주문에 잘 나타나 있다. 여기서 지기에 대해 설명하기를,

> 지(至)라는 것은 지극함을 이르는 것이요, 기(氣)라는 것은 허령이 창창하여 모든 일에 간섭하지 아니함이 없고 모든 일에 명령하지 아니함이 없으니 모양이 있는 것 같으나 형상하기 어렵고 들리는 듯하나 보기는 어려우니 이것은 또한 혼원한 한 덩어리 기운이니라.[12]

결국 지기란 '한울님의 지극한 기운'과 같은 것이며, 만물을 화생하는 '대우주, 대정신, 대생명'이라고 볼 수 있다.

동학의 2대 교주인 해월(海月) 최시형(崔時亨, 1827~1898)은,

> 대개 천지(天地), 귀신(鬼神), 조화(造化)라는 것은 유일한 지기(至氣)로 생긴 것이며, 만물이 또한 지기의 소사(所使)이니, 이렇게 보면 하필 사람뿐이 천주(天主)를 시(侍)하였으랴. 천지 만물이 시천주(侍天主) 아님이 없나니.[13]

라고 하여 사람뿐만 아니라 세상 만물이 모두 지기로 말미암고 모두 한울님을 모시고 있다는 사실을 강조하고 있다. 이처럼 해월은 천지만물을 하나의 유기체로 보기 때문에 하늘과 땅을 아버지나 어머니와 동일시한다.

---

12) 『동경대전』, 〈論學文〉

13) 이경숙·박재순·차옥숭, 『한국 생명사상의 뿌리』, 이화여대출판부, 2001, 10쪽에서 재인용.

> 천지는 곧 부모요 부모는 곧 천지니, 천지부모는 일체니라. 부모의 포태가 곧 천지의 포태이니, 지금 사람들은 다만 부모 포태의 이치만 알고 천지 포태의 이치와 기운을 알지 못하느니라.[14]

여기서 우리는 천도교의 세계관이 인간과 자연을 하나의 거대한 생명체로 보는 전일적 세계관임을 확인할 수 있다.[15] 천지 만물이 한울님의 지기로 화생되었고, 지기로 말미암아 살아가고, 또 지기로 돌아가므로 결국 모든 사람과 만물은 하나의 동포요, 하나의 생명 공동체를 이루는 것이다. 이것이 바로 '인오동포(人吾同胞)' '물오동포(物吾同胞)'의 가르침이다.

한편 동학의 핵심인 시천주 사상은 종교적인 면에서 볼 때 서양의 초월적 인격신과는 다른 내재적인 신관이라고 할 수 있다. 『동경대전』에서는 시천주를 설명하여 '내유신령(內有神靈) 외유기화(外有氣化) 일세지인(一世之人) 각지불이자야(各知不移者也)'라고 하였는데, 이것은 만물 안에 내재하는 신령으로서의 신 개념을 제시한 것이다.

뒤에 최시형은 이러한 내재적 신관에 기초하여 종래의 '향벽설위(向壁設位)'의 제사법 대신에 '향아설위(向我設位)'법을 제시하기도 했다. 이는, 내가 바로 천주를 모시고 있기에 제사의 대상도 밖이 아니라 자기 자신에게 향하도록 해야 한다는 것이다. 이러한 내재적 신관은 신과 인간, 자연에 대한 새로운 해석의 지평을 열어 주어, 신과 세계, 정신과 육체, 인간과 자연을 극단적으로 분리하는 이원론적 세계관의 토대가 된 서양의 초월적인 신 개념과는 완전히 다르다. 이것은 신의 내재적 초월성을 강조함으로써 신과 우주의 상호 관계성, 상호 의존성, 상호 침투성, 그리고 상호 상보성을 견

14) 『천도교경전』 〈해월신사설법 천지부모〉
15) 조용훈, 『동서양의 자연관과 기독교 환경윤리』, 대한기독교서회, 2002, 135쪽.

지한다는 점에서 생태학적으로 그 의의가 크다고 하겠다.[16)]

해월은 수운의 시천주 사상을 '양천주(養天主)' 사상으로 발전시켰다. 한울님이 내 안에 계시다는 사실을 인식하는 데서 나아가 그 한울님을 공경하고 길러야 한다는 것이다. 이것은 '한울이 한울을 먹인다.'는 '이천식천(以天食天)' 사상과 연결되고 있으니, '만사가 밥 한 그릇 먹는 것과 같은 이치'라고 하였고, 부녀자들이 집에서 밥을 짓거나 먹을 때에 정성을 다하기를 마치 제사하듯 하라고 가르치기도 하였다.

또한 해월의 이러한 양천주 사상은 더 나아가 하늘과 사람과 만물을 공경하라는 삼경(三敬) 사상으로 발전하였으니, 경천(敬天)과 경인(敬人), 그리고 경물(敬物) 사상이다. 이것은 한울님이 사람 안에만 계신 것이 아니라 천지자연 안에도 계시기 때문에 천지자연의 사물들에 대해서도 경외하는 마음을 가져야 한다는 것이다. 그리고 양천주의 방법으로 해월이 제시하는 십무천(十毋天)[17)]에는 천지자연의 생명 존중에 대한 보다 구체적인 가르침이 나타나고 있다.

4. 원불교의 일원상(一圓相)과 사은(四恩)

원불교는 1916년 소태산(少太山) 박중빈(朴重彬, 1891~1943)에 의해 창교된 한국적인 생활 불교로서, 일찍이 제도화에 성공하여 생명운동에 있어서도 가장 활발한 실천을 보여 주고 있다. 원불교

16) 김경재, 「동학의 신관」, 『문화신학담론』, 대한기독교서회, 1997, 251쪽.

17) 한울님을 속이지 말라(毋欺天), 한울님을 거만하게 대하지 말라(毋慢天), 한울님을 상하게 하지 말라(毋傷天), 한울님을 어지럽게 하지 말라(毋亂天), 한울님을 일찍 죽게 하지 말라(毋夭天), 한울님을 더럽히지 말라(毋汚天), 한울님을 주리게 하지 말라(毋餒天), 한울님을 허물어지게 하지 말라(毋壞天), 한울님을 싫어하게 하지 말라(毋厭天), 한울님을 굴하게 하지 말라(毋屈天).

에서는 우주 진리의 최고 상징으로서 '일원(一圓)'을 말하는데, 일원은 신앙의 대상이며 동시에 수행의 표본이다. 이것은 유가의 태극(太極), 도가의 도(道), 불가의 청정법신불(淸淨法身佛), 그리고 힌두교의 브라만과 같은 궁극적 실재이다.[18] 이것을 신앙한다는 것은 '만유가 한 체성(體性)이며 만법이 한 근원임을 믿는 것'이니 역시 일원론적 세계관이라고 할 수 있다. 이러한 일원론적 세계관에서는 인간 사이의 빈부귀천이나 남녀의 구분이 없음은 물론, 더 나아가 금수나 초목이 모두 동포요 지친(至親)으로 인식된다.

또한 원불교의 2대 교주인 정산(鼎山) 송규(宋奎, 1900~1962) 종사(宗師)의 삼동윤리(三同倫理)에는 이러한 일원론적이고 유기체적인 자연관이 잘 나타나 있다. 삼동윤리란 동원도리(同源道理), 동기연계(同氣連契), 동척사업(同拓事業)이라는 세 가지 강령을 말하는데, 그 가운데 환경 윤리적으로 가장 주요한 것이 두 번째 강령인 동기연계이다. 이것은 우주 만물이 보이지 아니하는 하나의 기운이 작용해서 살아가는 것임을 깨달아 인간과 우주 만물이 대동화합하는 것을 말한다.

> 동기연계란 모든 인종과 생령이 근본은 다 같은 하나의 기운으로 연계된 동포인 것을 알아서 서로 대동 화합하자는 것이니라. 천지를 부모 삼고 우주를 한 집안 삼는 자리에서는 모든 사람이 다 같은 동포 형제인 것이며, 인류뿐 아니라 금수, 곤충까지도 본래 한 큰 기운으로 연결되어 있나니라. <도운편 36장>

이것은 사해평등주의, 또는 만물평등주의이니, 이렇게 볼 때 인간과 자연은 상호 적대적이 아니라 상호 의존적인 관계가 된다.

원불교에서는 인간과 삼라만상의 관계를 없어서는 살 수 없는 은

18) 손정윤, 『소태산 대종사』, 원불교출판사, 1975, 231쪽.

적(恩的) 관계로 표현한다.[19] 인간이 살아가는 데 없어서는 안 될 네 가지 은혜를 사은(四恩)이라고 하였으니, 천지은(天地恩), 부모은(父母恩), 동포은(同胞恩), 법률은(法律恩)이 그것이다. 넓은 의미에서 보면 사은 전체가 자연이라고 할 수 있으나, 좁은 의미로 보면 천지은이 생태 윤리적으로 중요한 의미를 지닌다. 소태산은 천지은에 대해 말하기를,

> 하늘의 공기가 있으므로 우리가 호흡을 통하여 살고, 땅의 바탕이 있으므로 우리가 형체를 의지하며 살고, 일월의 밝음이 있으므로 우리가 삼라만상을 분별하여 알게 되며, 풍운우로(風雲雨露)의 혜택이 있으므로 만물이 장양(長養)되어 그 산물로써 우리가 살게 됨이라. 아무리 바보라도 이렇듯 천지(天地) 없이는 살지 못할 것을 다 인증할 것이다. 없어서는 살지 못할 관계에 있다면 그 같은 은혜가 또 어디 있으리오.

라고 하여, 흙과 물, 태양과 달, 그리고 공기의 은혜를 언급하고 있다. 또한 동포은에 있어서도 동포의 범주에 인간만이 아니라 미물곤충까지 포함시키고 있으니,[20] 인간과 자연이 하나라는 생태학적 사유 체계를 발견할 수 있다. 그리하여 "초목(草木), 금수(禽獸)도 연고 없이는 꺾고 살생하지 말지니라."고 가르치기도 한다.

또한 소태산은 우주 만물 전체가 다 부처라고 가르친다. 이것이 바로 처처불상(處處佛像)의 가르침인데, 이로부터 우주 만물을 부처님 대하듯 공경하라는 사사불공(事事佛供)의 윤리가 도출된다. 사사불공법은 진리불공(眞理佛供)과 당처불공(當處佛供)이라는 신앙 방법으로 더욱 구체화된다. 진리불공이란 형상 없는 허공법계를 통하여 법신불께 올리는 불공으로서 심고(心告)와 기도(祈禱)를 가리킨다. 그리고 당처불공이란 사은당처(四恩當處)에 직접 올리는

---

19) 정성길, 「恩思想과 환경문제」, 한국종교인평화회의 편, 『종교와 환경』, 143쪽.
20) 류성태, 「정산 종사의 환경관」, 『원불교사상』 23집, 1999, 347쪽.

실지불공으로서 법신불의 응화신인 우주 만물에 행하는 불공을 가리킨다.[21)]

하지만 소태산은 "천지에 아무리 무궁한 이치가 있고 위력이 있다 할지라도 사람이 그 도를 모아다가 쓰지 아니하면 천지는 한 빈 껍질에 불과할 것이어늘, 사람이 그 도를 모아다가 각자의 도구같이 쓰게 되므로 사람은 천지의 주인이요 만물의 영장이라."고 하여 우주 만물 가운데 인간의 특수성을 무시하지는 않는다.[22)]

5. 금강대도의 건곤부모론(乾坤父母論)과 경천지(敬天地)

▲ 금강대도의 기본 계율

21) 백준흠, 「처처불상 신앙에 관한 연구」, 『원불교학』 제3집, 1998, 41쪽.
22) 김성곤, 「원불교의 자연환경관」, 『한국종교사상의 재조명』, 원광대출판국, 122쪽.

금강대도는 천지인(天地人) 삼도(三道)의 합일을 가장 기본적인 교리로 내세운다. 기본적인 실천 덕목인 금강실행십조(金剛實行十條)[23]의 첫 번째가 경천지이며, 금강십계율(金剛十戒律)[24]에 있어서도 첫 번째로 물기천지인(勿欺天地人)이니 천지인 삼재의 세계관을 기반으로 하고 있음을 알 수 있다. 금강대도의 제2세 도주인 청학(靑鶴) 이성직(李成稙, 1913~1957)은 천지인 삼재의 상호 관계에 대하여 "사람이 아니면 천지도 이치를 나타내지 못하고, 천지가 아니면 사람과 만물도 기를 받지 못하나니, … 하나의 원리로 볼진대 삼재의 도가 같지 아니한 바가 없다."[25]라고 하였으니, 천지인 삼재는 이 우주를 구성하는 필수 불가결한 존재로서 그 가운데 어느 하나라도 빠지면 우주는 그 존재 가치를 상실하게 된다. 뿐만 아니라 청학은 소우주로서의 인간을 다음과 같이 설명하기도 하였다.

> 하늘이 우로(雨露)를 내림에 사람도 또한 눈물이 있고, … 하늘이 일월이 있으매 사람도 또한 안목(眼目)이 있고, … 하늘이 사방이 있으매 사람도 또한 사지가 있고, 하늘이 오행이 있으매 사람도 또한 오체가 있고, 하늘이 오성이 있으매 사람도 또한 오장이 있고… [26]

라고 했는데, 이는 자연과 인간을 동일한 하나의 원리로 비추어 보려는 일원론적인 세계관을 분명히 보여 주는 것이다. 이러한 일원론적인 세계관은 곧 일기(一氣) 사상으로 이어지고 있다. 즉 '천지일기(天地一氣) 음양교태(陰陽交泰) 품생만물(稟生萬物)'[27]이라 하

23) 敬天地, 禮佛祖, 奉祖先, 孝雙親, 守國法, 重師尊, 別夫婦, 愛兄弟, 睦宗族, 信朋友.
24) 勿欺天地人, 心身清淨潔, 煉性克己慾, 敬惜字書紙, 言行重如山, 戒殺濟衆生, 不食魚肉類, 一夫當一妻, 勿取他人物, 勿犯罪過誤.
25) 금강대도총본원, 『대정경』, 370쪽.
26) 같은 책, 368쪽.
27) 금강대도총본원, 『현묘경』, 1쪽.

여 천지와 일기가 동격으로 표현된다.

그런데 이렇게 일기와 천지인 삼재로 표현되는 일원론적이고 관계론적인 세계관은 건곤부모에 대한 신앙으로 체계화되고 있다. 건곤부모라 함은 건부(乾父)와 곤모(坤母)를 함께 이르는 것으로 하늘을 아버지로, 땅을 어머니로 보는 것이다. 건곤부모에 대한 신앙은 동양의 철학적 세계관을 독창적으로 승화시켜 새로운 종교 체계로 발전시킨 것으로, 건곤부모는 천지인의 세계 그 자체, 또는 도(道) 그 자체로 믿어지고 있다. 토암(土庵) 이승여(李承如, 1874~1934)·청학(青鶴) 이성직(李成稙, 1913~1957)·월란(月鸞) 이일규(李一珪, 1934~2004)를 건부로, 그 배위(配位)인 서자암(徐慈庵, 1884~1927)·민보단(閔寶丹, 1913~1959)·김향련(金香蓮, 1937~)을 곤모라 하여 이들을 천지, 그 자체로서 숭봉한다.

이렇듯 건곤부모에 대한 절대적 신앙이 갖는 생태 윤리적인 함의는 이 우주를 하나의 가정으로 보고, 그 안에 존재하는 삼라만상들의 조화로운 관계를 중시한다는 점이다. 이러한 세계관을 금강대도에서는 '우주가화(宇宙家和)' 사상이라고 하는데, 토암의 『도덕가(道德歌)』에 보면 "천지는 부모라 하고 일월은 형제라 하며 성신(星辰)은 붕우라 하였으니 천하지인이 누가 형제 아니 되며 누가 붕우 아니 되리."라 하였다. 이는 건곤부모가 낳은 천지를 하나의 가정으로 보고, 일월성신(日月星辰)과 천하의 모든 사람들을 형제와 붕우로 본다는 것이다. 더 나아가 이토암은 "천지는 부모시니 우주 만물을 나와 형제라 해도 과언이 아니요, 사람이 만물의 영장이니 비록 금수, 곤충, 초목이라도 마땅히 사랑하여서 함부로 죽이거나 꺾지 말아야 하느니라."[28]라고 말함으로써 우주 만물을 형제로

28) 금강대도교화교무원, 『聖訓通攷』 편집본, 1-6.

보아야 한다는 점을 강조하고 있다. 그리하여 이 세상은 창조론도 아니요, 진화론도 아니고 모두 건곤부모가 낳았다는 의미에서 태생론(胎生論)이라는 주장을 하기도 한다.

뿐만 아니라 금강대도에서는 무엇보다 남녀평등의 가르침을 강조하고, 성인도 건곤이 배위를 해서 건곤부모로 탄강했음을 강조하고 있으니, 오늘날 환경 문제는 여성 문제와 관련해서 보아야 한다는 생태여성주의, 즉 에코페미니즘(ecofeminism) 운동과 관련해서도 많은 시사점을 제공해 주고 있다. 그리하여 남자는 금강도인(金剛道人)이라 하고, 여자는 연화도인(蓮華道人)이라 하며, 조직적으로도 금강대도(金剛大道)와 연화대도(蓮華大道)를 병립하여 운영하는 등 남녀평등의 가르침을 실천하고 있다.

그런데 금강대도는 천지인 세 가지 중에서도 천도(天道)와 지도(地道)를 강조하지 않고, 인도(人道)를 강조하고 있다. 인간이 그 도를 잘 지키면 천지인 삼재의 도가 완성되는 것이요, 그렇지 못하면 삼재의 도는 완성되지 못한다는 것이다. 여기서 우리는 환경 위기와 관련하여 도덕적 주체로서 인간의 특수한 지위를 상기해 볼 수 있다. 요컨대 우주 사활의 열쇠는 바로 인간 자신이 갖고 있는 것이다.

이렇듯 인도를 강조하는 금강대도의 가르침은 곧 도덕개화(道德開化) 사상과 오중평등(午中平等) 사상으로 이어진다. 먼저 개화란, 금강대도의 시대관 내지는 진리관을 함축하고 있는 것인데, 지금 우리가 처해 있는 이 시점이 천지가 개벽(開闢)하는 시대가 아니라 인도, 즉 도덕성이 개화되어야 하는 때라는 것이다.[29]

---

29) 금강대도는 대개의 학자들이 한국 신종교의 공통 사상이라고 일컫는 '후천개벽' 사상과도 분명한 거리를 두고 있다. 오늘날의 세계를 선후천이 교역하는 시기로 보는 것은 수운(水雲)이나 증산(甑山)과 비슷하지만, 그것을 천지가 개벽하는 시기로 보지 않고, 다만 인간의 도덕이 개화되는 시기로 보는 점은 그들과 구별된다. 이것이 바로 도덕개화 사상이다. 이 점에 대해서는 졸저, 「이토암 선생의 도덕개화 사상」, 『금강대도 종리학연구론』, 미래문화사, 2005, 206~207쪽 참조.

이러한 도덕개화 사상과 밀접한 관련을 갖는 것이 바로 오중평등 사상이다. 오중(午中)이란 선천(先天) 5만 년과 후천(後天) 5만 년이 교역하는 과도기를 말한다. 이것은 하루로 치면 오전과 오후가 바뀌는 정오(正午)와 같고, 1년으로 치면 여름과 가을이 바뀌는 때이며, 소강절(邵康節, 1011~1077)의 원회운세(元會運世)의 법칙에 따른다면 사회(巳會)에서 미회(未會)로 넘어가는 중간 단계이다. 따라서 오중 시대의 특징은 마치 하루 중의 한낮, 즉 정오와도 같으니, 그림자가 지지 않는 가장 광명한 시기이고, 시계의 시침과 분침이 하나로 합하듯이 가장 평등한 시기라는 것이다. 또한 1년의 계절로 보면 덥지도 않고 춥지도 않은 가장 온화한 시기이다.

오중운도(午中運度)로 바라보는 금강대도의 평등은 다음과 같이 요약할 수 있다.[30] 첫째, 음양(陰陽)의 평등이니 남녀, 계급, 빈부의 차별이 없는 세상이 된다는 것이다. 둘째, 천지와 인간의 평등이니 신명계(神明界)와 인간계(人間界)가 평등해지는 것이다. 셋째, 인간과 삼라만상의 평등이니 우주가화 사상에 따라 인간과 삼라만상이 형제요 동기(同氣)임을 알아야 한다는 것이다. 그리하여 금강대도인들은 육식을 철저히 금하는 등 경천지(敬天地)의 가르침을 생활화하고 있다. 넷째, 생사의 평등이니 생극락과 사극락을 동시에 누리게 된다는 것이다.

이러한 오중평등 사상은 생태 윤리의 정립에 하나의 대안이 될 수 있다고 생각한다. 생명체를 포함한 우주 만물 그 자체가 바로 형제요 신선과 부처라는 말이니, 이것은 근본 생태주의자들이 말하는 도덕 확대주의와 통하는 면이 있다. 또한 이것은 사회생태주의(social ecology)나 생태여성주의(ecofeminism)의 주장과도 통할 수 있다. 사회생태주의는 모든 인간들이 환경 파괴에 똑같은 책임

---

30) 이 점에 대해서는 졸저, 「금강대도의 오중운도 사상과 새시대의 비전」, 위의 책, 181~188쪽 참조.

이 있는 것이 아니며, 자연뿐 아니라 인간을 지배하는 사회, 경제적 위계 구조에 원인이 있다고 본다. 생태여성주의는 환경 지배의 원인과 여성 억압의 원인이 서로 연관되어 있으며, 여성의 억압과 자연의 억압 사이의 밀접한 연관을 규명하고자 한다.

한편, 환경 문제의 해결은 정신적인 질서나 안정과도 깊은 관련이 있다. 오늘날 환경 위기의 실질적인 원인이 인간의 끝 모르는 소유 및 향락에 대한 욕망 때문임을 상기하면, 내 안에 들어있는 탐욕과 분노를 없애고 마음을 고요히 할 때 비로소 진정한 자비와 사랑도 가능하고, 진정한 환경운동도 가능하다고 생각한다. 그런 점에서 종교적인 명상과 심신 수련 등은 현대인들에게 생태적 영성을 제공해 주는 데 있어서 필수 불가결한 것이다.

금강대도의 수련법은 심성신(心性身) 삼합을 목표로 하며, 그 내용으로는 수기방심(收其放心), 개과천선(改過遷善), 시인포덕(施仁布德), 구제창생(救濟蒼生)의 네 가지로 요약될 수 있다. 우선 심성의 수련이 중요한데, 이를 심성배합(心性配合), 또는 자수심성(自修心性)이라고 한다. 사실 심성론(心性論)이라고 하는 것은 동양철학의 핵심 문제이며, 인간의 존재와 가치의 문제라고 할 수 있다. 금강대도에서도 이 심성의 문제를 수련법의 핵심에 위치시키고 있는 것으로 보인다.

그런데 금강대도의 수련법의 독특성은 심성의 수련이 신(身), 즉 몸의 수련과 일치되어야 함을 강조하는 데 있다. 청학은,

> 천지조화가 사람에게 기운을 품부하여 강(剛)하고 유(柔)한 것이 형상을 드리운 만 가지 조화가 사람의 몸에 형상하여 나타나니, 몸 밖에 보배가 없다는 말이 바로 이것이다. 그런고로 심성을 수련하여 몸까지 달하면 몸은 천지를 짝하고 마음은 일월을 합하리라.[31]

---

31) 『대정경』, 658쪽.

고 하여 심성 수련과 몸의 수련이 일치되어야 함을 말하고 있다. 이렇듯 인간의 내외(內外)가 일치되어야 한다는 사상은 원신(元神)과 구령신(九靈神)의 상위주객(相爲主客)이라는 독특한 표현으로 나타나기도 한다. 원신이란 나의 심성을 주관하는 신명이요, 구령신이란 나의 신체를 관장하는 신명이라는 것이다.

이렇듯 몸 밖에 보배가 없다는 진리관은 인간의 정신과 육체를 하나로 보는 것이며, 나아가서는 진리의 세계와 현실의 세계가 둘이 아니라는 사상으로 이어지고 있다. 또한 이것은 쾌락과 고행의 양극단을 배제한 중용적인 사상으로도 볼 수 있다. 금강대도의 『보경(寶經)』에 보면 '대경망경(對境忘境)' '거진출진(居塵出塵)'이라는 말이 있다. 경치를 대하되 경치를 잊어버리고, 진세에 거하면서도 진세를 뛰어넘는다는 것이니, 이것은 진리의 세계와 현실의 세계가 둘이 아니라는 것을 말한다. 이러한 금강대도의 일원론적인 사상은 오늘날 환경 위기의 사상적 근원이라고 하는 서양의 이원론적인 세계관에 대한 대안이 될 수 있다.

그러나 금강대도가 아무리 좋은 사상을 가지고 있다고 하더라도 그것이 종교적 신앙에 바탕을 둔 실천으로 옮겨지지 않는다면 아무런 의미 없는 일이 되고 만다. 금강대도의 실천 수행 가운데 오늘날 생태 윤리와 관련하여 시사점을 얻을 수 있는 사항을 몇 가지 소개하면 다음과 같다.

첫째는 천지 공경 의식의 생활화이다. 금강도인들은 생활 속에서 체천측지(體天則地), 또는 순물자연(順物自然)의 이상을 실천하고 있음을 볼 수 있다. 우선 그들은 천지를 원망 말며〔不怨天地〕 풍우를 꾸짖지 않는 것〔不罵風雨〕을 미덕으로 여긴다. 예컨대 비가 오면 "비가 오시네." 또는 "비를 주시네."라고 말한다. 또한 함부로 가래침을 뱉지 않고, 땅을 밟을 때도 조심스럽게 밟는 것을 미덕으로 여긴다.

둘째는 살생을 금지하고, 무엇보다도 어육을 철저하게 금하여 채식을 실천한다.[32] 그들은 수련 과정에 있어서 술, 고기를 좋아하면 심성을 배합하기가 어려워 인도 환생(還生)은 가능하지만 신선과 부처가 되기는 어렵다고 하여 이를 무엇보다 강조하며 철저하게 실천하는 것에 긍지를 가지고 있다.

셋째는 청결 사상의 실천이다. 오늘날 환경오염으로 인한 폐해는 이루 말할 수 없는 것이지만, 금강대도에서는 모든 의식(儀式)이나 생활 속에서 청결을 아주 중요하게 실천하고 있어 주목된다. 토암은 청결에 대해 심성 청결, 신체 청결, 의류 청결, 음식 청결, 가택 청결 등으로 나누어 자세하게 설명하고 있는데,[33] 그 중에서도 심성의 청결을 가장 중시한다.

오늘날 세계적으로 괴질이 확산되는 상황을 볼 때, 이러한 청결 사상이 하나의 사회운동으로 펼쳐진다면 모든 사람들의 행복한 삶에 많은 도움이 될 것이라 생각한다.

6. 끝맺는 말

종교는 사회 속에서 일정한 기능과 역할을 담당하고 있다. 따라서 종교가 자기 본연의 활동을 통해 교인들을 영적 각성에 도달하게 하고, 이를 반생태적인 사회에 대한 자기 제어 장치로 유도해 생태 윤리적인 가치 창달에 필요한 창조적, 영적인 에너지로 전환한다면,

32) 금강대도에서는 우리가 계살방생(戒殺放生)을 실천해야 하는 이유로, 천지의 호생지덕(好生之德)을 배우기 위해, 심성을 배합하여 신선 부처가 되기 위해, 그리고 천지 사이의 약소한 것을 보호하기 위함이라고 한다. 살생이라는 것은 천지의 화육에 참여하는 만물의 영장인 인간으로서 차마 하지 못할 일이며, 죽임을 당하는 짐승의 원한이 나에게로 돌아오기 때문에 피해야 한다는 것이다. 금강대도 홈페이지(www.kumkangdaedo.or.kr)에서 인용.

33) 『성훈통고』 편집본, 10-1.

이는 사회 변화를 주도하는 힘의 출처가 될 수 있음을 의미한다. 오늘날 종교가 지향하는 '본연의 가치'의 핵심은 바로 '생태 사상'이어야 한다고 생각한다. 오늘날 종교 속에서 생명 가치, 생태 사상이 결여된다면 아마 종교로서의 가치를 인정하기 어려울 것이다. 따라서 오늘날의 종교는 자기 스스로의 진단과 변화 모색을 통해 '생태학적 종교'로 거듭나야 한다. 생태학적 감수성 없이 영성적 감수성은 형성될 수 없고, 생태학적 감수성은 영성적 감수성으로 더욱 풍요로울 수 있기 때문이다.

한국 신종교는 대개 동양의 전통 사상을 창조적으로 계승하고 있기 때문에 생태학적 감수성을 일깨워 줄 수 있는 풍부한 자산을 가지고 있다고 생각한다. 실제로 1980년대부터 한살림운동과 시인 김지하에 의해 시작되었던 생태주의운동에 사상적 기반을 제공한 것은 동학의 시천주 사상이었다. 그리고 오늘날 원불교는 일원상의 진리관과 은적(恩的) 세계관에 입각하여 기독교, 불교, 천주교 등 이른바 세계 종교들과 어깨를 나란히 하면서 생태주의운동을 주도해 나가고 있다. 금강대도는 비록 사회적으로 많이 알려져 있지는 않지만, 동양 사상의 핵심 뼈대인 천지인 삼재의 세계관과 유불선(儒佛仙) 삼종일합의 진리관, 그리고 심성신(心性身) 삼합의 수련관을 중심 교리로 내세우면서 작지만 철저하게 생태 의식을 실천해 나가고 있다.

이들 3대 종교는 시대적 모순에 대한 독특한 문제의식에 입각하여 각기 독특한 구원의 처방을 내리고 있지만,[34] 생태학적으로 보

34) 동학은 민중들에게 반외세 반봉건을 통한 사회 개혁의 의지와 자신감을 처음으로 일깨워 주었다는 의미에서 사회운동적 성격이 강했다. 원불교는 '물질이 개벽하니 정신도 개벽하자.'는 개교 표어에 잘 나타나 있듯이 개벽 사상의 실천적 합리화를 이룩하려 하였다. 금강대도는 무엇보다 혼란한 사회 구조 속에서 점점 더 심해져 가는 인륜과 도덕성의 타락을 가장 심각한 문제로 느끼고, 인도의 확립을 통한 우주적 화평을 꾀했다고 볼 수 있다. 이 점에 대해서는 졸저, 「이토암 선생의 도덕개화 사상」, 위의 책, 197~201쪽 참조.

았을 때 어느 정도 공통적인 구조를 가지고 있다.

첫째, 전일적(全一的)인 천지인 삼재의 세계관이다. 동학은 지기론(至氣論)에 입각하여 "천지는 부모요 부모는 곧 천지니, 천지 부모는 일체니라."고 하였으며, 인간은 천지자연에 효도해야 한다고 했다. 또한 원불교는 인간이 살아가는 데 없어서는 안 될 네 가지 은혜, 즉 사은(四恩) 중에 '천지은(天地恩)'이라 하여 인간은 천지자연의 은혜를 깨닫고 천지의 밝은 도를 체받아서 보은을 실행해야 한다고 가르친다. 그것이 바로 사사불공의 교리이다. 금강대도는 "사람이 아니면 천지도 이치를 나타내지 못하고, 천지가 아니면 사람과 만물도 기를 받지 못한다."고 하여 천지인 삼도의 합일을 가장 기본적인 교리로 내세우면서, 이를 건곤부모에 대한 신앙과 '경천지(敬天地)'의 실천 사상으로 체계화하고 있다.

이와 같이 이들 3대 종교는 구체적인 표현이나 내용은 다르지만, 인간과 자연의 상호 관계성을 강조한다는 측면에서는 공통점이 있다. 더욱이 이들 모두 천지인 삼재를 일기(一氣)로 수렴하고 있다. 이것은 우주를 전체적인 하나로 보려는 일원론적인 세계관으로서 서양의 이원론적인 세계관에 대한 훌륭한 대안으로 가치를 지닌다고 하겠다.

둘째, 유기체적인 만물 평등의 자연 이해를 특징으로 한다. 동학에서는 '인오동포(人吾同胞)' '물오동포(物吾同胞)'라 하여 모든 사람과 만물은 하나의 동포요 하나의 생명 공동체라 하였으며, "땅을 소중히 여기기를 어머님의 살같이 하라." 하였다. 이렇듯 천지자연을 하나의 생명 공동체로 보기 때문에 경천(敬天), 경인(敬人), 경물(敬物)의 삼경 사상으로 발전한 것이다. 또한 모든 만물, 모든 사물마다 그 안에 한울님을 모시고 있기 때문에 인간을 포함하여 모두가 다 한울님이며 차별이 있어서는 안 된다는 물물천(物物天) 사사천(事事天)의 교리가 나오게 된 것이다. 원불교에 있어서도 일원론적 세계관에 입각하여 빈부귀천이나 남녀의 구분이 없음은 물론, 금수나 초목도 동포요 지친(至親)으로 인식하여, 소태산은 하늘과 땅, 일월성신과 풍운, 우로상설(雨露霜雪)이 모두 한 기운이고 한 이치라고 말하였다. 그리하여 모든 인종과 생령이 근본은 다 같은 하나의 기운으로 연계된 동포인 것을 알아 서로 대동화합하자는 동기연계(同氣連契)의 교리가 나오게 되었다.

뿐만 아니라 금강대도에서는 '우주가화(宇宙家和)' 사상이라 하여 건곤부모가 낳은 천지를 하나의 가정으로 보고 일월성신과 천하의 모든 사람들을 형제와 붕우로 보고 있으며, 비록 금수, 곤충, 초목이라도 마땅히 사랑하여서 함부로 죽이거나 꺾지 말아야 할 것을 가르치고 있다. 그리하여 이 세상은 모두 건곤부모가 낳았다는 의미에서 '우주태생론(宇宙胎生論)'과 같은 독특한 주장을 할 수 있는 것이다. 뿐만 아니라 오중평등(午中平等) 사상에 입각하여 남녀, 계급, 빈부의 평등은 물론, 신명계(神明界)와 인간계(人間界), 그리고 인간과 삼라만상이 모두 평등하게 된다는 것을 강조하고 있다.

3대 종교의 교리는 조금씩 차이가 있으나 이들은 한결같이 자연을 살아있는 유기체로 파악하고 있다. 이것은 현대 생물학이나 물리학의 발견들과 일맥상통하는 것으로서, 근대 서양의 기계론적 자연관으로 인한 폐해를 극복할 수 있는 대안을 제공한다.

셋째, 내재적 초월을 위한 수련법을 중시한다는 것이다. 이들 한국 신종교의 특징은 신(神)의 초월성(超越性)보다는 내재성(內在性)을 강조한다. 천도교의 시천주(侍天主) 신앙은 신이 인간을 포함하여 우주 만물에 내재한다는 것이고, 원불교의 처처불상 신앙 역시 우주 만유가 일원상 진리를 나타내는 살아 있는 부처임을 말한다. 금강대도 또한 "너희들이 일심으로 수련하여 도를 이루면 반드시 천지와 더불어 늙고 일월로 더불어 밝으리니… 천지의 화육(化育)에 참여하여 도움으로써 삼재를 응합할 것이다."라고 하였다.

이것은 인간의 '내재적 초월'의 가능성을 제시한 것이다.

따라서 이들 한국 신종교는 공통적으로 윤리적 주체로서 인간의 특수한 지위를 강조해, 오직 인간 자신의 의식 전환과 실천만이 생태계의 위기를 극복할 수 있는 유일한 대안임을 생각할 때 중요한 의미가 있다. 그리하여 이들은 대개 인간의 심신을 연마하여 선구적 인물을 만들어 내기 위한 독특한 수련법을 가지고 있다. 동학의 21자 주문이나 원불교의 선법(禪法), 그리고 금강대도의 심성신(心性身) 삼합 수련법과 보고(寶誥) 등이 바로 그러한 수련법의 예이다. 이것은 생태계 보전과 관련하여 인간의 강력한 실천을 촉구하는 의미로 확산될 수 있다.

오늘날 전 세계적인 생태계의 위기와 관련하여 전 지구적이고 문명론적인 관점에서 새로운 환경 윤리, 또는 세계 윤리의 정립이 절실하다. 그런 점에서 동학이나 원불교, 그리고 금강대도와 같은 한국의 신종교가 가지고 있는 생태학적 사상에서 무궁한 잠재력과 가능성을 발견한다. 이제는 과거 우리가 폄하해 왔던 한국의 신종교들을 새로운 시각으로 보는 발상의 전환을 가져야 한다. 그리고 한국의 신종교들은 상대방의 교리와 사상에 들어 있는 생태학적 사유에 대한 상호 이해는 물론, 생태학적 실천을 위한 상호 협력의 상생지도(相生之道)가 절실하다.

다만 중요한 것은 이상과 실천의 괴리를 얼마나 좁히느냐이다. 종교적 이상과 현실적 실천 사이의 괴리를 최소화하여 생활 속에서의 실천을 더욱 강조해야 한다. 이들이 가지고 있는 우수한 생태학적 자산을 기반으로, 그것을 사회로까지 확대하여 강력한 실천 운동으로 확산시켜야 한다.

또한 "천지를 공경하고 일월을 존중하는 것은 사람이 꼭 지켜야 할 도리이니, 하늘을 공경하지 않는 것보다 더 큰 죄가 없으되, 그 공경하는 바를 미루어 만물에까지 베풀면 끝없는 복 바다가 한없이 이어지리라."고 말한 토암의 가르침대로, 우리들의 생명에 대한 외경과 자비심, 그리고 사랑의 마음을 더욱 배양하는 것이 오늘날 생태계 위기 시대를 살아가는 모든 종교인들의 사명이라고 생각한다.

제8장. 계룡산 문화와 금강대도의 오중대운론

1. 시작하는 말
2. 계룡산의 종교 문화적 의미
3. 충청 지역과 함께 한 금강대도(金剛大道)의 역사
   (1) 제1세 도주 이승여(李承如) · 서자암(徐慈庵)
   (2) 제2세 도주 이성직(李成稙) · 민보단(閔寶丹)
   (3) 제3세 도주 이일규(李一珪) · 김향련(金香蓮)
4. 미래의 성지와 금강대도의 오중대운론(午中大運論)
5. 끝맺는 말

제8장. 계룡산 문화와 금강대도의 오중대운론

1. 시작하는 말

금강대도는 1874년에 창도되어 현재 134년의 역사를 가지고 있는 한국의 신종교이다. 교조는 토암(土庵) 이승여(李承如) 선생[1]과 서자암(徐慈庵) 선생이고, 제2세 도주는 청학(靑鶴) 이성직(李成稙) 선생과 민보단(閔寶丹) 선생, 제3세 도주는 월란(月鸞) 이일규(李一珪) 선생과 김향련(金香蓮) 선생이다. 이들은 '대도덕성사건곤부모(大道德聖師乾坤父母)'라 하여 삼신일체의 건곤부모(乾坤父母)로 신봉되고 있다.

▲ 계룡산 문화 학술대회

금강대도는 교조의 탄생으로부터 도기(道紀)를 계산하고 있지만,[2] 실질적인 포덕은 1910년 토암 선생이 금강산을 떠나 계룡산으로 남천포덕(南遷布德)을 했을 때부터

---

1) 본관은 한산(韓山)이고, 목은(牧隱) 이색(李穡) 선생의 18세손이다.

2) 금강대도에서는 토암을 생이지지(生而知之)의 대성인이며 대도(大道)의 화신(化身)으로 신봉하고 있기 때문에, 그가 탄생함으로써 금강대도가 열렸다고(開道) 보기 때문이다.

시작되었다고 할 수 있다. 일제강점기 서슬 퍼런 무단통치하에서도 보본숭조(報本崇祖)의 민족정신과 심성배합(心性配合)의 수행 정신을 고취하여 1930년대 중반에 벌써 한국 전체에서 손꼽히는 교세를 자랑했고, 일제 말기에는 요시찰 대상으로 철저한 탄압을 받기도 하였다. 해방 이후에는 서구 문화의 물결과 자본주의의 물질만능주의 풍조 속에서도 도성덕립(道成德立)의 목표를 잃지 않고, 오늘날까지 충청도를 대표하는 민족종교로서 충청도를 중심으로 하는 세계의 도덕화를 향해 힘찬 발걸음을 계속하고 있다.

계룡산은 충청도를 대표하는 명산으로서, 풍수상의 길지로 일찍부터 민중들의 신앙적 구심점이 되어 왔다. 계룡산의 풍수적 형세를 대국적 견지에서 포괄적으로 해석한다면 한반도 전체에서 충청도의 지정학적 위치를 가늠해 볼 수 있다. 『정감록(鄭鑑錄)』의 계룡산 도읍설 또한 그 의미를 폭넓게 음미해 본다면 충청도가 미래 한반도의 역사에서 어떤 역할을 감당할지 예측할 수 있다.

이에 본고에서는 계룡산의 종교 문화적 의미 속에서 충청도의 시공간적 좌표를 모색해 보고, 일제강점기 이후 충청도의 대표적인 민족종교로 자리 잡아 온 금강대도의 역사와 사상 속에 담긴 미래지향적 의미를 고찰해 보고자 한다.

2. 계룡산의 종교 문화적 의미

'계룡(鷄龍)'이라는 이름은 닭(鷄)과 용(龍)이라는 두 가지 동물에서 나왔는데, 산봉우리와 산줄기가 마치 닭의 벼슬을 머리에 단 용처럼 생겼다 하여 붙여진 이름이라고 한다. 닭이라는 동물은 새벽을 알리는 동물로서 한 시대를 일깨우는 선지자적 역할에 대한 상징성을 갖고 있으며, 용은 상서로운 동물이니 대개 왕이나 귀인과 같은 사람을 의미하는 것으로 볼 수 있다.[3] 또한 무학대사가 신도(新都)를 정하기 위해 태조 이성계와 함께 이곳을 둘러보고 "이 산은 한편으로는 금계포란(金鷄抱卵)형이요, 또 한편으로는 비룡승천(飛龍昇天)이니 두 가지 형국을 따서 계룡이라 부르는 것이 마땅하다 할 것이다."라고 한 데서 비롯되었다는 설도 있다.[4]

계룡산은 충청 지방에 소재한 가장 대표적인 산으로서 예로부터 한국의 명산으로 믿어져 왔다. 신라 시대에는 북쪽의 백두산, 남쪽의 지리산, 동쪽의 금강산, 서쪽의 묘향산과 함께 계룡산을 오악(五岳)이라 하였고, 조선 시대에는 묘향산의 상악단(上嶽壇), 지리산의 하악단(下嶽壇)과 함께 계룡산에 중악단(中嶽壇)을 설치하여 국가적 제사를 올렸다.[5] 이것은 고대 이래 계룡산이 국가적 차원의 산악숭배 신앙의 대상으로 자리 잡아 왔음을 보여 주는 것이다.

계룡산을 풍수지리적으로 표현하면 회룡고조(回龍顧祖)와 산태극수태극(山太極水太極)이 대표적이다. 회룡고조란, 지리산에서 출발한 산맥이 거꾸로 북상하여 무주 덕유산, 진안 마이산에서 3백 리를 거슬러 올라와 대둔산, 천호산, 향적산을 거쳐 공주 동쪽 계룡산에 이르러 반달 모양(C자 형)으로 다시 동남으로 약간 남하하는 형국이어서 자신의 근본을 돌아보는 모습을 취하고 있다는 것이다.

수태극형은 소태극과 대태극으로 나뉜다. 소태극이란, 계룡산에서 흘러내리는 물이 신도안을 거쳐 동남으로 빠졌다가 다시 동북으로 역류하여 갑천이 되고, 신탄진 · 부강에서 금강과 합류하여 계룡산

---

3) 충청남도, 『계룡산지』, 1994, 49~50쪽.

4) 충청남도 계룡출장소, 『신도고사』, 1991.

5) 중악단은 현재 계룡산 남쪽의 신원사(新元寺) 경내에 있는데, 이곳은 고대 이래 계룡산에 대한 제사처라고 할 수 있는 계룡산사(鷄龍山祠) 자리로서, 결국 중악단은 계룡산사의 조선조 후기 별칭이라 할 수 있다. 윤용혁, 「계룡산의 연혁과 역사」, 『계룡산지』, 충청남도, 1994, 61쪽.

의 후면으로 흘러 공주, 부여를 지나 서해로 들어가는 것을 말한다. 대태극이란, 계룡산을 감싸고 흐르는 금강이 전북 장수군 수분리 수분현(뜸봉)에서 발원하여 진안-무주-금산-영동-옥천-대전(대청호)-신탄진-부강-공주-부여-강경을 거쳐 서해로 들어가는 역(逆) C자 형을 말한다.

결국 지리산에서 덕유산-대둔산을 거쳐 계룡산으로 모는 산세와, 계룡산에서 발원한 수세(소태극), 혹은 장수 수분리에서 발원한 금강 줄기의 수세(대태극)의 형세가 서로 맞물려 태극을 이룬다는 것이다. 산세가 태극 형세라 함은 모든 삼라만상이 이곳에서 비롯되고 있다는 것을 의미하고, 모든 산천의 정기가 이곳에 근원을 두고 있음을 뜻하기 때문에 대길지(大吉地)가 될 수밖에 없다.

이러한 풍수상의 길지인 계룡산이 처음으로 역사적인 조명을 받게 된 것은 조선 왕조 개국 초의 천도(遷都) 후보지가 되면서부터이다. 태조 이성계는 1392년 조선을 건국한 직후 천도 문제를 심각하게 고려하였는데, 계룡산은 한양과 함께 유력한 천도 후보지의 하나로 떠올랐다. 태조 2년 2월 자신이 직접 계룡산을 답사한 후에 신도 공사를 지시하였는데, 거의 1년 동안 지역을 정리하고 목재와 석재의 운반 공사를 실시하였다. 그러다가 12월에 돌연 신도안 사업을 중단시켰으니, 하륜(河崙, 1347~1416)의 건의 때문이라고 한다. 그것은 계룡산 지대가 남쪽에 치우쳐서 동·서·북면과는 너무 떨어져 있다는 것과, 산이 건방(乾方, 서북방)에서 오고 물은 손방(巽方, 동남방)으로 흘러서 송나라 호순신(胡舜臣)의 풍수 이

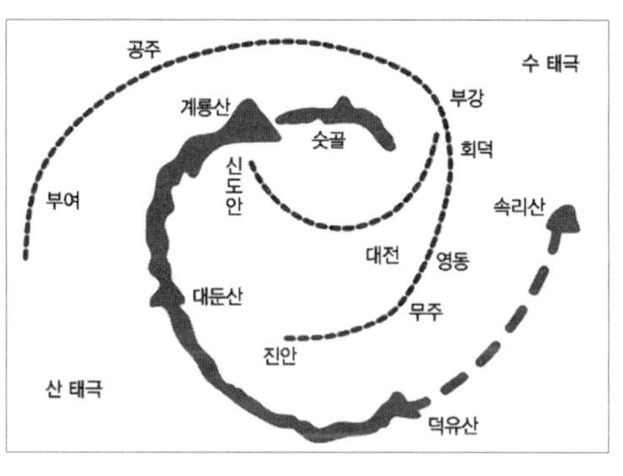

▲ 계룡산 산태극수태극도

론, 즉 '물이 장생을 파하여 쇠패가 곧 닥치는 땅(水破長生 衰敗立地)'이기 때문이라는 것이다.[6)]

이처럼 풍수상의 이점과 약점을 동시에 가지고 있었기에 조선 왕조의 신도 경영은 1년 만에 끝나고 만다. 그런데 오늘날까지도 계룡산이 길지의 대명사로 믿어지고, 또 일제강점기 이후 신흥 민족종교의 온상이 되었던 까닭은 무엇일까? 그것은 이른바 『정감록(鄭鑑錄)』의 유포 때문이었으니, 두 번째로 계룡산이 민중들의 집중적인 관심을 끌게 된 계기가 되었다.

『정감록』이란 참위설(讖緯說)류의 민간 비결서 중의 하나인데, 대개 조선 중기 양란 이후 민심이 흉흉해진 전란기에 만들어진 것으로 알려져 있다.[7)] 그 내용의 핵심은 이씨 조선이 망하면 계룡산에 정씨가 800년 도읍을 하고, 가야산에서 조씨가 600년 도읍을 하게 된다는 예언이다. 그리고 계룡산의 돌이 희어지고 청포의 대가 희어지며, 초포에 조수가 생기어 배가 다니면[8)] 이씨 조선이 망하고 계룡산에 정씨의 도읍이 생긴다는 것이다. 아울러 십승지지(十勝之地)의 땅을 거론하고 있는데, "계룡산 남쪽 바깥 네 고을 또한 백성들이 몸을 보존할 만한 곳이다."[9)]라고 했고, 피난처로서 "공주 계룡산의 유구(維鳩) 마곡(麻谷) 두 강물 사이에 거리가 2백 리나 되므로 난을 피할 수 있다."[10)]고 했다. 여기서 금강 물이 초포 앞으로

---

6) 물은 길방(吉方)에서 흉방(凶方)으로 흘러가면 생생(生生)의 기를 산출하여 길하지만, 반대로 흉방에서 흘러와서 길방으로 흘러가면 생왕(生旺)의 기가 파하여 흉하다는 것이다. 그런데 계룡산은 건방(乾方, 서북방)에서 온 것으로 금산(金山)이 되며, 계룡산의 물이 탐랑성(貪狼星)인 손사(巽巳) 방위(동남방)로 흘러가기 때문에 이것은 길방으로 파(破)하는 것이니 득수의 원리를 어기고 있다는 것이다. 이병도, 『고려시대의 연구』, 아세아문화사, 1986, 348~411쪽. 최창조, 『좋은 땅이란 어디를 말함인가』, 서해문집, 1990, 127~134쪽 참조.

7) 신일철, 「정감록 해제」, 『한국의 민속・종교사상』, 삼성출판사, 1990, 269쪽.

8) 鷄龍石白 淸浦竹白 草浦潮生舟行

9) 鷄龍之南外四郡 亦人民保身之一段也

10) 公州鷄龍山 維鳩麻谷 兩水之間 周回二百里 可以避難

돌아들어서 배가 다녀야 하는데, 그렇게 되려면 공주시 계룡면 월암리에 있는 무너미고개가 터져서 강이 되어야 한다. 그렇게 되어야 수태극 형상이 더욱 뚜렷해져 풍수상의 지세가 더욱 좋아진다는 것이다. 그리하여 계룡산 정 도령을 기다리는 사람들은 이 무너미고개가 터질 날만을 손꼽아 기다리고 있다.

이렇듯 '산태극수태극'이라는 풍수상의 길지 의식에서 비롯된 계룡산에 대한 신앙은 태조 이성계의 신도 경영과 『정감록』의 십승지 신앙을 통해 민중들의 기대 심리를 더욱 자극하게 되었다. 이것이 일제강점기 수많은 신종교 단체들을 이곳으로 모여들게 한 종교 문화적 원인이 되었다. 계룡산 신도안이 종교촌이 된 계기는 1924년 동학계의 시천교(侍天敎)에서 갈라져 나온 구암(龜菴) 김연국(金演局)이 교도 약 2천여 명을 이끌고 들어와 상제교(上帝敎)의 신앙촌을 만들면서부터라고 한다. 하지만 그보다 훨씬 이전 구한말부터 『정감록』 등에 영향을 받아 이주한 사실이 있는 것으로 보인다.[11] 신도안의 최전성기는 1954년을 전후한 시기로 보이는데, 갑오혁명 이후 환갑이 되면 새 세상이 된다는 설 때문에 많은 사람들이 모여들었다고 한다. 특히 황해도와 평안도 사람들이 많았는데, 그것은 『정감록』에서 "황해도와 평안도 두 서쪽 땅은 3년 동안 천 리에 인적이 없을 것이다."[12]라는 구절 때문이었다.

한편 신도안은 땅이 메마르고 돌이 많아 농사짓기에 부적절하였기 때문에 이곳에 이주해 온 사람들 가운데 가산을 탕진하고 떠나는 사람들도 많았다. 더욱이 1975년 국립공원 정화 및 새마을운동

---

11) 금강대도의 제1세 도주인 이토암・서자암 선생은 1910년 강원도 통천군 금강산을 떠나 계룡산 백암동으로 이주하였다. 이때 이곳에 미리 와 살고 있었던 김도명(金道明)을 만나 그를 수제자로 삼고 그의 도움으로 이곳에 자리를 잡았으며, 그로부터 10여 년 이상 계룡산 주변을 옮겨 다니며 은도를 하였다고 하니, 신도안에 사람들이 모여들기 시작한 것은 최소한 1910년 이전으로 봐야 할 것이다.

12) 黃平兩西 則三年之內 千里無人烟

의 일환으로 정부에 의해 강력하게 추진된 종교정화운동은 계룡산 일대에도 엄청난 영향을 몰고 왔다. 미신 타파의 미명 아래 계룡산 곳곳에 설치한 제단과 각종 암자, 치성터 등이 허물어지고 철거당했으며, 100여 개에 이르던 종교 집단의 교주가 산림법 위반, 사기, 식품위생법 위반으로 구속 검거되기도 하였다.[13)]

그러나 신도안의 신종교들이 결정적으로 타격을 입게 된 것은 1983년~1984년에 실시된 이른바 '6 · 20사업' 때문이었다. 삼군사령부를 건설한다는 엄청난 국가사업으로 인해 오랫동안 수많은 풍수도참설과 정감록 신앙의 전설이 담겨지고, 종교의 집산지를 이루었던 신도안은 역사의 장으로 묻혀 버리게 되었다. 당시 신도안에는 1,800세대 4000여 주민이 살고 있었고 50여 개의 종파가 있었다. 그 중 상당수는 계룡산이 보이는 대전, 논산 지역으로 이주하여 계룡산과의 인연을 계속하고 있다. 계룡산이 보일 듯 말 듯한 곳에 살며 '선입자환 중입자생 후입자사(先入者環 中入者生 後入者死)'란 감결(鑑訣)을 믿고 아직도 계룡산 그늘을 떠나지 못하고 있다.

이상과 같이 계룡산의 종교 문화에 근본적 영향을 주었던 요소는 풍수, 도참 및 『정감록』의 신도 신앙과 십승지 신앙이다. 여기에 한국 신종교들이 모여들기 시작하면서 동학, 정역 등의 후천개벽설과 단군 신앙을 통한 선민사상, 불교 계통의 미륵불 신앙, 그리고 유불선 삼종합일 신앙을 통한 조화 사상은 물론, 기독교 계통의 묵시론적 신앙 등이 영향을 끼쳤다고 할 수 있다.

13) 정종수, 「계룡산의 도참 · 풍수지리적 고찰」, 『계룡산지』, 충청남도, 1994, 564쪽.

3. 충청 지역과 함께 한 금강대도(金剛大道)의 역사

(1) 제1세 도주 이승여(李承如) · 서자암(徐慈庵)

▲ 제1세 도주 토암 이승여 존영

금강대도는 토암(土庵) 이승여(1874~1934) 선생에 의해 창도되어 현재까지 100여 년 동안 줄곧 충청도를 중심으로 종교 활동을 해 왔으며, 충청도를 대표하는 한국의 자생 신종교이다.[14] 이토암은 본래 강원도 통천(通川) 사람으로 1874년 5월 19일에 금강산(金剛山)의 정기를 받고 태어났다. 1898년 서자암(1884~1927) 선생과 결혼하였고, 33세 되던 1906년 결정적인 종교적 체험을 통해 대도를 자각하게 되었다. 이때 토암이 깨달은 대도는 '선후천 교역기에 타락된 인간의 도덕성을 건곤부모(乾坤父母)인 자신이 개화(開化)함으로써 큰 겁운에 싸여 죽어 가는 인류를 구원하고, 나아가 우주의 화평을 이룬다.'는 것이었다. 37세 되던 1910년 한일강제병합이 일어나기 직전에 제자의 인연을 찾아 충청도 계룡산으로 남천포덕(南遷布德)을 단행하였다.

그는 남천하기 전 늘 가족들에게 말하기를 "옛말에 낙엽은 뿌리로

14) 이토암과 서자암의 생애에 대해서는 졸고, 「금강대도 백년사」, 『종교신문』, 949호(1991. 11. 13)~952호(1991. 12. 4)와, 졸저 『금강대도 종리학 연구론』, 미래문화사, 2005, 30~45쪽 참조.

돌아간다고 하였으되, 나 또한 나의 본토(충청도)를 찾으려 하니 저곳은 사부(士夫)의 고장이라. 장차 예의의 빈빈(彬彬)함과 문화의 창명(彰明)함을 보리니 어찌 아름답지 아니하랴."고 하였다. 하루는 백지로 책을 묶어 수천 명의 이름을 써 놓고 말하기를, "내 장차 남방에 가서 이 사람들을 만나리라." 하고는 곧 불태워 버리기도 하였으니, 충청도에서의 제자 인연을 미리 예견했던 것이다.

그는 의제(義弟) 정태용(鄭泰鎔)과 함께 3월 15일에 길을 떠나 23일 만인 4월 8일에 드디어 계룡산 백암동에 도착하였다. 이때 백암동에는 나이 57세에 자호(自號)를 백은(白隱)이라 하는 김도명(金道明)이 살고 있었는데, 이곳에서 대인을 만나 보리라는 서원을 세우고 연전에 먼저 이주해 살고 있었다. 그는 토암과의 한차례 법거량을 통해 토암이 바로 그가 찾던 대인임을 깨닫고 그 즉시 무릎을 꿇고 제자가 되었다.

포덕 초기 그는 여러 가지 방편(方便)적 교화로 불과 1년 만에 수천 명의 제자를 얻게 되었으며,[15] 이것이 일제의 요시찰 대상으로 비치게 된다. 1910년대 일제의 통치 정책은 이른바 무단통치(武斷統治)로서, 항일운동을 억압하기 위해서 모든 종교 활동에 대한 정치적인 통제를 제도화하였다. 특히 신종교들은 '유사(類似) 종교'로 매도하여 이를 종교로 인정하지 않음으로써 보안법과 집회에 관한 제제를 받도록 하였다.

이러한 시대적 상황 속에서 대도의 싹을 틔워야만 했던 토암은 초기 10여 년 동안 계룡산을 중심으로 은거지를 옮겨 가며 비밀리에 포덕을 해 나갔다. 처음 백암동에서 네 칸 초가를 사서 거주하다가 이듬해 1911년 2월에 공주군(公州郡) 반포면(反浦面) 남산소

---

15) 그는 반상(班常)의 신분 제도를 부정했고, 남녀의 차별을 반대했기 때문에 그의 문하에는 양반과 상인, 그리고 남자와 여자가 한자리에 앉아 수도하기 위해 모여들었다고 한다.

(南山所)로, 1912년 1월에는 공주군 반포면 석봉리(石峰里) 황적동(黃寂洞)으로 옮겨 살았다. 여기서 장자 이성직(李成稙, 1913~1957)을 얻게 되니, 그가 훗날 금강대도의 제2세 도주가 된다. 그리고 1916년 2월에 대덕군(大德郡) 구즉면(九則面) 신동리(新東里) 녹동(鹿洞)으로 이주를 하였다.

이때에 제자들이 점차 많아지는 것을 두려워한 일제에 강제로 연행되어 엉뚱한 죄목으로 신문을 당하기도 했지만, 『교유문』(1914)[16]을 저술하고 「명교장(明敎章)」[17]을 발표하는 등 자신의 종교사상을 체계화하는 일에 주력하였다. 특히 1922년에는 신도안의 논산군(論山郡) 두마면(豆磨面) 석교리(石橋里)에 법당을 조성하여 금불(金佛)을 봉안하고, 치료부와 교육부를 두어서 포덕의 방편으로 삼는 한편, 매월 한 번씩 이곳에서 친히 법회를 열어 대중들을 교화해 이때에 새로이 입도한 자가 1만 명 이상이나 되었다.

이처럼 남천 후 10여 년 동안 계룡산 주변을 옮겨 다니며 비밀리에 포덕과 교화에 힘써 토암의 문하에 수천 명의 제자들이 운집하여 더 이상 은도가 어렵게 되었다. 그러자 토암은 계룡산을 벗어나 자신만의 성지를 물색하였다. 마침내 50세 되던 1923년 현재의 충남 연기군(燕岐郡) 금남면(錦南面) 금천리(金川里)에 도장의 기지를 마련하고 도약을 위한 발판을 마련하니, 처음 계룡산에 남천포덕을 한 지 13년 만이었다. 이곳은 계룡산을 태조(太祖)로 하고 우산봉(雨傘峰)을 중조(中祖)로 하는 풍수상의 길지이며, 특히 금병산(錦屛山)의 병풍 뒤쪽이라 하여 피난지지(避難之地)로서도 중요한 의미가 있다.[18]

---

16) 이토암의 첫 저술로서 한문으로 되어 있으며, 그의 기본 사상이 잘 나타나 있는 기본 경전이다.

17) 토암이 자신의 가르침을 309자로 요약한 것인데, 도인들이 모든 의식에서 기본적으로 암송해야 할 경문으로서 신봉하고 있다.

18) 실제 이곳은 금병산의 뒤쪽에 있기 때문에 1983년 6·20사업의 환난을 피할

금천에 성지를 마련하고 포덕의 안정적인 기틀을 마련한 토암은 경전을 계속해서 편찬하는가 하면,[19] 1925년에 처음으로 '선화부(宣化部)'를 두고, 그 책임자인 '선화사(宣化司)'로 하여금 전국 각지의 도인들을 관장케 하는 등 교화 조직을 정비하였다. 또한 1927년에는 처음으로 '금강도총본부(金剛道總本部)'라는 간판을 걸면서 지금까지의 은도(隱道)적인 방편행을 청산하고 주체성을 확립해 나간다.[20]

이렇게 대중을 교화할 수 있는 조직과 제도를 정비하면서 그는 제자들에게 충효성경(忠孝誠敬)과 가화(家和), 청결(淸潔) 등 자신의 가르침을 펴 나갔다. 뿐만 아니라 그는 일제강점기에 쇠약해져 가는 민족의식을 불어넣는 데에도 주력하였다. 예컨대 1923년 금천에 법당을 건설하고 불상을 봉안하면서, 불상 안에 단군의 성상(聖像)을 비밀리에 봉안하였으며,

> 우리 배달민족이 단군국조(檀君國祖)의 신령스런 감화를 모두 받았고, 단군국조의 현묘지도(玄妙之道)가 실로 삼교를 포함하나니 그 가르침이 높고

수 있었으며, 최근 세종 신도시 도시구역 획정에 있어서도 간발의 차로 비켜 갈 수 있었다. 또한 6·25전쟁 때도 이곳은 피난처로서 많은 사람들이 모여들었는데, 금강을 중심으로 피아간에 치열한 교전이 있었음에도 불구하고 이곳에는 포탄 하나 떨어지지 않았다고 한다.

19) 이토암 선생이 직접 저술한 『대성경』에 대해서는 졸고, 「금강대도와 경전」, 『신종교연구』 제16집, 한국신종교학회, 2007, 94~125쪽 참조.

20) 남천포덕한 직후에 토암은 자신을 '金剛道師'라 하고, 그 부인인 徐慈庵을 '蓮華道師'라고 불렀을 뿐 스스로 신앙 대상으로까지 높이지는 않았다. 아울러 教의 명칭도 계룡산 시절인 1922년에는 '眞宗同朋教'라 했으니, 이것은 일제의 무단통치에 대응하여 아직 확고해지지 않은 금강 도덕을 지키려는 임시적인 은도의 방편으로 일본불교의 이름을 잠시 빌려 썼다고 한다. 일시적인 방패막이를 세워 일제의 경계를 벗어나면서, 금천 법당에서는 비밀리에 단군을 내세워 민족정기를 고취하는 한편, 교화 조직을 정비하고 대성경을 간행하는 일을 해 나갈 수 있었다. 또한 1926년에는 잠시 '關聖教支部' 간판을 걸기도 했으니, 이는 당시 유행했던 민중도교의 關聖·文昌·孚佑帝君에 대한 대중적인 신앙을 이용하여 '神道設教'로써 제자들의 이완된 신앙을 다잡고, 忠孝誠敬이라는 자신의 가르침을 드러내려 했던 것이니, 이 또한 임시적인 은도의 방편이었다.

> 크도다. 따라서 우리들이 마땅히 단군의 성상을 높이 받들어야 할 것이나, 일제의 탄압으로 뜻을 이루지 못하니 실로 통탄할 일이다. 그러나 스스로 천운이 돌아올 날이 반드시 있으리니, 지금으로서는 방편의 도리를 취할 수밖에 없도다.[21)]

라고 하는 등 단군국조를 앞세워 민족정기를 앙양하는 데 주력하였다.

특히 1934년 3월에는 대전의 충남도청 앞 광장에 전국의 도인들을 소집하여 대강연회를 열 계획을 세웠으니, 그 목적은 포덕과 함께 민족의식의 선양(宣揚)에 있었다. 그리하여 도인들은 배달민족을 상징하는 흰옷을 입고 손에는 태극기와 함께 사구기(四九旗)[22)]를 들고 수천 명이 광장에 모여들었다. 그러나 공을 시기하는 오희운(吳熙運)이라는 자의 밀고로 사전에 발각되어 계획은 실패로 돌아가고 말았다. 이에 토암의 장남이며 훗날 제2세 도주가 된 청학 이성직과 몇몇 제자들이 보안법 위반으로 검거되어 옥고를 치렀다. 만일 이때의 대집회가 예정대로 열렸다면 그것은 독립만세운동으로까지 번질 수 있었고, 이 때문에 일본 경찰은 미리 겁을 먹고 강제 해산을 시킨 것이다.[23)] 또한 토암은 이때의 강연회 실패와 제자의 배반에 가슴 아파하며 병세를 보이기 시작하더니, 결국은 그해 11월에 61세를 일기로 열반에 들었다.

이상에서 토암의 일생을 간략히 개관해 보았다. 그는 조선 봉건체제 해체 과정의 혼란과 근대화의 충격, 그리고 제국주의 일본의

---

21) 금강대도총본원, 『성적제강』, 1956, 41쪽.

22) 금강대도 도기로 토암이 동양의 음양오행 사상과 주역의 원리를 집대성하여 제작한 것이다. 그 모양이 한자의 넉 사(四)자와 아홉 구(九)자를 둥글게 구부려 놓은 것 같기에 사구기라고 한다. 또한 4와 9의 승수는 36이기에 天道數를 상징하는 것이라고도 한다.

23) 이 사건에 대해서는 동아일보와 조선일보 1934년 5월 14일자에 기사가 실려 있으며, 青野正明, 『朝鮮農村の民族宗教』, 社會評論社, 2001, 201~235쪽에도 그 전모가 자세히 실려 있다.

침략을 받아 고통을 겪기 시작한 20세기 초에 종교 운동을 시작하여, 일제 초기 서슬 퍼런 무단 통치에 나름대로의 대응 방안을 찾아 항거하였다. 한마디로 민족사의 고통과 그 흐름을 함께 한 종교 지도자였다. 그는 아직까지 조선 봉건사회의 계급 구조가 온존해 있던 당시에 누구보다 선구적으로 반상(班常) 의식과 남존여비(男尊女卑) 사상을 혁파하여 평등대도를 설파하였다. 일제강점기라는 민족적 모순에 대해서는 단군국조를 내세워 민족적 자존심을 고취해 나갔으며, 유불선(儒佛仙) 등 기성 종교의 중생구제력 상실에 대해서는 이들을 비판적으로 종합하여 실천 위주의 새로운 종교 사상을 선포하였다.

특히 그가 강원도 사람으로서 계룡산을 찾아와 포덕을 시작하였고, 처음 10여 년 동안 계룡산을 중심으로 활동을 전개해 나갔음을 볼 때, 종교적으로 계룡산을 무척 중시했음을 알 수 있다. 그러나 성지를 금병산 아래 금천리에 정함으로써 신도안의 종교적 비기(秘記)로부터 약간 비켜 나가 그만의 독자적인 세계를 구축하였음이 주목된다. 즉, 계룡산을 중시하면서도 신도안에만 집착하는 것이 아니라, 이른바 산태극수태극의 좀 더 넓은 국면에서 충청도 전체를 아우르는 종교적 활동을 할 수 있었다.

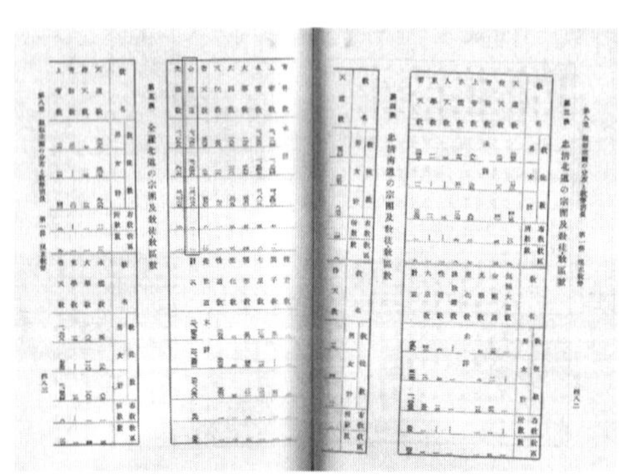

▲ 『조선의 유사종교(朝鮮の類似宗教)』에 실린 통계 자료. 위에 표시된 부분 '金剛道 男 七,八六二 女 五,三六六 計 一三,二二八'은 금강도의 도인 수가 남자 7,862명, 여자 5366명, 총 13,228명으로, 당시의 교세를 짐작할 수 있게 한다.

그리하여 1920년대 이래로 지금까지 충청도를 대표하는 민족종교로서 자리를 잡아 왔으며, 충청도를 총본부로 하여 전국적인 포교망을 갖춘 건실한 종교로 발돋움할 수 있었다. 실제로 1934

년 조선총독부의 조사에 의하면,[24] 당시 신도 수가 13,000여 명으로 전국적으로 천도교, 보천교에 이어 세 번째의 교세로 파악되고 있는데, 그 교세의 90% 이상이 충청남도에 집중되고 있어서 적어도 충청 지역에서는 제1의 교세를 보여 주고 있음을 확인할 수 있다.

(2) 제2세 도주 이성직(李成稙) · 민보단(閔寶丹)

금강대도의 제2세 도주 청학(青鶴) 이성직(1913~1957) 선생은 1913년 5월 5일에 계룡산 황적동에서 이토암 선생의 장남으로 태어났으며, 1928년에 민보단(1913~1959) 선생과 결혼하였다. 1934년 충남도청 앞 만세사건을 주도하였으나 실패하였고, 토암의 열반 후 1937년 25세에 도통을 계승하였다. 1939년 일본 종교계 시찰을 나갔는데, 일본 진언종의 총본부를 방문한 청학은 그를 시험, 회유하려는 온갖 책략에 맞서서 오히려 덕으로 그들을 감탄케 하니, 일승(日僧)들은 그를 홍법대사(弘法大師)의 후신이라며 칭송하였다고 한다.

▲ 제2세 도주 청학 이성직 존영

청학은 환국 후에 대도의 교리와 의례를 체계화하는 일에 매진하였다. 특히 자신의 종교적 이상을 상징화하여 '흥기도덕가(興起道德歌)'를 가르쳐 주

24) 村山智順, 『朝鮮の類似宗教』, 朝鮮總督府, 1934.

고, 가사 내용에 따라 태극무(太極舞), 무극무(無極舞), 봉무(鳳舞), 학무(鶴舞) 등 자연 만상의 이치에 맞는 여러 가지 가무(歌舞)를 추게 하여 도인의 사기를 북돋아 주었다. 이러한 청학의 비범한 신도설교가 알려지자 도세는 다시 일익 번창하게 되었고, 일제는 이를 예의 주시하였다. 이윽고 일제는 금강대도의 말살을 계획하고, 1941년 금천리 법당에 난입하여 도주 이하 50여 명을 검거, 당시의 조선어학회 사건에 연루되었다는 죄목을 씌워 투옥하였다. 이때 옥중 순도자가 10여 명에 달하였고, 도장 내의 성전과 부속 건물이 일체 파괴되었으며,[25] 도인들은 징병 및 추방을 당하여 만주, 간도 등으로 뿔뿔이 흩어지는 비운을 맞게 되었다. 이 사건을 이른바 신사사변(辛巳事變)이라고 부른다.

신사사변 이후 1년여 동안의 옥고와 고문에서 풀려난 청학은 금천리 성지에서 쫓겨나 조치원읍 신흥동에 거주 제한을 당하게 된다. 그러나 청학은 일경의 감시가 심한 중에도 감시를 피해 찾아오는 제자들을 접견하고 모든 의식을 비밀리에 거행하였다. 뿐만 아니라 해방이 머지않았으니 민족정신을 잃지 말라고 가르치는 등 민족의식의 앙양에 주력하였다. 이처럼 청학의 항일운동이 암암리에 계속되고, 또 금강대도 간부들이 전날 불법 검거와 건물을 불법 철거한 일로 충남도경 및 김갑순을 상대하여 민사 및 형사 소송을 제기하니, 일제는 비상시국의 경찰임시조치법에 의거해 청학을 다시 검거하려고 하였다. 이에 청학은 미리 준비해 둔 금병산(錦屛山) 삼태봉(三台峰)의 토굴로 피신하였고, 다시 은거지를 충북 청원군

---

25) 이때 일제는 건물을 강제로 철거하여 여기서 나온 좋은 목재들을 당시 공주의 친일 갑부였던 김갑순(金甲淳)에게 불하하였다고 한다. 김갑순은 이것으로 유성관광호텔을 신축하였다. 나중에 유성관광호텔을 현대식으로 개축하면서 이 목재들은 다시 용인 민속촌에 있는 금련사(金蓮寺)로 들어갔다. 토암이 처음 법당을 만들 때 몸소 태백산까지 가서 좋은 목재를 가려 썼다고 하니 철거된 법당의 위용을 가히 짐작할 만하다.

오창면 양대리 이중봉(李重奉)의 집으로 잠시 옮겼다가, 5월 15일 다시 낭성면(琅城面) 두문동(杜門洞) 최익붕(崔翼鵬)의 집으로 피신하였다.

청학은 이러한 은신 기간에도 해방이 머지않았으니 그 소식을 널리 전해야 한다면서, 광복을 암시하는 '봄노래'와 그 가사에 맞춰 가무를 만들어 제자들에게 가르치기도 했다.

> 봄이 왔네 봄이 왔네 삼천리 강산에 봄이 왔네. 봄이 왔네 봄이 왔네 이 강산 금수강산. 봄이 왔네 봄이 왔네 우리 대한에 봄이 왔네… 기미년에 기미 보이고 을유년에 으레껏 되었네 만세 만세 만만세여 대한독립 만만세라. 만세 만세 만만세여 금강대도가 만만세라.

을유년에 으레 독립이 될 것임을 예언하고 있는 이 노래는 이때부터 인근 지역과 도인들 사이에 널리 퍼져 구전 가요로 전해지게 되었다.

▲ 가무하는 광경

뿐만 아니라 8·15 광복 하루 전인 8월 14일, 청학은 무릇 독립의 기미를 예감하고, 인경산(印磬山)에서 몇 년 동안 올리지 못했던 천제(天祭)를 올리면서 하늘의 도움을 기원했다.

그러고는 한 수 시를 읊어 가로되, "두문금풍취(杜門金風吹)하니 만물득의추(萬物得義秋)라. 희사도문전(喜事到門前)하니 사제동락춘(師弟同樂春)이라." 하여 광복의 기쁨을 노래하면서, 제자들에게 경계하여 가르치기를, "너희들은 삼가고 또 삼가 말을 조심하고 누설치 말라."고 하였다. 1945년 8월 15일 마침내 광복의 기쁨을 맞이하게 되자, 청학은 제자들과 함께 인경산에 올라가 '대한독립만세'를 무수히 외치면서 기쁨을 함께 했고, "지금까지는 두문(杜門)하고 있었으나 앞으로는 개문(開門)함이 옳다."고 말하면서 동네의 이름을 '개문동(開門洞)'으로 바꾸니, 주민들도 그 이후로는 개문동(開門洞)으로 부르게 되었다.

광복 후 도장을 재정비, 성전과 총본원의 건물을 재건하였으며, 금강고등공민학교를 설립하여 청소년 교육에도 주력하였다. 또한 '성재(誠齋)'라고 하는 정기적인 수련 과정을 두어서 도덕 강론과 심성 수련을 격려하고 적극적으로 선도포덕에 진력하니 당시 도인 수가 수만 명에 달했다. 1950년 5월에는 큰 전쟁이 날 것을 예견하고, 제자들에게 경거망동하지 말고 밖으로 돌아다니지 말라고 경계하였다. "이곳은 대성사부모님의 성지이니 이 땅을 버리고 어느 곳으로 피하겠느냐? 나는 피하지 않고 이곳을 지키리니, 너희들은 세상을 좇아 피하겠느냐, 스승을 좇겠느냐? 스승을 좇는 자는 길하고, 세상을 좇는 자는 흉하리니, 너희 뜻대로 하여라." 하니 제자들은 한 사람도 피난을 가지 않고 모두 청학을 굳게 믿고 따랐다.

또한 '피병란(避兵亂)' 보결(寶訣)을 내려 주며 제자들을 안심시키니, 제자들이 더욱 그를 우러르게 되었다. 이러한 청학의 법력이 세상에 알려지자 금천리는 피난처로 유명해졌다. 그리하여 도인들은 물론, 미처 남쪽으로 피난을 가지 못한 인근 주민들이 몰려들어 작은 마을이 갑자기 인산인해를 이루었다. 그러나 과연 남북 양군이 금강을 사이에 두고 격렬한 전투를 여러 번 벌이면서도 금천리 성역에는 단 한 발의 포탄도 떨어지지 않았으며, 청학의 말을 듣고 그를 따랐던 피난민들은 단 한 사람도 피해자가 없었다. 『정감록』에 등장하는 '십승지지'에는 유구(維鳩)와 마곡(麻谷) 사이가 피난처라고 했지만, 실상 6·25 때는 금천리 일대가 피난처로서 민중들에게 널리 알려지게 되었다.

1950년 11월에는 『보경(寶經)』을 하사하여 도인들의 수행법을 마련하였고, 1953년에는 금강인쇄소를 설치하여 『대원경(大圓經)』[26] 등 제반 경전을 간행하는 등 금강대도의 종교적 체계화에 심혈을 기울였다. 그러나 1957년에 이르러 일제하에서 겪은 옥고의 여독으로 환후가 재발하여 마침내 열반에 드니 향년 45세였다. 청학 사후에는 보단(寶丹)이 홀로 도무를 관장하다가 1959년에 또한 돌아가게 되니 제자들은 모두 중복(重服)을 입고 부모를 잃은 것처럼 슬퍼하였다.

(3) 제3세 도주 이일규(李一珪)·김향련(金香蓮)

▲ 제3세 도주 월란 이일규 존영

금강대도의 제3세 도주 월란(月鸞) 이일규(1934~2004) 선생은 1934년 4월 29일 충남 연기군 금남면 금천리에서 이청학 선생의 장남으로 태어났다. 그는 4, 5세 무렵부터 사서삼경을 읽기 시작하였고, 15세 무렵에는 당시 금강대도에서 설립한 금강고등공민학교에서 수학하면서 유불선 삼교를 섭렵하였다. 이후 다소 늦은 나이에 신학문에 들어갔으니, 23세가 되어서

26) 토암이 저술한 28권의 경전을 통칭하는 말로, 일명 『대성경(大聖經)』이라고도 한다.

야 청주고등학교를 졸업하였고, 성균관대학교에 입학하여 약학과를 거쳐 동양철학과에서 금강대도의 사상을 철학적으로 심화시킬 수 있었다. 1959년 김향련(1937~) 선생과 결혼하였으며, 1964년 도통을 계승하여 2004년 열반할 때까지 근 40여 년 동안 금강대도의 제3세 도주로서 중생구제 사업에 헌신하였다.

그는 금천리 성지에서 태어나 70 여생을 살다가 역시 그곳에서 돌아갔으니, 금강대도의 모든 시련기를 끝내고 실질적인 도약의 발판을 마련한 종교 지도자였다. 특히 1960~1970년대 대한민국의 경제 부흥기에 대도의 교리와 의례를 확립해 나가면서 교화 조직의 체계화와 금천 성지의 현대화, 그리고 경제 안정 및 인재 육성을 위해 심혈을 기울였다. 그 결과 오늘날 금강대도는 계룡산 주변 충청도의 신종교 중에서 가장 건실한 발전을 거듭해 나갈 수 있었다.

특히 그의 사상은 의성(義誠)에 있다고 할 수 있다. 그는 '의성'이라는 두 글자를 사용하여 대도의 사상을 개념적으로 종합하였을 뿐만 아니라, 실제의 삶에서도 온몸으로 의성을 실천궁행한 오늘날의 참다운 스승이었다. 그는 '금강삼대보훈(金剛三大寶訓)'을 내려 주어 수행의 지침으로 삼게 하였는데, 백지환원(白紙還元)·중용지도(中庸之道)·지성무식(至誠無息)이 그것이다. '백지환원'이란 건곤부모에 대한 순일무잡(純一無雜)한 신앙의 자세를 뜻하는 것이요, '중용지도'는 하나의 극단에 치우치지 않는 가장 원만하고도 올바른 수도의 자세를 말하는 것이다. '지성무식'이란 지극한 정성으로 조금도 쉼 없이 세상에 임하여 중생을 제도하라는 것이니, 이것은 곧 의성을 말하는 것이다.

그런데 더욱 중요한 것은 그 자신 일생을 통하여 그것을 실천궁행했다는 것이다. 그는 사택 현관에 커다랗게 정성 성(誠)자 한 글자를 써서 걸어 놓고, 여림심천(如臨深泉), 여리박빙(如履薄氷)이라는 말처럼 하루하루의 삶과 일동일정(一動一靜)을 온 정성을 다하여 살아가려고 노력했다. 평생을 새벽 일찍 일어나 비가 오나 눈이 오나 삼종대성전과 성산 문안을 하루도 거르지 않으니, 이는 모든 제자들에 대한 무언의 가르침이 되었다. 또한 치성이나 제향 때는 조금도 어김이 없이 시간을 철저히 지켰으며, 오히려 제일 먼저 나와 행사를 진두지휘하였다.

그가 제3세 도주로서 가장 심혈을 기울인 것은 금천 성지를 총본원으로 하고 전국에 100여 개의 본분원 회관을 건립하여 교화 조직을 확대하는 일이었다. 그리하여 1년에 20회 정도 총회일이 되면 전국 각지에서 이곳 충청도로 도인들이 몰려드니, 이곳은 모든 도인들의 신앙의 구심점이요 행정의 중심지가 되었다. 또한 그가 가장 역점을 두어 추진한 사업은 금천 성지를 성역화하는 일이었는데, 전국에서 몰려드는 도인들을 수용하기 위해서도 필수적으로 해야 할 일이었다. 금강 개도(開道) 100년[27)]이 되는 1973년과 연화 개도 100년[28)]이 되는 1983년 두 차례에 걸쳐서 금천리 일대를 대대적으로 성역화해 신앙과 수도의 중심지로서 손색없는 면모를 갖추게 되었다.

또한 국가적인 경제 발전 정책에 맞추어 운수 사업과 표고버섯 재배 등의 경제 사업을 추진하는가 하면, 자경보양원(慈敬保養院)을 설립하여 노인복지 사업도 실시하고 있다. 인재 육성을 위해 금강삼종대학(金剛三宗大學)을 두고 정규 대학 설립을 추진하고 있으며, 금강대도 종리학(宗理學)의 체계적 연구를 위하여 금강대도종리학회를 두고 매년 활발한 활동을 전개하고 있다. 그리고 2001년에는 1941년 일제에 의해 법당이 강제로 훼철된 이래 정확히 60년 만에 삼종대성전(三宗大聖殿)을 신축 건립하였다. 이때를 기하여 '무극(無極)적 은도(隱道)'의 시대를 청산하고 '태극(太極)적 개

27) 금강대도(金剛大道)의 제1세 도주 이토암 선생의 탄생 100주년.
28) 연화대도(蓮華大道)의 제1세 도주 서자암 선생의 탄생 100주년.

▲ 삼종대성전 전경

화(開化)'의 시대가 왔음을 선언함으로써 대사회적인 도덕성 개화 활동을 적극적으로 전개할 것을 천명하였다. 그리고 장자인 법산(法山) 이경구(李敬求)와 양도향(梁桃香)에게 대종법사(大宗法師), 대종덕사(大宗德師)라는 사호를 내리고 새로운 시대가 왔음을 선언함으로써 제4세 도주의 법통을 분명히 하였다.

이렇게 적극적으로 대도의 현대화를 위해 전력을 다하던 월란은 2004년 6월 71세를 일기로 열반에 들었다. 전국의 수십만 제자들이 3년간 중복을 하여 애도를 다하니 이것은 근세에 보기 드문 광경으로 주목의 대상이 되었다.

4. 미래의 성지와 금강대도의 오중대운론(午中大運論)

계룡산은 삼국시대 이래의 명산이며, 태조 이성계에 의해 도읍지 후보로 지정되었던 적이 있고, 『정감록』에 의해서 미래의 도읍지로 믿어 왔다. 그리하여 일제강점기 이후 종교적으로 의지할 데 없는 민중들에 의해서 후천 시대의 성지로 굳건한 믿음의 대상이 되어 왔다. 이러한 믿음의 배경에는 계룡산 지역의 풍수상의 특이성이 깔려 있으니 곧 산태극수태극의 형세 때문이다.

산태극수태극의 형세란 신도안의 작은 지역에만 국한된 것이 아니요, 적어도 산맥으로는 충북의 속리산과 전라북도의 덕유산과 마이산, 그리고 충남의 대둔산까지 아우르는 광활한 지역을 포괄하고 있다. 수류(水流)로 보더라도 전북 장수군 수분리 수분현(뜸봉)에서 발원한 금강이 진안-무주-금산-영동-옥천-대전(대청호)-신탄진-부강-공주-부여-강경을 거쳐 서해로 흘러드는 것이니 이 역시 충남・북과 전라북도까지 포괄하는 넓은 유역을 감싸고 있다.

결국 계룡산을 중심으로 하는 산태극수태극의 형세를 신도안이라고 하는 작은 혈처에서 볼 것이 아니라, 좀 더 큰 형국에서 대국적인 안목으로 보아야 할 것이다. 이것은 계룡산을 중심으로 하는 충청도 전체의 한반도에서의 지리적 중요성을 암시하는 것이 아닐까? 최근 참여정부에 의해서 행정수도(행정도시)로 지정된 곳이 충남의 공주(公州)와 연기(燕岐) 지역이라는 점도 결코 우연이 아니라고 본다.

『정감록』에서 말하는 계룡산 정씨 800년 도읍설도 꼭 글자 그대로 해석하기보다는, 어쨌든 계룡산을 중심으로 하는 충청도 지역이 언제든 한반도의 중심지로서 기능할 수 있다는 가능성을 내포하고 있다고 볼 수 있지 않을까? 아울러 십승지지의 하나로 일컬어지는 유구-마곡 피난처설도 단순히 피난처만이 아닌, 사회 변혁 세력의 미래를 위한 준비의 땅으로 이해될 때 계룡산은 현재와 미래가 만나는 의미 있는 장소로 볼 수 있다.[29)]

그런데 이러한 계룡산의 산태극수태극 지역 내에 바로 금강대도의 성지가 있음을 주목하지 않을 수 없다. 금강대도를 창도한 이토암 선생이 천하의 명산인 금강산을 떠나 계룡산을 찾아온 것은 후천의 도덕 문화가 바로 이곳을 중심으로 꽃피우리라는 것을 암시한 것이다. 또한 다른 민족종교와 달리 신도안을 고집하지 않고 계룡산이 멀리 내다보이는 연기군 금천리에 성지를 정한 것은 계룡산 산태극수태극의 길지를 포괄적으로 해석한 예지력에서 비롯된 것임을 확인할 수 있다. 뿐만 아니라 이곳은 6・25의 참화 속에서 피난처 역할을 톡톡히 했고, 금병산의 병풍 뒤에 위치하기 때문에 계룡대 건설로 인한 피해를 입지 않았다. 더불어 세종 도시 건설에 있어서도 간발의 차이로 도시구역 획정에서 벗어난 점 등을 볼 때 토암 선생의 혜안이 빛나고 있음을 확인할 수 있다.

이러한 성지에 기반을 가지고 있는 금강대도는 일제강점기 이후 근 100여 년 동안 줄곧 충청도 정신의 상징으로서 민족정신 앙양과 도덕 문화 건설, 그리고 심성 수련을 통한 인간 완성 등을 목표로 충청 지역과 함께 호흡해 온 충청도를 대표하는 민족종교라고 할 수 있다. 일제시대에 이미 충청도에서 제1의 교세를 자랑했고, 현재까지도 적어도 충청도 지역에서는 가장 활발한 종교 활동을 해나가고 있는 종교이다.

그런데 이러한 역사적 배경과 실질적 교세에 비추어 볼 때, 전국적으로는 아직까지 지명도가 높지 않은 것이 사실이다. 그것은 근

---

29) 이와 유사한 견해로는 권선정, 「풍수의 사회적 구성에 기초한 경관 및 장소 해석」, 교원대대학원 박사 학위 논문 135쪽 참조.

현대사에서 차지하는 충청 지역의 역사, 문화적 위상과 관련이 있다. 1894년 동학혁명으로 호남 지역이 역사의 중요 무대로 부각된 이래 증산교, 원불교 등이 상호 영향을 주고받으며 주로 이 지역을 중심으로 활약했다. 그것이 후천개벽(後天開闢)이라고 하는 혁세(革世) 사상으로 학문적 관심이 제한되면서, 한국 신종교 하면 으레 후천개벽, 그리고 호남 지역으로 연결되었기 때문이다.[30] 그리고 전통 유교, 불교 세력이 아직도 강하게 남아 있는 영남 지역은 3공화국 이래 권위주의 정권의 본고장으로서 보수주의적 이미지를 지니게 되고, 상대적으로 호남 지역은 민주화 투쟁의 본고장으로서 혁신주의적 이미지를 갖게 되었다. 이른바 지역감정 대립의 양대 지역으로 굳어지게 되었다. 한편, 호남 지역은 해방 이후 기독교 세력이 강하게 일어나고 있는 지역이기도 하다.

충청 지역은 아직까지 역사의 중심지로 등장한 적이 없다. 호남과 영남이 정권을 주고받으며 경쟁 구도를 만들어 갈 때 다만 그 중립지대로서 완충 역할만을 해왔다. 최근에는 캐스팅보트 역할을 하며 정권의 향배에 결정적인 역할을 하기도 했지만, 직접적으로 정권을 배출하지는 못했다. 그러나 충청 지역은 영원한 미래의 성지이다. 지리적으로 볼 때 언제든 한반도의 중심지로서 역할을 할 수 있는 충분한 가능성을 갖추고 있다.

이것은 주역으로 볼 때 잠룡(潛龍)이나 현룡(見龍)의 위치이다. 아직까지는 힘을 기르면서 때를 기다리고 있지만, 때가 되면 대인(大人)이 나타나 비약(飛躍)할 수 있는 기회를 엿보고 있는 것이다. 이념적으로 볼 때는 보수나 급진의 양극단에 처하지 않고, 종교적으로 볼 때 기독교나 불교 어느 쪽에도 치우치지 않는 것이 바로 충청도의 정신이다. 한국 사상의 대표적 특성이 '조화(調和)'에

---

30) 이에 대한 자세한 설명으로는 졸고, 「금강대도의 오중운도 사상과 새 시대의 비전」, 『신종교연구』 제1집, 한국신종교학회, 1999, 189~206쪽 참조.

있다고 할 때, 적어도 영호남의 지리적 중립지대에 위치한 충청도는 보수와 급진, 기독교와 불교 세력의 대립과 갈등을 조화시킬 수 있는 입장에 있다고 볼 수 있다.

금강대도가 이룩하려고 하는 미래의 도덕 세계도 이와 같다. 즉 개벽(開闢)과 같은 급진적인 혁세의 사상과는 거리를 두고, 대신 온건하고도 점진적인 변화를 추구하는 중용(中庸)의 도를 택하고 있다. 선후천의 교역은 인정하면서 급진적인 개벽보다는 인간의 도덕적 자각, 즉 개화(開化)에 초점을 맞추고 있다. 이렇듯 온건하고도 점진적인 시간관을 상징적으로 보여 주는 것이 바로 오중대운론(午中大運論)이다. 현재의 시점은 우주 일원(一元) 도수 상 오회(午會)에 해당하는 시기, 즉 오중대운(午中大運)으로서 마치 하루 중의 한낮, 즉 정오와도 같으니 그림자가 지지 않는 가장 광명한 시기이고, 시계의 시침과 분침이 하나로 합하듯이 가장 평등한 시기이다. 과거 선천 시대는 양(陽)의 시대이니 분열과 갈등, 즉 상극(相克)의 시대요, 다가오는 후천 시대는 음(陰)의 시대이니 조화와 성숙, 즉 상생(相生)의 시대라고 볼 수 있는데, 이러한 변화의 과도기가 바로 오중대운이라는 것이다. 이것은 한국 신종교에서 그 유례를 찾아볼 수 없는 매우 독특한 사상으로서 금강대도의 미래관을 잘 보여 준다.

앞으로 다가올 오중대운은 가장 광명정대한 세상으로서, 모든 차별과 억압으로부터의 해방이 이루어져 계급의 차별, 빈부의 차별이 없는 세상이 되는 것이다. 뿐만 아니라 모든 것이 평등해지는 것이니, 첫째는 음양(陰陽)의 평등이다. 그리하여 성인(구세주)도 건곤정위(乾坤正位)하여 건곤부모(乾坤父母)로 탄생한다. 대도 조직도 금강대도와 연화대도가 병립하며, 도인도 남자는 금강도인, 여자는 연화도인이라 하여 모든 수행과 지계, 그리고 구원에 있어서 아주 평등한 지위를 누리고 있다. 둘째는 천지(天地)와 인간(人間)의 평등이니, 하늘-부처-신명과 인간-중생의 거리가 좁혀져서 천지인(天地人)이 동등한 위치에서 우주의 화평을 이루어 갈 수 있는 조건이 마련된 것이다. 셋째는 인간과 삼라만상의 평등이니, 천하의 모든 사람은 물론, 우주 삼라만상까지도 형제요 동기(同氣)로 보아 육식을 철저히 금하고, 조그마한 미물, 곤충까지도 사랑하는 생명존중을 실천하고 있다. 넷째는 생사(生死)의 평등이니 살아서는 도덕군자요 죽어서는 신선・부처가 되는 생극락(生極樂)・사극락(死極樂)을 누리게 되는 것이다.

물론 이렇게 모든 것이 평등하고 광명한 그야말로 낙원의 세상이 저절로 열리는 것은 아니다. 오중대운은 인간의 권리를 천지와 동격으로 높여 주고 있지만, 그에 상응하여 오중대운의 완성이 인간의 도덕성 개화 여부에 달리게 된 것이니, 끊임없는 도덕적 수련과 실천궁행이 요구된다. 이것은 곧 미래 인류 문명의 모습을 암시하는 것으로, 인류를 구원할 신문명은 무엇보다 '인본주의(人本主義)'와 '도덕'이 주축이 되는 문명이라는 것을 확인할 수 있다. 이것은 많은 미래학자들이 내다보는 미래의 모습과도 일치한다.

이처럼 '오중대운론(午中大運論)'과 '도덕개화론(道德開化論)'으로 대표되는 금강대도의 미래관은 급박한 천지의 개벽(開闢)이나 혁세(革世)보다는 인간의 도덕적 자각과 실천을 더 중시하여 끊임없는 수련을 통한 인간 완성에 초점을 맞추고 있다. 이것은 아직까지 한반도 역사의 전면에 등장한 적은 없지만 잠룡으로서 때를 기다리며 역량을 쌓아 가고 있는 충청도의 역사적 위치와 매우 유사하다. 금강대도나 충청도나 모두 비약할 때를 기다리고 있는 잠룡인 것이다.

결국 충청도 양반들이 한반도 역사의 중심에 서게 되는 날 한국의 민주주의도 완성될 것이다. 그런데 잠룡이 때를 만나 비약하려면 대인의 도움을 받아야 한다고 했다(飛龍在天 利見大人). 금강대도에서 믿고 있는 오중평등 대운이 이 땅에 실현된다면 그것이 바로 금강대도의 비약이며, 충청도의 시대도 열리는 것이 아닐까? 그 무대는 비단 대한민국에 국한된 것은 아닐 것이다. 금강대도의 '성위가(聖委歌)'[31] 구절처럼 세계를 무대로 역량을 펼칠 '그날'을 고대해 본다.

5. 끝맺는 말

계룡산은 전통적인 한국의 명산으로서 풍수지리적으로는 회룡고조(回龍顧祖)와 산태극수태극(山太極水太極)으로 표현되는 길지이다. 이러한 풍수상의 길지가 처음으로 역사에 등장한 것은 조선 개국 초의 천도(遷都) 후보지가 되면서부터이다. 이어 『정감록』의 정씨 도읍설과 십승지설에 의해 민중들의 신앙적 구심점이 되었고, 일제강점기 이후에는 수많은 신종교에 의해 미래의 성지로 각별한 숭봉의 대상이 되었다.

금강대도는 1910년 이토암 선생이 계룡산으로 남천포덕을 단행한 이래 현재까지 100여 년 동안 줄곧 충청도를 중심으로 종교 활동을 해 왔으며, 충청도를 대표하는 한국의 자생 신종교이다. 처음 10여 년 동안 계룡산 주변을 옮겨 다니며 비밀리에 포덕과 교화에 힘쓰던 토암 선생은 타 종교들과는 달리 신도안에만 집착하지 않고, 이른바 산태극수태극의 형세를 포괄적으로 해석하여 계룡산이 멀리 내다보이는 금병산 아래 연기군 금천리에 성지를 마련하였다. 1930년대 중반에는 수만 명의 제자를 확보하여 충청도에서 제일

---

31) 아세아 동반구에 발을 구르고, 구미의 서방제국 손을 뻗쳐서, 자비의 눈물로써 세례를 하니, 만인거두 자연이라 복해가 심심, 우리의 무대로다 광활한 천지, 오만 년 빛날 역사 찬란하도다.

큰 교세를 형성하였다.

토암 사후 도통을 계승한 이청학 선생은 비범한 신도설교로 금강대도의 교리와 의례를 확립해 나가다가 1941년 일제의 민족종교 해산 정책에 의해 성전이 훼철되고 많은 제자들이 순도하는 뼈아픈 탄압을 받았다. 이어 일제의 철저한 감시를 피해 충남북을 오가며 은도를 하는 순간에도 광복을 예언하는 '봄노래'를 가르치는 등 불굴의 민족의식을 교화하였다. 광복 후 성지를 재건하고 수련 과정을 체계화하였으며, 6·25의 전란 속에서 성지를 수호하고 제자들을 보호하니, 금천리는 새로운 피난처로서 민중들의 마음에 자리하게 되었다.

일제하 고문의 여독으로 일찍 세상을 뜬 이청학 선생의 뒤를 이어 제3세 도주가 된 이월란 선생은 어려서부터 다진 구학문의 바탕위에 신학문까지 겸비하여 금강대도의 교리와 의례를 철학적으로 체계화하였다. 그는 일생을 통해 '의성(義誠)' 두 글자를 실천궁행하여 제자들의 존경을 받았으며, 교화 조직의 체계화와 금천 성지의 현대화, 그리고 경제 안정 및 인재 육성을 위해 심혈을 기울였다. 그 결과 오늘날 금강대도는 계룡산 주변 충청도의 신종교 중에서 가장 건실한 발전을 거듭해 오고 있다.

계룡산을 중심으로 하는 산태극수태극의 형세를 큰 형국에서 대국적인 안목을 가지고 볼 때, 계룡산을 중심으로 하는 충청도 전체의 한반도에서의 지리적 중요성을 암시하고 있음을 알 수 있다. 또한 『정감록』에서 말하는 계룡산 정씨 800년 도읍설도 깊은 뜻을 해석해 보면 계룡산을 중심으로 하는 충청도 지역이 언제든 한반도의 중심지로서 기능할 수 있다는 가능성을 말하는 것이며, 십승지설도 사회변혁 세력의 미래를 위한 준비의 땅으로 이해될 수 있다.

이렇듯 계룡산의 산태극수태극 지역 내에 바로 금강대도의 성지가 있다. 계룡산을 중시하지만, 굳이 신도안이 아닌 금병산 아래 연기군 금천리에 성지를 정한 것에서, 계룡산 산태극수태극의 형세를 포괄적으로 해석한 이토암 선생의 혜안이 빛난다. 이러한 성지를 바탕으로 한 금강대도는 일제강점기 이후 근 100여 년 동안 줄곧 충청도 정신의 상징으로서 충청 지역과 호흡을 함께 해 온 충청도를 대표하는 민족종교라고 할 수 있다.

그런데 이러한 역사적 배경과 실질적 교세에 비해 전국적으로 지명도가 높지 않은 것은 근현대사에서 차지하는 충청 지역의 역사, 문화적 위상과 관련이 있다. 즉 충청 지역은 영・호남과 기독교・불교 갈등의 중립지대로서 완충 역할만을 해 왔지 아직까지 역사의 중심지로 등장한 적이 없다. 이것은 잠룡으로서 비약할 수 있는 기회를 보고 있는 것이며, 이념적으로나 종교적으로 양극단의 어느 쪽에도 치우치지 않는 조화와 중용의 입장이라고 할 수 있다. 그러기에 충청 지역은 영원한 미래의 성지이다. 언제든 한반도의 중심지로서 역할을 할 수 있는 충분한 가능성을 갖추고 있다.

금강대도가 이룩하려고 하는 미래의 도덕 세계도 개벽과 같은 급진적인 혁세의 사상과는 거리를 두고 있다. 대신 온건하고도 점진적인 변화를 추구하는 중용의 도를 택하고 있으니, 그것이 바로 오중대운론과 도덕개화론이다. 오중대운이란 분열과 갈등, 즉 상극의 시대를 마감하고, 조화와 성숙, 즉 상생(相生)의 시대로 변화해 가는 과도기를 말한다. 이것은 모든 차별과 억압이 해방되는 평등대운을 말하는 것이니, 음과 양, 천지와 인간, 인간과 자연, 생과 사의 평등이 이루어지는 것이다. 도덕개화론이란 이러한 오중대운의 낙원 세상을 주체적으로 열어야 하는 인간의 노력, 즉 끊임없는 도덕적 수련과 실천궁행에 대한 요청이다.

금강대도나 충청도나 때를 기다리며 역량을 쌓아 가고 있는 잠룡이라는 점에서 공통적인 측면이 있다. 충청도라는 잠룡이 일어나 비약을 하고, 거기에 금강대도의 구세제민(救世濟民) 사상이 정신적 바탕으로 작용한다면, 이것은 한국 민주주의는 물론, 도덕 문명이 완성되는 새로운 대동세계의 구현이 아닐까 생각해 본다.

제9장. A World of Gender Equality Created Together by Kunbu(乾父) and Konmo(坤母)

1. Introduction
2. Family harmony(家和) of Heaven and Earth and the role of Konmo(坤母)
3. Monistic world view and Ojung egalitarianism
4. The structure of gender equality viewed from rituals and organization
5. Role models of Kunbu and Konmo
6. Conclusions

〈영문〉

제9장. A World of Gender Equality Created Together by Kunbu(乾父) and Konmo(坤母)

1. Introduction

World religions representing the East and the West are generally male centered. Most of their gods, saviors and priests are men. Howeer, in proportion to the rising voice of women throughout the world, we can see the gradual rising of goddesses. The question of "Can female Saints, female Buddha and female Christ come?" has a very significant meaning in feminism research today. Kumkangdaedo has believed the coming of a mother savior, namely, Konmo(坤母). That is, Kunbu(乾父) and Konmo, namely Kunkonbumo(乾坤父母) who gave birth to and grew Heaven and Earth became saviors together.

Kumkangdaedo is a religion that believes the coming of Kunkonbumo(乾坤父母) as the eternal saviors of human beings, cultures human morality based on the spirit of Righteous Sincerity(義誠) according to their teachings, and blooms the moral civilization of human beings. Kumkangdaedo is a new religion in Korea that was founded by 1st generation master Toam(土庵) Lee Seung

▲ 삼종대성전에 모셔진 건부와 곤모

yeo (李承如, 1874~1934) and his wife Seo Ja am(徐慈庵, 1884~1927) and has 132 year long history. It has been continued by 2nd generation master Cheonghak(青鶴) Lee Seong jik(李成稙, 1913~1957) and Min Bo dan(閔寶丹, 1913~1959), and 3rd generation master Wolran(月鸞) Lee Il gyu(李一珪, 1934~2004) and Kim Hyang ryeon (金香蓮, 1937~). These masters through three generations are called Samsinilche(三身一體), Sambulsejon(三佛世尊) Daedodeokseongsa Kunkonbumo(大道德聖師乾坤父母) and believed to be absolute saviors.

Recently feminism is attracting people's attention throughout the world as an important social idea leading the new world of gender equality. However, if feminism becomes an ideology and causes sharp confrontation between men and woman enhancing indiscriminative hostile attacks, it is a problem. Both men and women are on board the same boat of the earth and they must walk the road of co existence and harmony through mutual support rather than walking the road of co destruction through hostile fighting.

Thus, this article purposed to examine the theories and practices of the faith in Kunkonbumo, to obtain implications of gender equality for correct gender roles and ultimately to open a new insight to discussion on feminism.

2. Family harmony(家和) of Heaven and Earth and the role of Konmo(坤母)

Belief in Kunkonbumo can be considered to be the religious symbolism of Oriental Yin-Yang(陰陽) thought and the three beings thought of Heaven Earth Man(天地人). Kunkonbumo is believed to be the manifestation of Heaven and Earth(天地) or Tao(道), and because it came in the form of man it is a great teacher of human beings, namely, Mangodaeseong(萬古大聖). After the death of the 1st generation master Toam(土庵), the 2nd generation master Cheonghak said concerning his divinity, "Who can know the principle that heaven becomes a man and a man becomes heaven. The principle of the union of the three beings is clear as a great saint(土庵) ascended to heaven and descended to earth." By saying so, he emphasized that Toam is the incarnation of Kunkonbumo. Toam(土庵), Cheonghak(靑鶴) and Wolran(月鸞) are believed to be Kunbu(乾父) and their mates Jaam(慈庵), Bodan(寶丹) and Hyangryeon(香蓮) are believed to be Konmo(坤母). That heaven becomes a man and a man becomes heaven implies that trinity Kunkonbumo is Heaven and Earth itself.

In this way, absolute belief in Kunkonbumo is linked to the idea of Cosmic family harmony(宇宙家和) that views the universe as a family and all beings in the universe as brothers. In Dodeokga, Toam said, "Heaven and earth (天地) are parents(父母), the sun and the moon(日月) are brothers(兄弟), and stars(星辰) are friends(朋友). Who are not brothers and friends?" This means that Heaven and Earth born of Kunkonbumo are one family and the sun, the moon and stars and all people in the world are brothers and friends. In addition, he said, "Heaven and Earth are parents, so it is not exaggeration to call all things in the universe my brothers, and because man is the lord of all creations he must love even beasts, insects, plants and trees, abstaining from killing or breaking them thoughtlessly," emphasizing that all things in universe must be treated as brothers.

An important point in the idea of Cosmic family harmony is the emphasis of the role of the female savior, namely, Konmo(坤母). Kumkangdaedo defines the past age of pre heaven as the age of Yang(陽) and the future age of post heaven as the age of Yin(陰). Thus, in pre heaven, saints were male and women were discriminated even in the domain of religion. Only the father was worshipped and the mother shed tears under the father's authority. In family, the father was fearful and strict. Thus, in the past age of pre heaven, there was only 'God father' but 'Earth mother' did not come yet, so the distance between man and heaven or between human world and divine world had to be quite long. After all, man had to look up the father from the lowest position and was always arrested by the sense of guilt. Now, however, the affectionate mother came and, as a result, the position of the father was relatively lowered and man's position was elevated. This shortened the distance between man and the father and, as a consequence, Heavenly father(乾父), Earthly mother(坤母) and Human children(人子) came to rejoice together.

3. Monistic world view and Ojung egalitarianism

Kumkangdaedo symbolizes Oriental philosophies religiously by putting up three beings (Heaven Earth

Man), three religions (Confucianism, Buddhism, Taoism) and three natures (Mind Character Body), so it is imbued with the Oriental unitary and organic thinking. As manifested by belief in Kunkonbumo (乾坤父母), Kumkangdaedo is based on the world view of Heaven Earth Man(天地人). The view of nature expressed in Heaven Earth Man is the recognition of the inseparable relation between man and nature.

In this way, the monistic and relational world view expressed with the unique force(一氣) and Heaven Earth Man(天地人) is connected to the absolute egalitarianism of all things in the world, and this is called Ojung egalitarianism (午中平等) in Kumkangdaedo. Ojung(午中) is a transitional period between 50,000 years' pre heaven(先天) and 50,000 years' post heaven(後天). Figuratively speaking, it is noon between the morning and the afternoon in a day or the point of time between the summer and the autumn in a year. Thus the age of Ojung is like noon in a day, the brightest moment without shadow and the most impartial time like the union of the hour hand and the minute hand. Furthermore, it is the warmest season, which is not cold or hot, in a year.

The equality of Kumkangdaedo viewed through Ojungunodo(午中運度) can be summarized as follows.

First, it is the age of equality between Yin-Yang(陰陽), so saints (saviors) born in this period are Kunkonbumo through the equal position of Kunkon(乾坤正位). Because Ojung(午中) is the brightest and most upright time, all discriminations and oppressions are removed, and the world does not have discriminations between man and woman, between high and low and between rich and poor.

Second, it is the age of equality between Heaven and Earth and Man. In the past age of pre heaven, Heaven Buddha Divinity were regarded as high and holy and humans were regarded as low and meager. Now, however, as an affectionate mother who mediates between man and the strict father has appeared, conditions for universal peace between Heaven Earth Man in equal position have been prepared.

Third, it is the age of equality between man and everything in the world. As explained earlier about the thought of Cosmic family harmony, through belief in Kunkonbumo, human beings came to have an insight to see all people in the world and all things in the universe as brothers and friends, going beyond the Oriental idea of the unity of Heaven Man. Therefore, Kumkangdaedo believers practice the teaching of 'Respect Heaven and Earth(敬天地)' and abstain from eating meat, and follows the footprints of the great saints Kunkonbumo who loved even the smallest creatures and insects.

Fourth, it is the age of unity between life and death. As well expressed in the view of salvation called life death paradise(生死極樂), if people are well disciplined and coupled with Heaven and Earth, they become virtuous during their life, and become Saints and Buddhas after death, enjoying life paradise and death paradise at the same time.

4. The structure of gender equality viewed from rituals and organization

Then how is the Ojung egalitarianism of Kumkangdaedo asserting the absolute equality of all things in the world practiced? Conscious and clear efforts are being made to open a new age of gender equality in the aspects of rituals, organizations, precepts and family ethics. This is clearly distinguished from most established religions that are thoroughly male centered.

First, Kunbu(乾父) and Konmo(坤母) are worshipped as the objects of belief, and Kunbu is called Kumkangdaebul(金剛大佛) while Konmo Yeonhwadaebul(蓮華大佛). The religious order is called Kumkangdaedo(金剛大道) outwardly, but both Kumkangdaedo and Yeonhwadaedo(蓮華大道) inwardly. In addition, the organization of the order has 'the Headquarters of Kumkangdaedo' and 'the Headquarters of Yeonhwadaedo' and each has its directors. In addition, male believers are called Kumkangdoin(金剛道人) and female ones Yeonhwadoin(蓮華道人). In performing rituals such as prayers(致誠) and sacrifices(祭享), both men and women participate equally as an effort to practice gender equality.

▲ 성산 제향 모습

Furthermore, men and women are acknowledged equally as best disciples. The 1st generation master Toam said, "Facing the tide of equality between man and woman today, it is equality between man and woman to find a teacher and learn Tao, to train the mind and character for Doseongdeokrip (道成德立) and to leave a name as one of 108 virtuous persons. In what age in the past was such equality?" and stated that 108 virtuous men and 108 virtuous women will rise as the best disciples of Kunkonbumo. Most religions in the age of pre heaven were thoroughly male centered and famous top disciples of pre heaven saints such as Confucius, Buddha and Jesus were mostly men. Considering this, gender equality is an important characteristic of Kumkangdaedo.

On the other hand, egalitarianism between Kumkang and Yeonhwa is applied and practiced as it is in believers' family ethics. Husband wife ethics is emphasized through Kumkangsilhaengsipjo(金剛實行十條), and Kumkangsipgyeyul(金剛十戒律), which are believers' practical precepts. In Kumkangsilhaengsipjo, 'Byeolbubu(別夫婦)' acknowledges that there is no discrimination but difference between husband and wife. In addition, Kumkangsipgyeyul specifies 'A wife for a husband(一夫當一妻),' emphasizing harmony between husband and wife in the equal position and correcting the evil practice of concubinage in the traditional patriarchal system. In Dodeokga(道德歌) is written, "Is there anything else than respect to keep between husband and wife?" This is to overthrow the custom of predominance of men over women by teaching the personal and respectful meeting between husband and wife. This is one of conscious efforts to open a new age of gender equality through improving traditions.

In addition, there are several points showing the will to reform traditional patriarchal customs. For example, if there are only daughters without a son, grandsons from the daughters continue the family line instead a child is adopted. When the mother has passed away while the father is alive, the children have a three years' mourning period instead of having Gangjanggi(降杖期 one year's period of wearing a mourning dress without using a stick). The same dress regulation is applied for the wife's parents, the mother's parents, the husband's parents and the father's parents. Moreover, in memorial services, all descents including sons and daughters participate without discrimination. All these show the will to reform.

5. Role models of Kunbu and Konmo

Then, how are the roles of man and woman defined and practiced in Kumkangdaedo? This is naturally represented by the role models of Kunbu(乾父) and Konmo(坤母) in Kumkangdaedo.

The idea of Kunkonbumo in Kumkangdaedo can be a good alternative in discussion on feminism for the side of acknowledging femininity. The 1st generation master of Yeonhwadaedo Seo Ja am(徐慈庵, 1884~1927) said, "The rise and fall of a family and a nation and the education of descendants depend on the hand of women," emphasizing that women's role is so important as to decide the success and failure of a house and a nation. In addition, she encouraged by saying, "Have peace between father and children, between husband and wife and between brothers, keep harmony among people, be friendly to neighbors and be peaceful with village people." This shows that women have abilities to resolve conflicts and play an important role for peace and harmony. In addition, he said, "The wife must be most careful against vanity and idleness and keep frugality and chastity. If not, she cannot help but looking like a beast and the house will decline and fall. Keep this in mind and never forget." This teaches the importance of economic frugality for women. The spirit of harmony and frugality are considered very important in terms of today's ecology.

On the other hand, similar to feminists arguing, "The future is woman," Kumkangdaedo declares that the future is obviously the age of post heaven Yin. That is, human history until now has been the age of pre heaven Yang dominated by men but, in the future age of post heaven, female centered culture will prevail. Then, does this suggest that there will be matriarchal society where women oppress men as men did to women under the patriarchal system in the past?

It will not be so. The character of Yang originally develops from division, creating a dominating society, but because Yin is peaceful and inclusive by nature it will embrace and help for co existence and co prosperity rather than suppressing and oppressing the opposite. This is why Kumkangdaedo upholds 'the Great Period of Ojung Egalitarianism(午中平等大運)'. That is, Ojung, in which Kunkon(乾坤) is equally positioned, is set as a transitional period from the age of pre heaven Yang to the age of post heaven Yin to build up a new social structure of gender equality.

Then what actual role model will Kunkonbumo of Kumkangdaedo, who is known to lead the coming post heaven age, show in the history of Daedo? By studying this, we may have a new viewpoint to the problem of gender equality.

Doctrinally, Konmo(坤母) is the master of Yeonhwadaedo (蓮華大道) who executes the projects of Heaven and Earth in the same position as that of Kunbu(乾父). However, her role looks not exposed outwardly. In general, it looks to have played the role of embracing disciples with motherly love and assisting Kunbus' projects of Heaven and Earth, taking the lead in manifesting women's virtues. Most of all, it seems to have insisted diligence and frugality, taught contentment with poverty and delight in Tao and disciplined children.

Besides, Konmo(坤母) sometimes carried out projects of Heaven and Earth by herself and exercised religious authority in the administration of Daedo. For example, the 1st generation master of Yeonhwadaedo Seo Ja am is known to have built an altar toward the north in the rear garden and prayed Heaven and Earth for the salvation of people in the world. In addition, the 2nd generation master of Yeonhwadaedo Min Bo dan(閔寶丹) led the order alone through Sindoseolgyo(神道設教) for around 3 years after the death of Cheong hak, and the 3rd generation master Kim Hyang ryeon(金香蓮) also has been leading the order to the present since the death of Lee Wol ran(李月鸞) in 2004.

Here we can see what principles husband and wife must keep for the peace of the house. The most important things are mutual respect, playing the roles given to each person, and becoming moral examples for their children. What is important to both man and woman is to perform works inside and outside the house and, for that, roles should be divided harmoniously. Summing up, husband and wife in a family are two mutually supplementary persons, supporting each other's weakness and completing their lives and family.

6. Conclusions

These days, as women's voice is rising in all areas including politics, economy, society and culture, the religious circle is taking interest in goddesses appearing in ancient myths and female masters are occasionally appearing. In this sense, does the idea Kunkonbumo and Cosmic family harmony in Kumkangdaedo, which believes that Konmo(坤母) comes to earth and plays an important role for family harmony in Heaven and Earth, not say symbolically the coming of new female centered world?

With regard to the gender role model of man and

woman, which is controversial recently, the idea of Kunkonbumo in Kumkangdaedo is believed to give theoretical and practical cases and alternatives. First, theoretically, Ojung egalitarianism in Kumkangdaedo maintains that not only man and woman but also all things in the universe are equal, so it is a solid theoretical background supporting Kunkonbumo's firm will to create a new world of gender equality. On the solid philosophical ground, Kumkangdaedo makes continuous efforts to throw away evil practices under the traditional patriarchal system with regard to the name and organization of the order, rituals and precepts and to open a new age of gender equality.

In addition, with regard to future gender role model, Kumkangdaedo does not acknowledge any human model for gender equality if it excludes femininity. The birth of female saints suggests that femininity may play an important role these days. Of course this does not mean that women take charge of home management and economy. Internal and external roles should be divided harmoniously and executed smoothly. In child education, additionally, the father was strict and the mother was generous in the past but, these days, strictness and generosity should be conveyed to children harmoniously by both the father and the mother. This is linked to king king(君君), subject subject(臣臣), father father(父父) and child child(子子), namely, the completion of each person's role emphasized by master Lee Wol ran(李月鸞).

However, in order to divide roles properly, there is a precondition. It is that domestic works and external works should be evaluated equally in terms of the value of labor. This is well represented by the footsteps of Konmos in Kumkangdaedo. That is, Konmos' ordinary works were focused on assisting Kunbu, teaching children and embracing disciples like a mother, and were not involved in external affairs. However, it was inevitable, they sometimes took charge of events and supervised works. Thus, throughout 132 year long history of Daedo, Konmos were as highly respected as Kunbu, and their achievements also became the object of admiration. Thus, the role division by Kunkonbumo in Kumkangdaedo is considered to be an example of a gender equal husband wife model today.

The world of genuine gender equality is created jointly by men and women. In this sense, the mutual respect and role division between Kunbu and Konmo in Kumkangdaedo can be an example of a gender equal husband wife model today. Expecting that the world created jointly by them will be an ideal paradise of gender equality dreamed by all human beings in the world, we expect that the sacred reforms on earth by Konmos may be remembered in human history forever as the myths of new goddesses in this age.

〈국문〉

건부(乾父)와 곤모(坤母)가 함께 만들어 가는 양성평등의 세계

1. 시작하는 말

동서양 문명을 대표하는 세계 종교들은 대개 남성 중심적이다. 신(神)도 남성 신이고, 구세주도 대개는 남성이며, 성직자도 남성이 주류를 이루고 있다. 그러나 오늘날 세계적으로 여성들의 발언권이 높아지고 있는 것과 비례해서, 여신(女神)들이 서서히 부활하고 있음을 보게 된다. '여성 성인(聖人)과 여성 부처, 여성 그리스도의 도래가 가능한가?'라는 물음은 오늘날 페미니즘 연구에서 매우 중요한 의미를 갖는다. 그런데 금강대도는 무엇보다 어머니 구세주, 즉 곤모(坤母)가 이 세상에 왔음을 믿는다. 천지를 낳고 기르는 건부(乾父)와 곤모, 즉 건곤부모(乾坤父母)가 함께 구세주가 되었다는 것이다.

금강대도는 건곤부모(乾坤父母)가 인류의 영원한 구세주로 이 세상에 왔음을 믿고, 그 가르침에 따라 의성(義誠)의 정신으로 스스로를 갈고 닦아 인간의 도덕성을 개화(開化)하고 인류 도덕 문명을 꽃피우려는 종교이다. 금강대도는 제1세 도주 토암(土庵) 이승여(李承如, 1874~1934)와 서자암(徐慈庵, 1884~1927) 부부에 의해 창도되어 132년의 역사를 가진 한국의 대표적인 신종교이다. 제2세 도주 청학(靑鶴) 이성직(李成稙, 1913~1957)과 민보단(閔寶丹, 1913~1959), 제3세 도주 월란(月鸞) 이일규(李一珪, 1934~

2004)와 김향련(金香蓮, 1937~)에 의해 이어져 왔으니, 이들 3대의 도주를 삼신일체(三身一體)·삼불세존(三佛世尊) 대도덕성사 건곤부모(大道德聖師乾坤父母)라 하여 절대적 구원자로 신봉하고 있다.

최근에 페미니즘은 양성평등의 새로운 세계를 이끌어 가는 중요한 사회사상으로 전 세계적인 주목을 받고 있다. 그러나 페미니즘이 이데올로기화되어 남녀 간의 첨예한 대립과 남성에 대한 무차별적 적대적 공격을 위주로 한다면 이것은 문제라고 생각한다. 남자든 여자든 지구라는 같은 배를 탄 운명이며, 서로 적대적인 투쟁으로 공멸의 길을 걷기보다는 상호 보완을 통한 공생 화합의 길을 가야 하기 때문이다.

따라서 이 글에서는 금강대도 건곤부모 신앙의 이론과 실천을 살펴봄으로써 양성 평등의 올바른 성 역할에 대한 시사점을 얻으려고 하는 것이며, 그렇게 함으로써 페미니즘 논의에 하나의 새로운 안목을 열어 줄 수 있기를 기대한다.

2. 천지의 가화(家和)와 곤모(坤母)의 역할

건곤부모 신앙은 동양적 음양(陰陽) 사상과 천지인(天地人) 삼재사상의 종교적 상징화라고 볼 수 있다. 건곤부모는 천지(天地), 또는 도(道)의 현현(顯現)으로 믿어지고 있으며, 인간의 모습으로 왔기에 인류의 위대한 스승, 즉 만고대성(萬古大聖)이다. 제2세 도주 청학은 제1세 도주 토암(土庵)의 사후, 그 신격에 대하여 언급하기를, "하늘이 화하여 사람이 되고 사람이 화하여 하늘이 되는 이치를 누가 능히 알리오. 대성인〔土庵〕이 하늘에 오르시고 땅에 내리심에 삼재 응합하는 이치가 소연히 밝도다."라고 하여 토암이 바로 건곤부모의 화신임을 강조하고 있다. 그리하여 토암(土庵)·청학(青鶴)·월란(月鸞)을 건부(乾父)로, 그 배위(配位)인 자암(慈庵)·보단(寶丹)·향련(香蓮)을 곤모(坤母)로 숭봉하고 있으니, 하늘이 사람이 되고, 사람이 하늘이 된다고 하는 것은 바로 이들 삼신일체(三身一體)의 건곤부모가 곧 천지, 그 자체임을 나타내고 있다.

이렇게 건곤부모에 대한 절대적인 신앙은 우주를 하나의 가정으로 보고, 그 안에 존재하는 모든 존재들을 형제로 보는 우주가화(宇宙家和) 사상으로 이어진다. 토암은 『도덕가』에서 "천지(天地)는 부모(父母)라 하고 일월(日月)은 형제(兄弟)라 하며 성신(星辰)은 붕우(朋友)라 하였으니 천하지인이 누가 형제 아니 되며 누가 붕우 아니 되리."라 하였다. 이는 건곤부모가 낳은 천지를 하나의 가정으로 보고, 일월성신과 천하의 모든 사람들을 형제와 붕우로 본다는 것이다. 또한 "천지는 부모시니 우주 만물을 나와 형제라 해도 과언이 아니요, 사람이 만물의 영장이니 비록 금수, 곤충, 초목이라도 마땅히 사랑하여서 함부로 죽이거나 꺾지 말아야 하느니라."고 하여 우주 만물을 형제로 대해야 한다는 점을 강조한다.

이러한 우주가화 사상에서 중요한 점은 무엇보다도 여성 구세주, 즉 곤모(坤母)의 역할을 강조한 것이다. 금강대도는 과거 선천 시대를 양(陽)의 시대로, 그리고 다가올 후천 시대를 음(陰)의 시대로 규정한다. 그리하여 선천의 모든 성인들은 오직 남자였고, 종교가에서도 여성은 차별적인 대우를 받았다고 한다. 아버지만이 숭배의 대상이 되었고, 어머니는 늘 아버지 권위에 밀려 눈물만을 흘려야 했다는 것이다. 한 가정에서도 아버지는 무섭고 엄한 분이다. 따라서 과거 선천 시대에는 '하느님·아버지'만 있었지, '땅님·어머니'가 오시지 않았기 때문에, 인간과 하늘, 또는 인간 세계와 신명 세계의 거리는 멀 수밖에 없었다. 결국 인간은 늘 아주 낮은 위치에서 아버지를 우러를 수밖에 없었고, 항상 죄의식에 사로잡혀 있을 수밖에 없었다. 그런데 이제 자애로운 어머니가 오심으로, 아버지의 위치는 상대적으로 하강하고 오히려 인간의 위치가 상승하여 인류는 아버지와의 거리감을 좁힐 수 있게 되었고, 하느님 아버지(乾父)와 땅님 어머니(坤母), 그리고 인간 자식(人子)이 함께 즐거워할 수 있게 된 것이다.

3. 일원론적인 세계관과 오중평등 사상

금강대도는 천지인 삼재와 유불선 삼종, 그리고 심성신 삼품을 교리의 중심에 내세우는 등 동양철학을 종교적으로 상징화하고 있어서 동양의 전일적이고 유기체적인 사고가 그대로 녹아 있다고 볼 수 있다. 금강대도는 건곤부모(乾坤父母) 신앙에 단적으로 나타나듯이 천지인(天地人) 삼재의 세계관을 기본으로 한다. 천지인 삼재에 나타나는 자연관은 자연과 인간을 상호 분리할 수 없는 관계로 인식한다는 것이다.

이렇듯 일기(一氣)와 천지인(天地人) 삼재로 표현되는 일원론적이고 관계론적인 세계관은 곧 삼라만상의 절대적 평등사상으로 이어지고 있으니, 금강대도에서는 이를 오중평등(午中平等) 사상이라고 한다. 오중(午中)이란 선천(先天) 5만 년과 후천(後天) 5만 년이 교역하는 과도기를 말한다. 이것은 하루로 치면 오전과 오후가 바뀌는 정오(正午)와 같고, 1년으로 치면 여름과 가을이 바뀌는 때이다. 따라서 오중 시대의 특징은 마치 하루 중의 한낮, 즉 정오와도 같아서 그림자가 지지 않는 가장 광명한 시기이고, 시계의 시침과 분침이 하나로 합하듯이 가장 평등한 시기이다. 또한 1년의 계절로 보면 덥지도 않고 춥지도 않은 가장 온화한 시기가 된다.

오중운도(午中運度)로 바라보는 금강대도의 평등은 다음과 같이 요약될 수 있다.

첫째, 음양(陰陽)이 평등한 시대이니, 이 시대에 출현하시는 성인(구세주)은 건곤(乾坤)이 정위(正位)하여 건곤부모로 탄생한다는 것이다. 뿐만 아니라 오중(午中)은 가장 광명정대한 시대이니, 모든 차별과 억압으로부터의 해방이 이루어져 남녀의 차별, 계급의 차별, 빈부의 차별이 없는 세상이 된다고 한다.

둘째, 천지와 인간이 평등되는 시기이다. 과거 선천 시대는 하늘・부처・신명은 높고 거룩하며, 인간・중생은 낮고 비천한 존재로 여겼다. 그러나 이제 아버지의 엄한 면을 중재할 수 있는 자애로운 어머니가 동시에 출현하시므로 천지인이 동등한 위치에서 우주의 화평을 이루어 갈 수 있는 조건이 마련된 것이다.

셋째, 인간과 삼라만상이 평등되는 시기이다. 앞에서 우주가화 사상에 대해 설명하였듯이, 이제 인류는 건곤부모에 대한 신앙을 통해서 동양의 천인합일 사상을 한 단계 뛰어넘어 천하지인(天下之人)은 물론, 우주 삼라만상까지도 형제요 동기(同氣)로 볼 수 있는 안목을 갖게 되었다. 그리하여 금강대도인들은 '경천지(敬天地)'의 가르침을 생활화하고 있으며, 육식을 철저히 금하고, 조그마한 미물, 곤충까지도 사랑하였던 대도덕성사건곤부모의 성적을 그대로 계승하여 실천하고 있다.

넷째, 생사(生死)가 하나로 되는 시기이다. 이것은 생사극락(生死極樂)이라고 하는 구원관 속에 잘 나타나 있는데, 인간이 도를 잘 닦아 천지와 짝을 하게 되면 살아서는 도덕군자요(此生君子) 죽어서는 신선・부처(來生仙佛)가 되어 생극락・사극락을 동시에 누린다는 것이다.

4. 의례와 조직을 통해 본 양성평등의 구조

이렇듯 만물의 절대 평등을 주장하고 있는 금강대도의 오중평등 사상은 실제로 어떻게 실천되고 있는가? 의례와 조직, 계율, 그리고 가정 윤리의 측면에서 남녀평등의 새로운 시대를 열려고 하는 의식적이고도 분명한 노력을 보여 주고 있으니, 이것은 철저히 남성 중심적인 대부분의 기성 종교들과는 확실히 구분되는 점이다.

우선 신앙 대상으로서 건부(乾父)와 곤모(坤母)를 숭봉하면서 건부를 금강대불(金剛大佛)이라 하고, 곤모를 연화대불(蓮華大佛)이라 칭하고 있다. 종단 명칭에 있어서도 대외적으로는 금강대도(金剛大道)라 하지만, 내부적으로는 금강대도와 연화대도(蓮華大道)를 병존시키고 있다. 그리하여 종단 조직에 있어서도 '금강대도 총본원'과 '연화대도 총본원'을 두고 모든 직책의 책임자를 금강과 연화 각 1명씩 똑같이 두고 있다. 또한 도인들의 호칭에 있어서도 남자는 금강도인(金剛道人), 여자는 연화도인(蓮華道人)이라 하며, 치성(致誠)과 제향(祭享)등 모든 의례를 행할 때에도 금강과 연화가 동등하게 참여하고 있어 양성평등 의식을 실천하기 위해 많은 노력을 하고 있음을 알 수 있다.

뿐만 아니라, 수제자로서 남녀를 동등하게 인정해 주었으니, 제1세 도주 토암은 "오늘날 남녀평등 운을 맞이하여 스승을 찾아 도를 공부하는 것도 남녀가 평등이요, 심성을 수련하여 도성덕립(道成德立)하는 것도 남녀평등이요, 백팔군자가 이름을 천하에 남기는 것도 남녀평등이니, 과거 어떤 때에 이와 같은 평등의 시대가 있었다는 것을 들어본 적이 있는가?"라고 하여 건곤부모의 수제자로서 남 108군자와 여 108군자가 출세한다는 것을 명시하고 있다. 선천 시대 대부분의 종교들이 철저히 남성 중심 종교이며, 특히 공자, 석가, 예수 등 선천 성인들이 한결같이 이름난 수제자 중에 여성이 거의 없었다는 것과 비교해 보면, 이는 금강대도의 중요한 특징이라고 보아도 무리가 없다.

한편, 이러한 금강과 연화의 평등사상은 도인들의 가정 윤리에도 그대로 적용되어 실천되고 있다. 부부간의 윤리는 도인들의 실천계율인 금강실행십조(金剛實行十條), 금강십계율(金剛十戒律)을 통해서도 강조되고 있다. 금강실행십조에서는 '별부부(別夫婦)'라 하였으니, 이는 부부간에 차별(差別)이 아닌, 구별(區別)을 인정하는 것이다. 또한 금강십계율에서는 '일부당일처(一夫當一妻)'라 명시하고 있으니, 이는 부부간에 평등적인 입장에서의 화합을 강조하는 것이요, 전통적인 가부장제로 인한 축첩(蓄妾)의 폐습(弊習)을 개선하려 했던 것이다.

그리고 토암은 『도덕가(道德歌)』에서 "부부간에 하는 도리 공경밖에 또 있는가?"라고 말하고 있으니, 이것은 부부간에 서로 공경하는 인격적인 만남을 가르침으로써 전통적인 남존여비(男尊女卑) 사상을 타파하려 했던 것이다. 이것은 전통을 개선하여 남녀평등의 새로운 시대를 열고자 하는 의식적인 노력을 분명히 보여 주는 사례이다.

뿐만 아니라 전통적인 가부장제 풍습에 대한 개혁 의지를 여러 곳에서 찾아볼 수 있다. 예컨대 아들이 없고 딸만 있을 때 양자를 들이는 것보다는 외손봉사(外孫奉祀)가 옳다고 한 점, 부재모상(父在母喪)에 강장기(降杖期 ; 지팡이 짚지 않고 1년 복 입는 제도)를 폐하고 아버지 상과 똑같이 3년상으로 한 점, 처부모와 외조부모의 복제를 자기 부모와 조부모와 똑같이 한 점, 제사 시에 아들, 딸을 안 가리고 소생 자녀 모두가 배례를 하게 한 점 등이 그러한 개혁 의지를 보여 준다.

5. 건부와 곤모의 역할 모형

그렇다면 금강대도에서는 남녀의 성 역할을 어떻게 규정하여 실천하고 있는가? 이것은 금강대도의 건부(乾父)와 곤모(坤母)가 어떠한 역할 모형을 보여 주고 있는가를 살펴보면 자연히 드러난다.

금강대도의 건곤부모 사상은 여성성에 대한 긍정적 입장으로서 페미니즘 논의에 좋은 대안이 될 수 있다고 생각한다. 연화대도의 제1세 도주인 서자암(徐慈庵, 1884~1927)은 "한집안과 나라의 흥망성쇠, 자손의 교육 여부는 모두 우리 부녀자의 손에 달려 있으니…"라고 하여, 여자의 역할이 한집안과 나라의 흥패(興敗)를 결정할 정도로 중요하다는 것을 강조하고 있다. 또한 "육친(六親 ; 父子, 夫婦, 兄弟)을 화합하고, 종족(宗族)을 화목하며, 이웃사람을 정답게 사귀고 동리 사람을 화(和)하게 하라." 하였으니, 이는 여성이 무엇보다도 갈등을 화합시키는 능력이 있다는 것과, 그러한 화합에 있어서 여성의 역할이 중요함을 강조하고 있다. 또한 "부인이 가장 경계할 바는 사치와 게으름이며, 가장 지킬 바는 근검과 정조이니, 만일 그렇지 못하면 금수와 같이 돌아감을 면치 못할 것이요, 한집안을 쇠하고 망하게 하는 단서가 되나니 간절하고 마땅히 경계할지니라."라고 하였다. 이는 여성에게 있어서 경제적 절약의 중요성을 가르치고 있다. 이러한 화합과 절약의 정신은 오늘날 생태학의 입장에서 보더라도 상당히 중요한 것이다.

한편 "미래는 여성이다."라고 주장하는 페미니스트들과 유사하게 금강대도에서는 앞으로 다가올 시대가 분명히 후천(後天)의 음(陰)의 시대가 됨을 선언하고 있다. 즉 인류 역사 이래 지금까지는 선천(先天)의 양(陽)의 시대로서 남성 위주의 문화가 우세했지만, 앞으로는 후천 시대가 되니 여성 위주의 문화가 우세해진다는 것이다. 그러면 이것은 과거에 남성이 여성을 억압했던 가부장제(家父長制)와는 반대로, 여성이 남성을 억압하는 가모장제(家母長制) 사회가 될 수도 있음을 말하는 것인가?

결코 그렇다고 보지는 않는다. 양(陽)의 성격이 원래 분열해서 발달하는 성격이 있기 때문에 패권적인 사회가 되었던 것이지만, 음(陰)이란 본래 화합과 포용적인 성격이 있기 때문에 상대를 제압하고 억압하기보다는, 오히려 감싸 안고 도와주어 공존(共存) 공생(共生)할 것이라 생각한다. 이것이 바로 금강대도에서 '오중평등(午中平等)' 대운(大運)을 설정하고 있는 까닭이다. 즉 선천 양(陽)의 시대에서 후천 음(陰)의 시대로 넘어가는 과도기로서 건곤(乾坤)이 정위(正位)하는 오중(午中) 대운을 두어서, 양성평등의 새로운 사회 구조를 만들어 가려고 하는 것이다.

그렇다면 다가오는 후천 시대를 이끌어 간다고 하는 금강대도의 건곤부모들은 대도의 역사 속에서 실제로 어떤 역할 모형을 보여주고 있을까? 이것을 잘 연구해 보면 양성평등 문제에 대해 새로운 시각을 얻을 수 있지 않을까?

교리적으로 볼 때 곤모(坤母)는 연화대도(蓮華大道)의 도주로서 건부(乾父)와 똑같은 위치에서 천지 사업을 시행했다고 할 수 있다. 그렇지만 대외적인 면에서 적극적으로 드러나는 일을 한 것 같지는 않다. 대개는 어머니 같은 사랑으로 제자들을 감싸 안는 역할과, 건부의 대천(代天) 행사에 내조하면서 부덕(婦德)의 상징을 솔선하여 보여 주는 역할에 주력한 것으로 보인다. 무엇보다 근면, 검소를 주장하여 안빈낙도(安貧樂道)를 가르치고, 자녀들의 훈육에도 힘을 기울였던 것 같다.

그러나 거기에 머물지 않고 때때로 곤모(坤母)로서 직접 천지 사업을 해야 할 때가 되면, 손수 대도 행정의 전면에 나서서 종권을 행사하였다. 예컨대 연화대도 제1세 도주 서자암은 평생을 하루같이 매일 후원에 북향설단(北向設壇)하여 천지께 치성을 올려 천하 중생의 구제를 기원했다고 한다. 또한 연화대도 제2세 도주 민보단(閔寶丹)은 청학의 사후 약 3년간의 공백기에 홀로 신도설교(神道設教)로써 종단을 이끌었다. 제3세 도주 김향련(金香蓮) 역시 2004년 이월란(李月鸞)이 열반한 이후 지금까지 종권을 행사하며 종단을 이끌어 오고 있다.

여기서 우리는 한집안의 가화(家和)를 위하여 부부간의 도리가 어떠해야 하는지 가르침을 얻을 수 있다. 무엇보다 중요한 것은 상호 간의 공경이요, 각각의 역할 분담에 충실하게 자신의 역할을 다해야 하며, 자손들에게는 올바르게 살아가는 도덕적인 모범을 보여야 한다고 생각한다. 중요한 것은 남자든 여자든 누구건 간에 집안일과 바깥일이 조화롭게 수행되어야 하며, 그를 위한 역할 분담이 조화롭게 이루어져야 한다는 것이다. 요컨대 한 가정에서 남편과 아내는 상호 보완적인 두 인격체로서 서로의 부족한 점을 보충해 가며 삶과 가정을 완성해 나가야 한다.

6. 끝맺는 말

오늘날 정치, 경제, 사회, 문화 각 영역에서 여성들의 목소리가 커지면서 종교적 영역에서도 고대 신화에 등장하는 여신들에 대한 관심이 높아지고, 여성 교주의 등장도 심심찮게 눈에 띄고 있다. 그런 점에서 곤모(坤母)가 이 땅에 화신(化身)하여 천지의 가화를 위해 중요한 역할을 담당한다는 금강대도의 건곤부모 신앙과 우주 가화 사상은 새로운 여성 중심 세계의 도래를 상징적으로 말해 주는 것은 아닐까?

최근 이슈가 되고 있는 남녀의 성 역할 모형에 대해 금강대도의 건곤부모 사상에서 그 이론적, 실천적인 사례와 대안을 얻을 수 있다고 본다. 우선 이론적으로 볼 때 금강대도의 오중평등 사상은 남녀는 물론, 우주 삼라만상이 절대적으로 평등하다는 사상으로서, 양성평등의 새로운 세계를 만들어 가려는 건곤부모의 확고한 의지를 뒷받침하는 탄탄한 이론적 배경이 되고 있다. 그러한 탄탄한 사상적 배경 위에 금강대도는 종단 명칭과 조직, 의례와 계율 등의 제반 영역에서 전통적인 가부장제의 구습을 타파하고 남녀평등의 새로운 시대를 열어 가려는 계속적인 노력을 하고 있음이 주목할 만하다.

또한 미래적인 성 역할 모형에 대하여 금강대도에서는 아무리 남녀평등이라 하더라도 여성적인 것을 배제한 인간 모형을 인정하지 않는다. 여성 성인이 탄강했다는 사실은 그러한 여성성의 의미가 오늘날 아주 중요한 역할을 할 수 있다는 것을 상징적으로 보여 준다. 물론 그렇다고 해서 가정 관리자나 소비자로서의 역할을 일방적으로 여성들에게만 책임지우는 것은 아니다. 어쨌든 바깥일과 집안일이 조화롭게 역할 분담이 되어야 하고, 또 그것이 원활하게 수행되어야 한다는 것이다. 또한 자녀 교육에 있어서도 과거에는 엄부자모(嚴父慈母)라 했지만, 오늘날에는 아버지든 어머니든 어쨌든 엄함과 자애로움이 자녀들에게 조화롭게 전달되어야 한다는 것으로 이해될 수 있다. 그것은 이월란(李月鸞) 덕성사부가 늘 강조하는 군군(君君)·신신(臣臣)·부부(父父)·자자(子子), 즉 자기 역할의 완수와도 통하는 것이다.

그런데 이러한 역할 분담이 잘 이루어지기 위해서는 전제 조건이 필요하다. 그것은 집안일이나 바깥일이나 그 노동의 가치에 있어서 동등하게 평가되어야 한다는 것이다. 이것은 금강대도의 곤모들이 행한 행적을 통해서 잘 나타난다. 즉 평상시 곤모들의 일은 대개 건부를 내조하고 자녀들을 훈육하며 제자들을 어머니처럼 포용하는 일에 주력하였으며 대외적인 일에 직접 나서지는 않았다. 그러나 꼭 그래야만 하는 상황이 되면, 때로는 곤모들도 직접 행사를 주관하고 업무를 손수 챙겼다. 그리하여 132년의 대도 역사에서 곤모들은 건부와 똑같이 존숭(尊崇)되었고, 그 업적도 똑같이 존경의 대상이 되고 있음을 볼 수 있다.

진정한 양성평등의 세계는 결국 남녀가 함께 만들어 가는 세계이다. 그런 점에서 금강대도에서 건부와 곤모가 행한 상호 공경과 역할 분담은 오늘날 양성평등적인 부부 모델에 있어서 본보기가 될 수 있다. 그들이 함께 만들어 가는 새 세계가 오늘날 모든 인류가 꿈꾸는 양성평등의 이상 낙원이 될 것을 기대하면서, 곤모들이 이 땅에서 행한 성스러운 개혁 작업이 이 시대 새로운 여신의 신화로서 인류 역사에 영원히 아로새겨지기를 바란다.

제10장. The Cosmic Equality and the Philosophy of Familial Harmony in Kumkangdaedo

1. Introduction
2. The Faith of Kunkonbumo and the Philosophy of Ojung-equality
3. Practice of Respecting for heaven and earth and the Philosophy of Cosmic familial harmony
4. Training for Simseongsin and the Philosophy of Moral Enlightenment
5. Concluding Remarks

〈영문〉

제10장. The Cosmic Equality and the Philosophy of Familial Harmony in kumkangdaedo

1. Introduction

Nowadays, conflicting structures of the global village have been getting increasingly intense day after day in the process of the New-Liberalist globalization since the end of the Cold War. Such many conflicting structures as those between religions, between races, and between the developed and the underdeveloped, are threatening the peace and happiness of mankind. Moreover, with respect to the current serious environmental pollution and ecological destruction, the conflicting structure between mankind and nature should be quickly resolved.

▲ 미국 국제 학술대회 모습

These conflicting structures, called the crisis of the human civilization, was already indicated by Toynbee in the early 20th century, and Samuel Huntington's 'clash of civilizations' are now reality. Now, we begin to realize that it is difficult to survive any longer with discriminations, contradictions, and struggling dichotomous ways of thinking, and hence give up the Occidental dualist world view, which is characterized by the divisions between subject and object, between mankind and nature, and between mind and body, but seek an alternative possibility from the Oriental spirits of Sangsaeng(co-existence) and harmony.

Sangsaeng, a concept originating from the Book of Changes, is based on the so-called theory of Sangsaeng and Sanggeuk(incompatibility) among the Five Elements. While Sangsaeng is a relation in which one keeps the other alive, Sanggeuk implies a relation in which one kills the other. The terrorisms, wars, and environmental pollutions occurring in many places of the global village nowadays can be regarded as the relationship of Sanggeuk. However, though Sangsaeng and Sanggeuk, of course, are opposite concepts, they are closely related in the dimension of the nature as is the case with the head and tail of a coin. In terms of the philosophical structure of Keuk Jeuk Ban(極卽反), which tipically appears in Oriental society, though activities of all phenomena move against their oppositions, they are not solely in conflict and contradiction but are harmonized in a greater dimension. After all, the problem is how we can convert the situation of Sanggeuk into that of Sangsaeng.

Those new religions appearing in the early modern history of Korean religion are all based on the Oriental spirit of Sangsaeng and philosophy of harmony without exception. Kim Il-bu's(金一夫, 1826~1898) Jeong-Yeok(正易), and Kang Jeung-san's(姜甑山, 1871~1909) philosophy of Hae-Won-Sangsaeng(解冤相生) put this term Sangsaeng in the center of their doctrines. They claim by distinguishing between the ages of Sunchun and of Huchun that the principle of Sangsaeng prevails in the age of Huchun though the principle of Sanggeuk governed the age of Sanggeuk.

They also put Kumkangdaedo in the center of their doctrinal systems by creatively interpreting the traditional Oriental spirit of harmony and concord. Starting from the date of birth of Teacher To-am Lee Seung-yeo(李承如, 1874~1934), Kumkangdaedo has 136 years of its own history by now. The first Doju, Teacher To-am, the second Doju, Teacher Cheong-hak Lee Seong-jik(李成稙, 1913~1957), and the third Doju, Teacher Wol-ran Lee Il-gyu(李一珪, 1934~2004), as well as their spouses, Teacher Seo Ja-am(徐慈庵, 1884~1927), Teacher Min Bo-dan(閔寶丹, 1913~1959), and Teacher Kim Hyang-ryeon are followed by people, as absolute saviors called Samsinilche(三身一體, the trinity), Sambulsejon (三佛世尊, three buddhas), or Daedodeokseongsa Kunkonbumo (大道德聖師乾坤父母).

These three successive Do-ju's were national leaders who played the role of spiritual pivot for common people while living together with the flow of the pains of our national history throughout the definitely terbulent times of Korea including the shock of modernization, the hardship in the Japanese colony, the rapid rush of the Western culture after the liberation, and the chaotic values due to evils of the industrial civilization. In addition, they were religious leaders of foresight who foresaw the changes for the people of the world in the history of civilization, and tried to solve them through religious salvation. Thus, Kumkangdaedo has undergone few events of division throughout its hundred year long history, and now it is continuing its vivid activities for training of mind and salvation of mankind with about 700,000 members in its congregation.

2. The Faith of Kunkonbumo and the Philosophy of Ojung-equality

The religious characteristics of Kumkangdaedo include the faith for the three successive leaders as the trinity Kunkonbumo with the faith for its founder as the absolute savior. We generally call them 'Daedodeokseongsa Kunkonbumo,' who have succeeded the holy lineage of blood and become saviors called 'Kunkon Jeongwi(乾坤正位)' together with their spouses. As such, with its unique doctrine of Ojungundo, Kumkangdaedo explains the background of the appearance of the saints under the gender equality, that is, Kunkonbumo.

The term Kunkonbumo indicates Kunbu(乾父 father of heaven) and Konmo(坤母 mother of earth), which means that heaven is father while earth is mother. To put simply, Kunkonbumo is father and mother who gives birth to, raises, and governs the world of heaven, earth, and human, and hence it is a creative sublimation of the Oriental view of heaven, earth, and human, i.e., the Three Elements. The second Do-ju, Teacher Cheong-hak declared Teachers To-am, Cheong-hak, Wol-ran, Ja-am, Bo-dan, and Hyang-ryeon Heaven and Earth as Kunkonbumo's on their own, by saying "Heaven and Earth are human and human is Heaven and Earth ... Who knows the logic in which Heaven becomes human and human becomes Heaven? How clearly obvious the logic of the combination of the Three Elements is as the Great Saint raises to Heaven and comes down to Earth."

Moreover, as its emphasizes gender equality among other things, and also puts emphasis on the fact that the Saints are born as Kunkonbumo by KunKon's establishment, Kumkangdaedo claims that the causes of environmental destruction and of female oppression are correlated, which supposes much to the movement of ecofeminism that tries to explicates the close relationship between female oppression and natural oppression. Though one can take the value of gender equlity to be the common philosophy of Korean new religions, there has been no religious order that established it as the view of faith and the theory of religious-order organization as early as Kumkangdaedo did. I believe that the lesson of Kumkangdaedo that the godess, i.e. Konmo has come as a savior with Kunbu as her spouse will find its place as a new paradigm in the future culture of mankind.

This veiw of gender equality is based on the unique veiw of times called Ojungundo. Ojung means the transition between Sunchun and Huchun. It is like noon of a day, when morning and afternoon alternate, like the season between summenr and fall in a year, and parallel to Ohoe(午會), which according to the law of Wonhoeunse (元會運世) by So Gang-jeol, is the intermediate step between Sahoe(巳會) and Mihoe(未會). Also, to put it in the law of coexistence of the Five Elements, it is the time of change into Hwa-Saeng-To(火生土 Fire gives birth to Earth) and To-Saeng-Geum(土生金 Earth gives birth to Metal), when it comes from Fire on the south through Earth in the middle to Metal on the west.

This period of Ojung, like the midday of a day, i.e. noon, is a shiny period when the shadow does not vanish, and the best period of equality when the hour and minute hands are likely to be combined as one. Also, it is the mildest of the seasons in a year, when it is neither hot nor cold. The period of Ojung is just the transitional one, given that the past Sunchun period was the period Yang(陽), that is to say, the period of division, contradiction, and incompatibility, whereas the coming Huchun period is the period of Yin(陰), that is to say, the period of harmony, maturity, and co-existence.

We can manage to calculate the number of years of the Ojung period at 10,800, which means that heaven and earth will be placed in the most brilliant and equal way of destiny for the upcoming as long as 10,000 years. As an original thinking that other new religions commonly claiming the advent of the Huchun period do not show, this well reveals Kumkangdaedo's view of times To sum up, Kumkangdaedo sets a temporal room for converting divisions and conflicts in the Sunchun period into harmony and maturity in the Huchun period, by saying not about a radical beginning of another world but about the enlightenment of humanity, the background of which it takes as the period of Ojung.

As this period of Ojung is continued by the philosophy of Ojung-Equality(午中平等), Kumkangdaedo's philosophy of equality from the perspective of Ojungundo can be interpreted as follows.

First it means the equality between heaven and earth, that is to say, the saint (the savior) appearing in this period is born as Kunkonbumo by KunKon's orthodox positioning. That is to say, whereas all the saints appearing in the Sunchun period were bachelors because it was the period of Yang(陽), the male and female saints of this period are supposed to appear espousing each other because they are endowed with the great fortune of Ojung-Equality.

Second, it means the equality between heaven/earth and humans. In the past period of Sunchun, heaven, Buddha, and the deity were regarded as high and holy, but humans as low and humble. Howere, now that Mother Kunmo(坤母) simultaneously appears, who can mediate Father Kunbu's(乾父) strictness, a condition is established in which heave, earth, and humans can construct the harmony and peace of the universe in parallel positions. This not only is higher than Natural Rights of Man in the West, which gave rise to modern Democracy, but also is connected to the philosophy of In-Nae-Cheon (人乃天; Man is Heaven) of Dong Hak or to the philosophy of In-Jon(人尊; Respect for Man) of Jeungsangyo.

Third, it means the equality of all mankind. It is said that Ojung is the squarest period in which the world has no class and wealth discriminations as people are freed from all discriminations and oppressions. Actually, Kumkangdaedo is a religious order that had destructed the distinction between the nobility and the populace in its earliest days about 100 years before, and has been practicing gender equality thoroughly. Not only are the saints of gender equality, but also Kumkangdaedo's(men) and Yeonhwadaedo's(women) are equal, and as for the best pupils, 108 male and 108 female Gunja's are equally produced.

Fourth, it means the equality between man and all creation. Teacher To-am has said that "Heaven and Earth are our parents and hence we cannot exaggerate the fact that all creatures in the universe are our brothers. Man is the lord of all creation, and hence we should not kill or break anything even if it is an animal, a bird, a bug, a tree or grass. Now, the mankind have the eye to see not only all creation of mankind but also all creatures in the universe as brothers and siblings. Thus, people in Kumkangdaedo live respecting for nautre under the rule of Gyoeng Cheon Ji(敬天地 respect for Heaven and Earth), prohibit carnivorous life, and succeed and practice the holy achievement of 'Daedodeokseong Kunkonbumo,' who loved even a trifle creature or a bug.

Fifth, the equality between life and death, which shows itself well from the view of salvation, Saengsa Geukrak (生死極樂). It implies that if a human practices asceticism to be paired with Heaven and Earth, he/she lives as a Dodeok Gunja (man of morality 此生君子), and becomes a heavenly man or a buddha after death to enjoy the Supreme Happiness.

As such, the philosophy of Ojung-Equality teaches us that Heaven and Earth, man, and all creation should live as partners by increasing mutual respect and love but not under unilateral ruling. Also, Is this a co-existential life and spirit of harmony as it insists practicing non-violent culture and respect for life.

To simply put, Sangsaeng is 'to make others well.' Basically, it is also a problem of ethics and morality to reduce one's desire and care for others'. Do Seong Deok Rip(道成德立) and Gwang Hwa Jung Saeng(廣化衆生), which imply the resurrection of deteriorated morality, are the greatest issues and goals of Kumkangdaedo. As Teacher To-am said that "even though one hits you on your cheek, you can rather be a man of Tao if you take pity on him and soothe him by patting him on the hand," morality is the spirit of giving and sharing, and love for others. Kumkangdaedo has established as guidlines for training, Geum Gang Sam Dae Bo Hun(金剛三大寶訓); Baek Ji Hwan Won(白紙還元), Jung Yong Ji Do(中庸之道), and Ji Seong Mu Sik(至誠無息). Baek Ji Hwan Won means the restoration of the original pure mind,

Jung Yong Ji Do the walking on the righteous impartial way, and Ji Seong Mu Sik the endless love and sincerity for others. Here, once again, we see the spirit of Sangsaeng and harmony.

3. Practice of Respecting for heaven and earth and the Philosophy of Cosmic familial harmony

The most important problem that mankind should solve for the persistence and development of the human civilization is the 'reconciliation between man and nature.' As a result of the frequent exploitation and destruction of nature during the process of industrialization in terms of the Western human-centered world view, even the persistence of man has come to be threatened. The human-centered world view has been supported by Western Christianity and the philosophical, mythical, and dualist metaphysics from Plato through Descartes to Kant. As the idea of man's unilateral utilization of nature has prevailed by the division between mind and body, and between man and nature, the relationship between man and nature has been distorted.

Now, humans are definitely required to abolish the human-centered world view as soon as possible, and shift to the ecology-centered world view as its alternative. In this respect, recently much light is shed on Oriental philosophies as possible alternatives because uniform and organic Oriental thought can be a promising alternative to the segmental, reductionist, dualist Occidental way of thinking. The core of the Oriental world view is the world view of the Three Elements, Heaven, Earth, and Man, and its greatest property is the recognition of nature and man as indivisible. This is clearly different from the dualist Occidental world view.

As it clearly advocates the world view of the Three Elements, Heaven, Earth, and Man in the core of its doctrine, Kumkangdaedo undoubtedly naturally reveals the organic and monist way of throught. As clearly shown by the fact that the first of Ten commendments of Kumkang(金剛實行十條), the basic practical virtues, is Gyeong Cheon Ji(敬天地, Respect for heaven and earth), while Ten disciplines of Kumkang(金剛十戒律) takes Mul Gi Cheon Ji In(勿欺天地人, do not deceive heaven, earth or man) a the first commandment, it is evident that Kumkangdaedo is based on the world view of the Three elements among others.

Also, the absolute faith for Kunkonbumo means the completion of the cosmic home consisting of Heaven, Earth, and Man, which is the so-called philosophy of U-ju Ga Hwa(宇宙家和). The statement from Teacher To-am's Do-deok Ga(道德歌) that "who is not my brother and who is not my friend as Heaven and Earth are parents, The Sun and the Moon are brothers, and Stars are friends" implies that he takes Heaven and Earth born by Kunkonbumo as a home and the Sun, the amoon and the Stars as well as all the people of the world as brothers and friends. Also, Teacher Cheong-hak's claim, "How could it be that people of the world just notice the brethren of their own parents but not the brethren of Kunkonbumo? Every one of the people is our brother as our Daeseongsa Bumo's life-favorable virtues as Kunkonbumo have influence on everything" means that all the people in the world are brethren and brothers. Thus, the theory of viviparity is advocated in the sense that the world was begun neither by the Genesis nor by evolution, but was born by Kunkonbumo.

This philosophy of 'U-ju Ga Hwa,' which considers Haeven and Earth as a home, is matched by recent discussion among ecologists. That is to say, in the light of the ecological claim that we should put importance on the relationships among natural things and give direct moral statuses to land, water, plants, animals, and inorganic substances as well as the ecological whole including species and the ecosystem, this philosophy of U-ju Ga Hwa in Kumkangdaedo can contribute itself to the establishment of the practical ecological ethics.

On the other hand, Kumgangdaedo practices the ideals of Checheonchikji(體天則地) or Sunmuljayeon(順物自然). Taking the attitude toward not blaming Heaven and Earth and not rebuking winds and rains as an ideal, we say, for example, "Bi-ga Osine (the rain comes (honorific))" or "Bi-reul jusine ((Heaven) gives the rain)" when it rains. Teachers To-am and Cheong-hak, in their childhood, carefully walked being afraid that they might step on bugs or trifle creatures into death, and men of Tao, taking this as a lesson, live with the attitude toward caring even for bugs under their feet when walking. This reminds us of ecologists' 'thinking like mountains,' or 'lifestyle in which one mildly steps on the earth.' All such practices automatically spring from the basic recognition of the respect for Heaven and Earth.

Also, with so-called Gye Sal Bang Saeing, Kumgangdaedo prohibits life-taking, and practices vegetarian diets among other things under the complete ban on meat-fish eating. The practice of this is for learning life-favorable virtues of Heaven and Earth, for being a Sinseon buddha by cultivating heart and mind, for protecting the weak in the world, and for others. Kumkangdaedo is proud of its practice of Gye Sal Bang Saeng, since it is difficult to cultivate heart and mind and to be a Sinseon or a buddha if one likes liquor and meat during his/her training. Recently, the importance of vegetarian diet is emphasized as a measure for preventing adult deseases, or as a way to control environmental destruction. In addition, as increase of immunity and care for hygiene are required for the preservation of life against disastrous diseases like Swine Flu, the lesson that we have foods clean through vegetarian diets is definitely a clever plot.

On the other hand, in order for the spirit of peace

desperately necessary for the present mankind to be widely spread and not to remain as an abstract slogan but to be practices firmly, the reconciliation among religions is more important than any other issue. As Samuel Huntington presents religion as the first standard for distinguishing among world civilizations saying in his book Clash of Civilization that 'the radical cause for the conflict to appear in the new world after the Cold War is not ideology or economy, but cultural factors,' religion is directly and indirectly involved on the background of various terrorisms and wars occurring in the present global village. In the present age of religious pluralism, the prejudice that 'only my religion can save humans' will necessarily causes conflicts against others, and furthermore we cannot regard any attempt to resolve such conflicts violently as a religion's natural attitude toward peace. How can a religion that does not fulfill its own lessons teach us love and mercy. We need to listen to Huntington's claim that "in order to mitigate clash of civilization, intellectuals should prepare co-existence in its true sense by learning and understanding other cultures completely different from their own ones.

In this respect, the spirit of the union of the three teachings(三宗合一)' in Kumkangdaedo suggests much to us in the present time in which reconciliation among religions is desperately needed. Though exchange among the three teachings, Confucianism, Buddhism, and

Taoism, of course, has been a long tradition in the East-Asian history of religion, and especially there are few, if any, religious orders in new Korean religions that deny this, Kumkangdaedo attracts our interest to the effect that it has put the union of the three reiligions, Confucianism, Buddhism, and Taoism in the center of its doctrine. Teacher To-am claimed for the radical identity among the three teachings by saying that "in general, all the saints' minds are one, and Tao is not two. To figuratively put, the respective foundation of the three teachings is like people see the moon on three ships. That is to say, though they have three ships, they have just one moon."

Furthermore, as he said "there is no evil and no good in Tao and Art, but in people who carry out. it is the correct way if carried out by a man of virtue, while it is the evil art if carried out by a cunning man, corrupt religionists must disappear who just sell the name of religion to feed only their interest, and do not practice their religions' lessons, but are involved only in frictions for their promotion and others' lowering. Given that most religions' lessons contain the spirit of love and peace, the problem is not with the religions themselves, but with the religionists.

As such, the philosophy of the union of the three teachings in Kumkangdaedo, which puts emphasis on the co-existential harmony among religions, inherits the tradition of Won Yung Hoe Tong(圓融會通) and harmonious thinking which has flowed through the traditional Korean philosophies since Won-hyo's Hwa Jaeng(和諍) and Choe Chi-won's Hyeon Myo Ji Do(玄妙之道). This can be regarded not as a non-conditional electicism but as a harmony and synthesis into the world that is one as it recognizes different theories of different religions but integrates them in a higher dimension.

In the present moment in which the attitude toward tolerance of other religions as the religious pluralism has been established generally, this philosophy of Sam Jong Hap Il in Kumkangdaedo is worth tasting. It is difficult to appreciate a religion as adequate for our present world if it takes what it advocates for granted by claiming for its unique correctness but against other religions, and is indulged in preservation of its own benefits rather than the peaces and future of all mankind. The religion we are oriented toward is a peaceful one that tries to resolve the conflicts and anxieties within the world.

4. Training for Simseongsin and the Philosophy of Moral Enlightenment

Kumkangdaedo took the crisis of the present human civilization to be caused by the 'corruption of moral.' It further believes that such corruption of moral originated from the existing religions' loss of the ability to save people. Teacher To-am criticizes the existing religions as follows. "It is because the tao of saint is not clear basically that recently mankind resembles animals, and hence lacks the order of seniority and propriety. Confucians monotonously read books without practice, Buddhists just know of rituals but lack the heart of mercy, and Taoists only admire grotesque things but lack work for training." Here, Teacher To-am's view of religion is clearly shown in that he thinks of religion in general as awakening humans' morality and leading them to practice. He, therefore, criticizes religions lacking moral practice, merciful altruist behavior, and heart/mind training.

The goal of Kumkangdaedo is to cultivate desirable persons through heart/mind training and moral practice. Though Kumkangdaedo suggests that humans be able to be embody Heaven and Earth by participating with Heaven and Earth, not everyone can. This is because humans, endowed with innate morality with which they can be paralleled with Heaven and Earth but simultaneously seduced by the physical force of their body, need work of cultivating tao, i.e. ascetic practice, in order to complete their egos. Teacher To-am said, "why isn't the power of tao-cultivation great despite the fact that you get older together with Heaven and Earth and brighter together with the sun and the moon if you achieve tao by training yourselves absorbedly?"

Kumkangdaedo expresses such training as Simseongbaehap(心性配合) or Jasusimseong(自修心性). In fact, the theory of heart and mind is one of the core issues of Oriental philosophy and a problem of human existence and values. Kumkangdaedo also puts this problem of heart and mind in the core of its training program. However, the heart and mind are difficult to harmonize as water and fire are. If one can just well harmonize heart and mind, he/she will get uncommon rewards, though its is not that easy. Because they have the dispositional desire, humans must eliminate it in order to cultivate their heart and mind well.

Notice that Kumkangdaedo would not be greatly different from the past traditional Oriental theory of heart and mind if its training program remained just at this level. The uniqueness of Kumkangdaedo's training program lies in the fact that it puts stress on the match between the training of heart and mind, and the training of sin(身), i.e., body. Teacher Cheong-hak advocates the match between the training of heart and mind, and the training of body, by saying that "this is what the phrase 'there is nothing valuable but body' means. Hence, if your training of heart and mind reaches your body, the latter will be paired with Heaven and Earth, and the latter with the sun and the moon."

This view of truth that there is nothing valuable but body takes the human body and soul as one, and further developed into the thought that the world of truth and the real world are not two. Also, it can be viewed as a mean thought that excludes the two extremes of pleasure and pain. 'Bogyeong(寶經)' of Kumkangdaedo contains such phrases as Dae Gyeong Mang Gyeong(對境忘境) and Geo Jin Chul Jin(居塵出塵). Meaning that you are in front of a view to forget the view and that you live in the earthly world to overcome the earthly world, this tells us that the world of truth and the real world are not two. This monoist philosophy of Kumkangdaedo suggests much to us as an alternative to the dualist Western view of world said to be the philosophical root for the present environmental crisis.

However, even though Kumkangdaedo has such good thoughts, there is no meaning if it is not carried on as practices based on the religious faith. Emphasizing the religious attitude of Eui Seong Il Gwan(義誠一貫) by saying that "the best way of ascetic practice is the letter Sin(信) 'believe'," Teacher To-am puts stronger stress on the practice of morality than on any other things by saying that "the teacher just lead you to the road and it is up to you to believe it or not. It is of no use for you to play on my affection if you don't practice." He requires not the weak and passive faith in which one blindly depends on the power of god, but the active and aggressive attitude towards the sincere practice for active development of one's own potentials.

This is the very philosophy of 'Dodeok Gaehwa.' Kumkangdaedo regards the present moment not as the period of the new opening of Heaven and Earth, but as the times of humanism, i.e. the blooming of morality. That is to say, its concern is that the tao of man among others out of the Three Elements has not been established yet. In the universe consisting of the Three elements, Heaven, Earth, and Man, only the last element escapes from its tao and is spoiling the entire universe as it goes on the deviant way rather than on the way to the realization of morality while the first two keep their own tao to unfold the realization of morality. If man observes his own tao, the tao of the Three Elements is completed, but if not, the tao is not completed.

Here we may be reminded of man's special status as a moral subject. In short, it is man who owns the key to the destiny of the universe. Considering that the only subject who can overcome the crisis of civilization confronting us is mankind, and that man's own consciousness shift and practice are the only alternative to escaping from the crisis, the role of man as a moral subject should be further emphasized. In this respect, we can achieve much implications from the lessons of Kumkangdaedo that emphasizes the role of the human tao.

5. Concluding Remarks

Nowdays, the traditional Oriental philosophy of respect for life and spirit of co-existence is a powerful solution to the numerous conflicting structures including increasingly intensified wars and terrorisms, the global environmental destruction, and the ecological crisis. Kumkangdaedo, jumping over the realm of the nation as a new Korean religion creatively succeeding the essence of the Oriental view of world, presents great visions necessary for the survival of the human civilization.

Kumkangdaedo, a new religion believing in Kunkonbumo's advent in the world as a savior, claims for the advent of Ojungundo temporally. Ojung indicates the transition between Sunchun and Huchun, and is the period of the most brilliant brightness, of equality, and of peace in which Sanggeuk is turned into Sangsaeng. This philosophy of Ojung-Equality can be interpreted into various meanings: First it means the equality between heaven and earth: Second, it means the equality between heaven/earth and humans: Third, it means the equality of all mankind. Fourth, it means the equality between man and all creation: Fifth, the equality between life and death. It not only teaches us that Heaven and Earth, man, and all creation should live together as partners, but also calls for practicing non-violent culture and respect for life.

Given that the greatest task that all mankind should resolve is the 'reconciliation between man and nature,' the philosophy of 'Cosmic familial harmony' through the faith for Kunkonbumo in Kumkangdaedo provides us with necessary ecological spirituality by creatively subliming the organic and monoist Oriental view of world. The idea that Heaven and Earth becomes man and man Heaven and Earth, and that in the universe as a home all creatures are brothers and brethren is evaluated as a leading thought that can provide profound inspiration to the present deep theory of ecology and ecofeminism.

On the other hand, Kumkangdaedo's theory of the union of the three teachings, Confucianism, Buddhism, and Taosim, presents a view of tolerance and harmony for other religions in this period of religious pluralism in which the reconciliation among religions are desperately needed. What Kumkangdaedo criticizes are violent religions that only fight each other claiming for their excellences while forgetting true practice and the task of saving people. Simultaneously, it does not completely deny the values of other religions, but acknowledges them to some degree, which is well shown from the expression of Confucianism, Buddhism, and Taoism as 'seeing one moon on three ships,' i.e., Sam Ju Dong Gan Il Wol(三舟同看一月). Also, its remark that the most important problem with the reconciliation among religions does not lie in the religions themselves, but does depend on whether religionists practice well in accordance with their religions' lessons.

The goal of Kumkangdaedo is to cultivate desirable persons through the training of heart and mind and moral practice. The training program of Kumkangdaedo emphasizes that the training of heart and mind should correspond to the training of Sin(身), i.e., body. As such, this view of truth that there is nothing valuable but body is a mean and monoist thought that takes the human body and soul, the truth and reality, and the pleasure and pain as one. This monoist philosophy of Kumkangdaedo suggests much to us as an alternative to the dualist Western view of world said to be the philosophical root for the present environmental crisis.

Kumkangdaedo's philogophy of Dodeok Gaehwa(moral Enlightenment) that denies the new opening of Heaven and Earth but claims for the blooming of the human tao requires not the weak and passive faith in which one blindly depends on the power of god, but the active and aggressive attitude towards the sincere practice for active development of one's own potentials. Considering that the only subject who can overcome the crisis of civilization confronting us is mankind, and that man's own consciousness shift and practice are the only alternative to escaping from the crisis, the role of man as a moral subject should be further emphasized. In this respect, we can achieve much implications from the lessons of Kumkangdaedo that emphasizes the role of the human tao.

The world today requires us to overcome our individual particularities and to make efforts toward the common goals, the survival and prosperity of mankind with the consciousness of the fact that all of us are members of one global village. For this, it is necessary to escape from the hierarchical structure of unilateral ruling and oppression and hence to shift our recognition to the fact that each existence is dependent on and organically related to others. In this respect, we want to get possibilities and clues for radically change our forms of life from Kumkangdaedo's cosmic equality and spirit of Gahwa, and hope that this will be developed into concrete practical movements by achieving universality within the philosophies of Korea and East Asia.

〈국문〉

금강대도의 우주적 평등과 가화 사상

1. 시작하는 말

오늘날 탈냉전 이후의 신자유주의적 세계화 과정에서 지구촌의 갈등 구조는 날이 갈수록 격화되고 있다. 종교와 종교 간, 인종과 인종 간, 그리고 선진국과 후진국 간 등 수많은 갈등 구조가 인류 평화와 행복을 위협하고 있다. 뿐만 아니라 오늘날의 심각한 환경 오염과 생태계 파괴와 관련해서 인간과 자연의 갈등 구조 또한 시급히 해소되어야 한다.

이른바 인류 문명의 위기라고 불리는 이러한 수많은 갈등 구조는 이미 20세기 초에 토인비가 지적했던 것이며, 새뮤얼 헌팅턴(Samuel Huntington)의 '문명 충돌론'이 현실화되는 상황이기도 하다. 이제 우리는 차별과 모순, 투쟁적인 이분법적 사고방식으로는 더 이상 생존하기 힘들다는 것을 깨닫기 시작했다. 그러기에 주체와 객체, 인간과 자연, 정신과 육체의 분리를 특징으로 하는 서양의 이원론적인 세계관을 포기하고, 동양적인 상생과 조화의 정신에서 그 대안적인 가능성을 모색하고 있다.

상생이란 말은 원래 주역에 나오는 개념으로, 이른바 오행(五行)의 상생(相生)과 상극(相克) 설에 연유한다. 상생이 서로가 서로를 살리는 관계라면, 상극은 서로가 서로를 죽이는 관계를 말한다. 오늘날 지구촌 곳곳에서 일어나고 있는 테러와 전쟁, 그리고 환경오염 등은 상극의 관계로 볼 수 있다. 상생과 상극은 물론 반대되는 개념이지만, 본질적 차원에서 보면 동전의 양면처럼 밀접한 관계에 있다. 동양 사회에서 전형적으로 나타나는 '극즉반(極卽反)'의 사상 구조에 의하면, 모든 현상의 활동은 그 반대가 되는 것을 지향하여 움직이는데, 그것은 서로 대립되고 모순되는 것만이 아니라 더 큰 차원에서 조화되고 있다. 결국 문제는 상극의 상황을 어떻게 상생의 상황으로 전환하느냐이다.

근대 한국의 종교사에 나타난 신종교들은 모두 한결같이 이러한 동양의 상생 정신과 조화 사상을 바탕으로 하고 있다. 김일부(金一夫, 1826~1898)의 정역(正易)과 강증산(姜甑山, 1871~1909)의 해원상생(解冤相生) 사상 등은 이 상생이라는 용어를 교리의 중심에 내세우고 있다. 즉 선천 시대와 후천 시대로 구분해서 선천 시대는 상극의 원리가 지배했다면, 후천 시대는 상생의 원리가 지배한다는 것이다.

금강대도(金剛大道) 또한 동양 전통의 조화와 화합의 정신을 창조적으로 해석하여 교리 체계의 중심에 내세우고 있다. 금강대도는 토암(土庵) 이승여(李承如, 1874~1934) 선생의 출생일로부터 시작하여 2010년 현재 137년의 역사를 가지고 있다. 제1세 도주 토암 선생과 제2세 도주 청학(青鶴) 이성직(李成稙, 1913~1957) 선생, 제3세 도주 월란(月鸞) 이일규(李一珪, 1934~2004) 선생과 그 배위(配位)가 되는 서자암(徐慈庵, 1884~1927) 선생, 민보단(閔寶丹, 1913~1959) 선생, 김향련(金香蓮, 1937~) 선생의 3대를 삼신일체(三身一體) · 삼불세존(三佛世尊) 대도덕성사건곤부모(大道德聖師乾坤父母)라 하여 절대적 구원자로 신봉하고 있다.

이들 3대의 도주들은 한국이 근대화의 충격과 일제 식민지의 고통, 그리고 해방 후 서구 문화의 급격한 쇄도와 산업문명의 폐해로 인한 가치관의 혼란 등 격동의 세월을 지나오는 동안 민족사의 고통과 그 흐름을 함께 하며 중생들의 정신적 구심점 역할을 한 민족 지도자였다. 뿐만 아니라 오늘날 세계 인류의 문명사적 전환을 예견하고, 이것을 종교적 구원을 통해 해결하려 한 선각적인 종교 지도자였다. 그리하여 금강대도는 100여 년의 긴 역사를 지켜 오면서 거의 분파 현상을 겪지 않았고, 오늘날 70여 만 명의 교세로 심성 수련과 중생제도를 위해 활발한 활동을 지속해 나가고 있다.

2. 건곤부모 신앙과 오중평등 사상

금강대도의 종교적 특징은 교조를 절대적 구세주로 신앙하여 3대 교주를 삼신일체의 건곤부모(乾坤父母)로 신앙한다는 것이다. 이들을 통칭하여 '대도덕성사건곤부모'라고 하는데, 이들은 혈통적으로 성통(聖統)을 계승하였으며, '건곤정위(乾坤正位)'라 하여 부부가 함께 구세주가 되었다. 이렇듯 남녀평등의 성인, 즉 건곤부모가 구세주로 나오게 된 배경을 오중운도(午中運度)라고 하는 독특한 교리로 설명한다.

건곤부모라 함은 건부(乾父)와 곤모(坤母)를 함께 이르는 것이니, 하늘을 아버지로, 땅을 어머니로 보는 것이다. 한마디로 천지인의 세계와 그 안에 담긴 삼라만상을 낳고(生成)・기르고(化育)・다스리는(治教) 아버지요 어머니이니, 동양의 천지인(天地人) 삼재적 세계관을 창조적으로 승화시킨 것이다. 제2세 도주 청학 선생은 "천지가 곧 사람이요, 사람이 곧 천지라. … 하늘이 화하여 사람이 되고 사람이 화하여 하늘이 되는 이치를 누가 알꼬. 대성인이 하늘에 오르시고 땅에 내리시매 삼재 응합하는 이치가 소연히 밝도다." 라고 하여, 토암・청학・월란 선생과 자암・보단・향련 선생이 건곤부모로서 천지, 그 자체임을 선언하였다.

뿐만 아니라 금강대도에서는 무엇보다 남녀평등의 가르침을 강조하고, 성인도 건곤이 정위해서 건곤부모로 탄강했음을 강조한다. 따라서 오늘날 환경 파괴의 원인과 여성 억압의 원인은 서로 연관된 것이라고 하면서, 여성 억압과 자연의 억압 사이에 존재하는 밀접한 연관성을 규명하고자 하는 생태여성주의, 즉 에코페미니즘(ecofeminism) 운동과 관련해서도 많은 시사를 해 주고 있다. 남녀평등의 가치는 한국 신종교의 공통적인 사상이라고 볼 수 있지만, 금강대도처럼 일찍이 신앙 대상관 및 종단 조직론으로 정립한 종단은 없었다. 여신(女神), 즉 곤모(坤母)님이 건부님과 배위를 이루어 구세주로 오셨다는 금강대도의 가르침은 향후 인류 문화의 새로운 패러다임으로 자리할 것이다.

이러한 남녀평등의 세계관은 오중운도(午中運度)라고 하는 독특한 시대관에 바탕을 둔 것이다. 오중이란 선천(先天)과 후천(後天)이 교역하는 과도기를 말한다. 이것은 하루로 치면 오전과 오후가 바뀌는 정오(正午)와 같고, 1년으로 치면 여름과 가을이 바뀌는 때이다. 소강절(邵康節)의 원회운세(元會運世)의 법칙에 따른다면 사회(巳會)에서 미회(未會)로 넘어가는 중간 단계, 즉 오회(午會)에 해당한다. 또한 오행 상생법으로 말하자면, 남방(南方) 화(火)에서 중앙 토(土)의 중재를 거쳐 서방(西方) 금(金)으로 가는 것이니, 화생토(火生土)와 토생금(土生金)으로 변화하는 시기이다.

이러한 오중 시대는 마치 하루 중의 한낮, 즉 정오와도 같으니 그림자가 지지 않는 가장 광명한 시기이고, 시계의 시침과 분침이 하나로 합하듯이 가장 평등한 시기이다. 또한 1년의 계절로 보면 덥지도 않고 춥지도 않은 가장 온화한 시기이다. 과거 선천 시대는 양(陽)의 시대여서 분열과 갈등, 즉 상극의 시대요, 다가오는 후천 시대는 음(陰)의 시대이니 조화와 성숙, 즉 상생의 시대라고 볼 수 있는데, 그러한 변화의 과도기가 바로 오중 시대이다.

오중 시대를 굳이 햇수로 따져 보자면 10,800년이나 되는 것이니, 앞으로 1만 년이라고 하는 장구한 세월 동안 천지는 가장 광명하고도 평등한 운도 속에 놓이게 된다. 이것은 후천 시대의 도래를 공통으로 외치고 있는 다른 신종교에서는 보이지 않는 독창적인 사상으로서 금강대도의 시대관을 잘 보여 준다. 요컨대 급진적인 천지의 개벽(開闢)을 말하지 않고 인도(人道)의 개화(開化)를 말하면서 그 시간적 배경으로 오중이라는 넉넉한 기간을 설정함으로써, 선천의 분열·갈등을 후천의 조화·성숙으로 바꾸어 갈 수 있는 시간적 여유를 상정하고 있다.

이러한 오중 시대는 곧 오중평등(午中平等) 사상으로 이어지고 있으니, 오중운도로 바라보는 금강대도의 평등사상은 다음과 같이 해석할 수 있다.

첫째, 건곤(乾坤)의 평등이니, 이 시대에 출현하는 성인(구세주)은 건곤이 정위(正位)하여 건곤부모로 탄생한다. 즉 선천 시대에 출현했던 성인들은 그 시대가 양(陽)의 시대였기 때문에 모두 남자 독신의 성인이었지만, 이 시대에 출현하는 성인은 오중평등 대운을 타고나기 때문에 남녀가 배위를 해서 동반 출현한다는 것이다.

둘째, 천지와 인간의 평등이다. 과거 선천 시대는 하늘·부처·신명은 높고 거룩하며, 인간·중생은 낮고 비천한 존재로 여겼다. 그러나 이제 아버지〔乾父〕의 엄한 면을 중재할 수 있는 자애로운 어머니〔坤母〕가 동시에 출현함으로써 천지인이 동등한 위치에서 우주의 화평을 이루어 갈 수 있는 조건이 마련되었다. 이것은 근대 민주주의를 낳게 한 서양의 천부인권론보다 한 차원 높은 것이요, 오히려 동학의 인내천(人乃天) 사상이나 증산교에서 말하는 인존(人尊) 사상과 통한다.

셋째, 모든 인간의 평등이니, 오중은 가장 광명정대한 시대로서 모든 차별과 억압으로부터의 해방이 이루어져 계급과 빈부의 차별이 없는 세상이 된다는 것이다. 실제로 금강대도에서는 지금으로부터 100여 년 전 초창기부터 반상의 구별을 타파했고, 남녀의 평등을 철저히 실천하고 있는 종단이다. 구세주가 건곤정위하는 것은 물론, 조직적으로도 금강대도(남자)와 연화대도(蓮華大道, 여자)가 평등하며, 수제자도 남 108 군자, 여 108 군자가 평등하게 배출된다.

넷째, 인간과 삼라만상의 평등이다. 토암 선생은 "천지는 부모시니 우주 만물을 나와 형제라 해도 과언이 아니요, 사람이 만물의 영장이니 비록 금수, 곤충, 초목이라도 마땅히 사랑하여서 함부로 죽이거나 꺾지 말아야 하느니라."고 말하고 있다. 이제 인류는 동양의 천인합일 사상을 한 단계 뛰어넘어 천하지인(天下之人)은 물론, 우주 삼라만상까지도 형제요 동기(同氣)로 볼 수 있는 안목을 갖게 되었다. 그리하여 금강대도인들은 계율상에 '경천지(敬天地)'라 하여 자연 공경을 생활화하고 있으며, 육식을 철저히 금하고, 조그마한 미물, 곤충까지도 사랑하였던 '대도덕성사건곤부모'의 성적을 그대로 계승하여 실천하고 있다.

다섯째, 생사(生死)의 평등이다. 이것은 생사극락(生死極樂)이라고 하는 구원관 속에 잘 나타나 있는데, 인간이 도를 잘 닦아 천지와 짝을 하게 되면 살아서는 도덕군자요(此生君子) 죽어서는 신선·부처(來生仙佛)가 되어 생극락·사극락을 동시에 누린다는 것이다.

이렇듯 오중평등 사상은 천지와 인간과 삼라만상이 모두 상호 간의 존경과 사랑을 돈독히 함으로써, 일방적인 지배가 아니라 동반자로서 살아가야 한다는 것을 가르쳐 주고 있다. 또한 이것은 비폭력 문화와 생명 존중의 실천을 촉구하고 있으니, 바로 이것이 상생의 관계요 조화의 정신이 아니겠는가?

상생이란 한마디로 '남을 잘되게 하는 것'이다. 자기의 욕망을 줄이고 남의 욕망 충족을 위해 배려하는 것, 그것은 기본적으로 윤리와 도덕의 문제이기도 하다. 타락한 도덕을 일으켜 세운다는 도성덕립(道成德立)과 광화중생(廣化衆生)은 금강대도의 최대 문제의식이며 수행의 목표이다. 토암 선생은 "누군가 뺨을 때리거든, 도리어 그 사람을 불쌍히 여기어 그 손바닥을 어루만질 수 있어야 도인이 될 수 있느니라."고 하였으니, 도덕이란 베풂과 나눔의 정신이요, 타자에 대한 사랑이기도 하다.

이러한 도덕성의 계발을 위해 백지환원(白紙還元) · 중용지도(中庸之道) · 지성무식(至誠無息)이라는 금강삼대보훈(金剛三大寶訓)을 수행 지침으로 내세우고 있다. 백지환원이란 순수한 본래의 마음을 찾는 것이요, 중용지도란 불편부당(不偏不黨)한 올바른 길을 걷는 것이요, 지성무식이란 타자에 대한 끊임없는 사랑과 정성을 의미하는 것이니, 여기에 또한 상생과 조화의 정신이 나타나고 있다.

3. 경천지의 실천과 우주가화 사상

오늘날 인류 문명의 존속과 발전을 위해서 인류가 풀어야 할 가장 중요한 과제는 무엇보다 '인간과 자연의 화해'이다. 그동안 근대화, 산업화 과정에서 서양의 인간 중심적 세계관에 의해 자연을 착취하고 파괴를 일삼은 결과, 인간의 존속 자체가 위협받는 상황에까지 이르게 되었기 때문이다.

인간 중심적 세계관은 서양의 기독교와 플라톤, 데카르트, 칸트로 이어지는 철학적, 신학적, 이원론적 형이상학에 의해 뒷받침되어 왔다. 그리하여 마음과 몸, 정신과 육체를 분리하고 인간과 자연을 분리함으로써, 인간이 자연을 일방적으로 이용할 수 있다는 생각이 만연되어 인간과 자연의 관계가 왜곡되었다.

이제 인류는 인간 중심적 세계관을 하루빨리 폐기하고, 이에 대한 대안으로서 생태 중심적 세계관으로의 전환이 절대적으로 요구되고 있다. 이런 점에서 최근에 하나의 대안으로 동양 사상이 조명을 받고 있는데, 동양의 전일적이고 유기체적인 사고가 서양의 분절적, 환원론적, 이원론적 사고방식에 대한 유력한 대안이 될 수 있기 때문이다. 동양적 세계관의 핵심은 천지인(天地人) 삼재의 세계관이라고 할 수 있으며, 자연과 인간을 상호 분리할 수 없는 관계로 인식하는 것이 가장 큰 특징이다. 이것은 서양의 이원론적인 세계관과는 분명히 다른 것이다.

금강대도는 교리의 핵심에 천지인 삼재의 세계관을 정면으로 내세우고 있어서 자연스럽게 동양의 유기체적이며 일원론적인 사유방식이 그대로 드러나고 있다. 가장 기본적인 실천 덕목인 금강실행십조(金剛實行十條)의 첫 번째가 경천지(敬天地)이며, 금강십계율(金剛十戒律)에 있어서도 첫 번째로 물기천지인(勿欺天地人)을 꼽고 있는 것만 보아도 금강대도는 무엇보다 천지인 삼재의 세계관을 기반으로 하고 있음을 알 수 있다.

또한 건곤부모에 대한 절대적 신앙은 곧 천지인으로 구성되는 우주 가정의 완성을 의미하는 것이니, 이른바 '우주가화(宇宙家和)' 사상이다. 토암 선생은 『도덕가(道德歌)』에서 "천지(天地)는 부모(父母)라 하고 일월(日月)은 형제(兄弟)라 하며 성신(星辰)은 붕우(朋友)라 하였으니 천하지인이 누가 형제 아니 되며 누가 붕우 아니 되리."라고 하였다. 이는 건곤부모가 낳은 천지를 하나의 가정으로 보고, 일월성신(日月星辰)과 천하의 모든 사람들을 형제와 붕우로 본다는 것이다. 또한 청학 선생은 "세상 사람이 다만 나를 낳은 부모의 동포(同胞)만 알고 건곤부모의 동포를 알지 못하니 어찌함

인고. 오직 우리 대성사부모님께서 본래 건곤부모로서 호생(好生)하시는 덕이 미치지 아니하는 바가 없으시니 일체 중생이 모두 동포가 아님이 없다."고 말하고 있으니, 천하의 모든 중생이 동포요 형제가 된다는 것이다. 그리하여 이 세상은 창조론(創造論)도 아니요, 진화론(進化論)도 아니고 모두 건곤부모가 낳았다는 의미에서 태생론(胎生論)을 주장하기도 한다.

천지를 하나의 가정으로 보는 이러한 우주가화 사상은 최근 생태학자들의 논의와도 일치하고 있다. 즉 자연물들 간의 관계를 중시하고, 토양, 물, 식물, 동물, 무생물, 또는 종과 생태계 같은 생태적 전체에도 직접적인 도덕적 지위를 부여하자는 생태학적 논의에 비추어 볼 때, 금강대도의 이러한 우주가화 사상은 실천적인 생태윤리 정립에 많은 기여를 할 수 있다.

한편 금강대도는 생활 속에서 체천측지(體天則地), 또는 순물자연(順物自然)의 이상을 실천하고 있다. 천지를 원망 말며(不怨天地) 풍우를 꾸짖지 않는 것(不罵風雨)을 이상으로 여겨, 예컨대 비가 오면 "비가 오시네." 또는 "비를 주시네."처럼 말한다. 또한 가래침을 함부로 뱉지 않고, 땅을 밟을 때도 조심스럽게 밟는 것을 미덕으로 여긴다. 토암 선생이나 청학 선생은 어릴 적에도 땅을 밟을 때 혹 벌레나 미물을 밟아 죽이지나 않을까 하여 조심스럽게 걸었다고 하는데, 도인들은 그것을 교훈 삼아 걸을 때 발바닥의 벌레까지도 조심하는 태도로 살아가고 있다. 이것은 생태주의자들이 말하는 '산처럼 생각하기', 또는 '지구를 부드럽게 밟는 생활양식'을 떠올리게 한다. 이러한 실천들이 모두 천지를 공경하는 기본적인 의식 속에서 저절로 우러나오는 것이다.

또한 계살방생(戒殺放生)이라 하여 살생을 금지하고, 무엇보다 어육을 철저하게 금하여 채식을 실천하고 있다. 이것을 실천해야 하는 이유는, 천지의 호생지덕(好生之德)을 배우기 위해, 심성을 배합하여 신선 부처가 되기 위해, 천지 사이의 약소한 것을 보호하기 위함 등으로 볼 수 있다. 실제로 수련 과정에 있어서 술, 고기를 좋아하면 심성을 배합하기 어려워 신선과 부처 되기는 어렵다고 하여 이를 철저하게 실천하는 것에 긍지를 가지고 있다.

최근에 성인병을 예방하는 방책으로, 또 환경 파괴를 억제하는 방법으로 채식의 중요성이 강조되고 있다. 더구나 신종 플루와 같은 병겁(病劫)에서 생명을 보존하려면 면역력의 증대와 위생 관념이 요청되는 바, 채식을 통해 음식을 청결히 한다는 가르침은 사람을 살리는 묘방이 아닐 수 없다.

한편, 오늘날 인류에게 절실하게 필요한 평화의 정신이 널리 확산되고, 또한 그것이 추상적인 호소에 그치지 않고 구체적으로 실천되기 위해서는 무엇보다 종교와 종교 사이의 화해가 중요한 문제이다. 새뮤얼 헌팅턴(Samuel Huntington)이 자신의 저서 『문명의 충돌』에서 '탈냉전 이후 새로운 세계에 나타나게 될 갈등의 근본 원인은 이데올로기나 경제가 아니라 바로 문화적 요인이 될 것'이라고 하면서 세계 문명권을 구분하는 1차 기준으로 종교를 내세운 바 있듯이, 오늘날 지구촌에서 일어나고 있는 각종 테러와 전쟁의 배후에는 종교가 직간접적으로 관계되어 있다.

오늘날과 같은 종교 다원주의 시대에 '오로지 내 종교만이 인류를 구원할 수 있다.'는 편견은 필연적으로 타 종교와의 갈등을 야기한다. 더욱이 이러한 갈등을 폭력적으로 해결하려는 시도는 평화를 지향하는 종교 본연의 자세라고 보기 어렵다. 스스로의 가르침에 충실하지 못한 종교가 어찌 중생들에게 사랑과 자비를 가르칠 수 있겠는가? 우리는 "문명의 충돌을 완화시키기 위해서는 지성인들이 자신과는 완전히 다른 문화를 배우고 이해함으로써 진정한 의미의 공존을 준비할 필요가 있다."는 헌팅턴의 말을 경청할 필요가 있다.

그런 점에서 금강대도의 삼종합일(三宗合一)의 정신은 종교 간의 화해가 절실한 오늘날의 우리에게 시사하는 바가 크다. 물론 유불도(儒佛道) 삼교의 교섭은 동아시아 종교사에서 역사가 오래된 것이며, 특히 한국 신종교 가운데 이것을 부정하는 종단이 거의 없을 정도이다. 그러나 금강대도는 창도 초기부터 유불선(儒佛仙) 삼종일합을 교리의 가장 중심에 내세우고 있어 주목된다. 토암 선생은 "대개 모든 성인이 마음은 한가지요, 도는 둘이 될 수 없는 것이니라. 유불선 삼교의 각립(各立)됨이 비유컨대, 세 배에서 한 달을 보는 것과 같으니, 배는 비록 셋이나 달은 하나인 것이다."라고 하여 유불선 3교의 근원적 동일성을 주장하였다.

뿐만 아니라, "도(道)와 술(術)에는 사정(邪正)이 없는 것이다. 행하는 사람에게 있나니, 바른 사람이 행하면 정도(正道)요, 간사한 사람이 행하면 사술(邪術)이니라."고 하였으니, 단지 종교의 이름을 팔아서 자신의 이익만 챙기고, 그 가르침대로 실천하지 않으면서 아장피단(我長彼短)으로 분쟁만 일삼는 타락된 종교가들은 마땅히 사라져야 한다. 모든 종교의 가르침은 대개 사랑과 평화의 정신을 담고 있다고 할 때, 결국 문제는 종교 자체보다 종교인의 문제가 되기 때문이다.

이렇듯 종교와 종교 간에 상생적 조화를 강조하는 금강대도의 삼종합일 사상은 원효(元曉)의 화쟁(和諍)과 최치원이 말한 현묘지도(玄妙之道) 이래 한국 전통 사상에 흐르고 있는 원융회통(圓融會通)과 조화적 사유 전통을 계승한 것이다. 이것은 각 종파의 서로 다른 이론들을 인정하면서도 이들을 더 높은 차원에서 통합하는 것이니, 무조건적인 절충이 아니라 하나인 세계로의 조화요 종합이라고 할 수 있다.

오늘날 종교 다원주의가 일반화되어 타 종교에 대한 관용(寬容)의 자세가 절실히 요구되는 시점에서 금강대도의 이러한 삼종합일 사상은 음미해 볼 가치가 있다. 내 것만이 옳고, 네 것은 모두 틀렸다고 하여 자기주장만을 능사로 삼고, 인류의 평화와 미래보다 자신의 이익 지키기에만 급급한 종교는 오늘날 세계에 적합한 종교라고 보기 어렵다. 우리가 지향하는 종교는 세계 안에서의 갈등과 불안을 해소하려고 노력하는 평화적 종교이다.

4. 심성신의 수련과 도덕개화 사상

금강대도는 오늘날 인류 문명의 위기를 도덕의 타락 때문으로 진단하였다. 그런데 이러한 도덕의 타락이 무엇보다 기성 종교의 중생구제력 상실에서 비롯되었다고 본다.

토암 선생은 다음과 같이 기성 종교들을 비판한다. "근래에 인류가 금수화하여 상하가 없어지고 예의가 없어짐은 근본적으로 성인의 도가 밝지 못한 때문이니, 유가(儒家)의 무리들은 한갓 글만 읽고 실행이 없으며, 불가(佛家)의 무리들은 다만 의식(儀式)만 알고 자비한 마음이 없으며, 선가(仙家)의 무리들은 오로지 기괴한 것만 숭상하고 수련하는 공부가 없다."고 하였다. 여기에 토암 선생의 종교관이 뚜렷이 나타나고 있으니, 그는 종교란 모름지기 인간의 도덕성을 일깨우고 실천으로 이끌어 주는 것으로 보고 있다. 그리하여 도덕적 실행이 없는 종교, 자비로운 이타행이 없는 종교, 심성수련의 공부가 없는 종교들을 비판하고 있다.

금강대도의 목표는 심성의 수련과 도덕적 실천을 통해 바람직한 인간을 양성하는 것이다. 금강대도는 인간은 천지와 동참하여 천지를 화육하는 존재가 될 수 있다고 보지만, 누구나 그렇게 될 수는 없다. 왜냐하면 인간은 천지와 동격이 될 수 있는 선천적인 도덕성을 부여받기는 하였으나 동시에 신체의 형기(形氣)에 의한 유혹을 받고 있으므로, 인간이 자기를 완성하기 위해서는 도를 닦는 작업, 즉 수도가 필요한 것이다. 토암 선생은 "너희들이 일심으로 수련하여 도를 이루면, 반드시 천지와 더불어 늙고, 일월로 더불어 밝으리니, 수도의 힘이 어찌 원대하지 않겠느냐?"고 하였다.

금강대도에서는 이러한 수련을 심성배합(心性配合), 또는 자수심성(自修心性)이라는 말로 표현하고 있다. 사실 심성론(心性論)이라고 하는 것은 동양철학의 핵심 문제이며 인간의 존재와 가치의 문제이다. 금강대도에서도 이 심성의 문제를 수련법의 핵심에 위치시키고 있다. 그런데 이 심성이란 것이 마치 물과 불처럼 서로 화합하기가 어렵다. 심성을 잘 화합하기만 하면 무상한 보배를 얻을 수 있지만 그것이 그렇게 쉬운 일이 아니다. 그 이유는 인간에게 기질의 욕심이 있기 때문인데, 따라서 심성을 잘 배합하기 위해서는 먼저 그 기질의 욕심을 제거해야만 한다.

금강대도의 수련법이 여기에 머물렀다면, 과거 동양의 전통적인 심성론과 크게 다를 바 없었을 것이다. 금강대도 수련법의 독특성은 심성(心性)의 수련이 신(身), 즉 몸의 수련과 일치되어야 함을 강조하는 데 있다. 청학 선생은 "몸 밖에 보배가 없다는 말이 바로 이것이다. 그런고로 심성을 수련하여 몸까지 달하면 몸은 천지를 짝하고 마음은 일월을 합하리라."고 하여 심성 수련과 몸의 수련이 일치되어야 함을 말하고 있다.

이렇듯 몸 밖에 보배가 없다는 진리관은 인간의 정신과 육체를 하나로 보는 것이며, 나아가서는 진리의 세계와 현실의 세계가 둘이 아니라는 사상으로 이어진다. 또한 이것은 쾌락과 고행의 양 극단을 배제한 중용적인 사상으로도 볼 수 있다. 금강대도의 『보경(寶經)』에 보면 '대경망경(對境忘境), 거진출진(居塵出塵)'이라는 말이 있다. 경치를 대하되 경치를 잊어버리고, 진세에 거하면서도 진세를 뛰어넘는다는 것이니, 이것은 진리의 세계와 현실의 세계가 둘이 아니라는 것을 말해 준다. 이러한 금강대도의 일원론적인 사상은 오늘날 환경 위기의 사상적 근원이라고 하는 서양의 이원론적인 세계관에 대한 대안으로서 많은 시사점을 제공해 줄 수 있다.

그러나 금강대도가 아무리 좋은 사상을 가지고 있다고 해도 그것이 종교적 신앙에 바탕을 둔 실천으로 옮겨지지 않는다면 아무런 의미 없는 일이 되고 만다. 그런데 토암 선생은 "수도의 방도는 믿을 신(信)자가 제일이니라."고 하여 의성일관(義誠一貫)의 신앙 자세를 강조하면서 제자들에게 가르치기를, "선생은 다만 길을 인도할 뿐이요, 믿고 안 믿고는 다 너희들의 마음에 있나니, 만일 실행이 없다면 비록 내 무릎 위에 앉아 응석해도 소용이 없느니라."고 하여 무엇보다 도덕의 실천을 강조하고 있다. 이것은 신권(神權)에만 무조건적으로 의지하는 나약하고 피동적인 신앙이 아니라, 스스로의 가능성을 적극 계발하고 정성을 다해 실천하는 능동적이고 적극적인 자세를 요청하는 것이다.

이것이 바로 '도덕개화' 사상이다. 금강대도는 지금 우리가 처해 있는 이 시점이 천지가 개벽(開闢)하는 시대가 아니고, 인도(人道), 즉 도덕성이 개화(開化)되어야 하는 때라고 본다. 즉 천지인 삼재 가운데 천도, 지도보다는 인도가 확립되지 못하고 있음을 걱정하는 것이다. 천 · 지 · 인 3자로 구성되는 우주에서 천지는 끊임없이 자기의 도(道)를 지켜 덕화(德化)를 베풀고 있거늘, 인간만이 그 도에서 벗어나 덕화는커녕 탈선의 길을 감으로써 우주 전체를 망치고 있다. 인간이 그 도를 잘 지키면 천지인 삼재의 도가 완성되는 것이요, 그렇지 못하면 삼재의 도는 완성되지 못한다.

여기서 우리는 도덕적 주체로서 인간의 특수한 지위를 상기해 볼 수 있다. 요컨대 우주 사활의 열쇠는 바로 인간 자신이 갖고 있다. 오늘날 우리에게 당면한 문명적 위기를 극복할 수 있는 주체는 오직 인류뿐이며, 오직 인간 자신의 의식 전환과 실천만이 위기 탈출의 유일한 대안이라고 볼 때, 도덕적 주체로서 인간의 역할은 더욱 강조되어야 한다. 그런 점에서 우리는 인도(人道)의 역할을 강조하는 금강대도의 가르침에서 많은 시사점을 받을 수 있다.

5. 끝맺는 말

오늘날 점점 더 격화되어 가는 전쟁과 테러를 비롯한 수많은 갈등 구조, 그리고 전 세계적인 환경 파괴와 생태계의 위기에 대하여 동양 전통의 생명 존중 사상과 상생의 정신은 유력한 대안이 되고 있다. 금강대도는 동양적 세계관의 정수를 창조적으로 계승한 한국의 신종교로서, 민족의 범위를 뛰어넘어 인류 문명의 생존을 위해 필요한 많은 비전을 제시해 주고 있다.

금강대도는 건곤부모(乾坤父母)가 구세주로서 이 세상에 출현했음을 믿는 신종교인데, 시대적으로 오중운도(午中運度)의 도래를 주장한다. 오중(午中)이란 선천과 후천이 교역하는 과도기를 말하는 것으로, 가장 광명(光明)한 시대요, 평등의 시대이며, 상극을 상생으로 돌리는 평화의 시대이다. 이러한 오중평등 사상은 다양한 의미로 해석할 수 있는데, 첫째 건곤의 평등이요, 둘째 천지와 인간의 평등이며, 셋째 모든 인간의 평등이요, 넷째 인간과 삼라만상의 평등이며, 다섯째 생사의 평등이니, 천지와 인간, 그리고 삼라만상이 모두 동반자로서 살아가야 한다는 것을 가르쳐 줄 뿐 아니라, 비폭력적 문화와 생명 존중의 실천을 촉구한다.

오늘날 인류가 풀어야 할 가장 큰 과제는 인간과 자연의 화해이다. 금강대도의 건곤부모 신앙을 통한 우주가화 사상은 동양의 유기체적이며 일원론적인 세계관을 창조적으로 승화시킴으로써, 오늘날 우리에게 꼭 필요한 생태학적 영성(ecological spirituality)을 제공해 주고 있다. '천지가 인간 되고, 인간이 천지가 된다.'는 사상이나, 우주가 하나의 가정으로서 삼라만상이 모두 형제요 동포가 된다는 사상은 오늘날 심층생태론이나 여성생태주의(ecofeminism)에 있어서도 깊은 영감을 제공해 줄 수 있는 선각적인 사상이라고 평가된다.

한편, 금강대도의 유불선 삼종일합론은 종교와 종교 사이의 화해가 절실하게 요구되는 종교 다원주의 시대에 타 종교에 대한 관용과 조화의 관점을 제시해 준다. 금강대도에서 비판하는 종교는 참다운 실천과 중생제도의 사명은 망각한 채, 아장피단(我長彼短)으로 싸우기만 하는 폭력적 종교들이다. 그러면서도 타 종교의 존재가치를 완전히 부정하지 않고 어느 정도는 인정하고 있으니, 유불선 삼종을 '세 배에서 하나의 달 보기', 즉 삼주동간일월(三舟同看一月)이라고 표현한 것에 그러한 정신이 잘 나타나 있다.

또한 종교 간의 화해에 있어서 가장 중요한 문제는 종교 자체에 있다기보다 종교인들이 자기 종교의 가르침대로 잘 실천하느냐에 달려 있다는 지적은 오늘날 세계의 종교인들이 경청해야 할 가르침이라고 생각한다.

금강대도의 목표는 심성의 수련과 도덕적 실천을 통해 바람직한 인간을 양성하는 것이다. 금강대도의 수련법은 심성(心性)의 수련이 신(身), 즉 몸의 수련과 일치되어야 함을 강조한다. 이렇듯 몸밖에 보배가 없다는 진리관은 인간의 정신과 육체, 진리와 현실, 그리고 쾌락과 고행을 하나로 보는 중용적이며 일원론적인 사상이다. 이러한 금강대도의 일원론적인 사상은 오늘날 환경 위기의 사상적 근원이라고 하는 서양의 이원론적인 세계관에 대한 대안으로서 많은 시사점을 제공해 줄 수 있다.

또한 천지의 개벽을 부정하고 인도(人道)의 개화를 주장하는 금강대도의 도덕개화 사상은 신권(神權)에만 무조건적으로 의지하는 나약하고 피동적인 신앙이 아니라, 스스로의 가능성을 적극 계발하고 정성을 다해 실천하는 능동적이고 적극적인 자세를 요청한다. 오늘날 우리에게 당면한 문명적 위기를 극복할 수 있는 주체는 오직 인류뿐이며, 오직 인간 자신의 의식 전환과 실천만이 위기 탈출의 유일한 대안이라고 볼 때, 도덕적 주체로서 인간의 역할을 강조하는 금강대도의 가르침에서 많은 시사점을 받을 수 있다.

오늘날 세계는 각자 자기의 특수성을 넘어 모두가 하나의 지구촌 구성원이라는 의식을 가지고 인류의 생존과 번영이라는 공동의 목표를 향해 노력할 것을 요구한다. 그것을 위해서 우리는 일방적 지배와 억압이라는 위계 구조를 탈피하여, 모든 존재가 서로 의지하면서 하나의 유기적 관계를 맺고 있다는 의식의 전환이 필요하다.

그런 점에서 금강대도가 가지고 있는 우주적 평등과 가화의 정신 속에서 우리 삶의 형태를 근본적으로 바꿀 수 있는 가능성과 실마리를 얻고자 하며, 그것이 한국과 동아시아 사상 속에서 보편성을 확보해 구체적인 실천 운동으로까지 전개될 수 있기를 기대해 본다.

부록 1. 금강대도와 대도덕 성사건곤부모님

1. 시작하는 말—남천포덕 100주년을 맞이하면서
2. 금강대도는 어떤 종교인가?
3. 대도덕성사건곤부모님의 성적(聖蹟)
   (1) 제1세 도주 대성사부모(大聖師父母)님
   (2) 제2세 도주 도성사부모(道聖師父母)님
   (3) 제3세 도주 덕성사부모(德聖師父母)님
4. 금강대도의 종교적 특징
5. 금강대도의 사상적 특징
6. 끝맺는 말

부록 1. 금강대도와 대도덕성사건곤부모님

1. 시작하는 말 - 남천포덕 100주년을 맞이하면서

2010년은 금강대도의 남천포덕(南遷布德) 100주년이 되는 해이다. 일제에 국권이 침탈되던 1910년 토암(土庵) 이승여(李承如, 1874~1934) 대성사부(大聖師父)님께서 강원도 금강산을 떠나 충청도 계룡산으로 옮기시어 본격적인 포덕을 시작하신 지 어언 100년이 된 것이다. 금강대도는 이토암 대성사부님께서 탄강하신 해를 개도(開道) 원년으로 삼고 있다.[1] 하지만 남천포덕 이후 새로운 회상(會上)이 열리기 시작했고, 금강대도라는 종단의 기틀이 처음 마련되었다는 점에서 금강대도의 실질적인 창도 시점이라고 해도 과언이 아니다.

▲ 남천포덕 100주년 기념 제1차 학술대회

한국의 신종교 가운데 100여 년의 역사를 지속해 온 종단은 손꼽을 정도이다. 천도교는 1860

1) 대성사부님은 본래 천지를 주재하는 건곤부모님이기 때문에 인간의 몸으로 화신하신 그때부터 생이지지(生而知之)로 대도를 가지고 오셨다는 믿음에 근거한다.

년 교조 수운(水雲) 최제우(崔濟愚, 1824~1864) 선생의 결정적인 종교 체험을 원년으로 하여 2009년에 포덕(布德) 150년을 맞이했다. 대종교는 1909년 홍암(弘巖) 나철(羅喆, 1864~1916) 선생이 한국의 고신도(古神道)를 중광(重光)한 이래 2009년에 100주년이 되었다. 증산교는 1909년 증산(甑山) 강일순(姜一淳, 1871~1909) 선생이 천지공사(天地公事)를 마친 후 2009년에 100주년이 되었다. 원불교는 소태산(少太山) 박중빈(朴重彬, 1891~1943) 선생이 1916년 불법연구회를 개교한 이래 2016년에 100주년을 맞이하게 된다.

보통 종교는 창업기, 제도 정착기, 문화 창조기의 3단계를 거쳐 발전해 나간다고 한다. 신종교 연구가들에 의하면, 우리나라에 약 400여 개의 신종교가 명멸(明滅)하여 대개는 제도 정착기로 이행하지 못하고 소멸했다. 하나의 종단이 창업 이후 100년 이상의 역사와 3대의 성통을 계승해 존속해 가고 있다면 제도 정착기에 접어들었다고 볼 수 있다고 한다. 이제 금강대도는 남천포덕 100주년을 맞이하였고, 3대의 성통을 지나 제4세대를 바라보고 있기 때문에 창업기를 지나 제도적으로 정착하여 발전할 수 있는 기틀이 형성되었다고 할 수 있다.

따라서 제4세대의 스승이신 법산(法山) 이경구(李敬求) 대종법사(大宗法師)님과 도향(桃香) 양정숙(梁貞淑) 대종덕사(大宗德師)님은 과거 100년 동안의 3대 성통 시대를 '무극적(無極的) 은도(隱道)'의 시대로 규정하고, 앞으로는 '태극적(太極的) 개화(開化)'의 시대를 열어가야 한다고 천명하셨다. 남천포덕 100주년을 도성덕립(道成德立)의 실질적인 전기(轉機)요, 터닝 포인트로 삼으시겠다는 의지를 내보이신 것이다.

그러나 태극적 개화 시대라 하여 과거 무극적 은도 시대와의 단절을 의미하는 것은 아니다. 오히려 창도주이신 이토암 대성사부님께서 꿈꾸셨던 창도 정신으로 복귀하여 오만성업(五萬聖業)과 광화중생(廣化衆生)이라는 목표를 재확인하자는 것이며, 도덕적 영성(靈性)의 계발을 통해 도인 각자는 물론, 세계 인류 전체의 도성덕립을 성취해 나가자는 의지의 표현이다. 그리하여 대내외에 금강대도의 위상을 확고히 함으로써 세계적인 종단으로 웅비함은 물론, 때에 알맞은 구원의 법방으로 시행방편(時行方便)하여 세계 중생들과 함께하는 삶 속의 종교, 사회 속의 종교로 거듭나자는 가르침이다.

이러한 중차대한 시점을 맞이하여 금강대도 종리학회는 몇 가지 학술적인 프로그램을 준비하고 있는 바, 대도덕성사건곤부모님의 100년 성업을 역사적으로 조명하고, 금강대도의 도덕적 구원관을 사상적으로 승화시켜 보고자 함이다. 이를 위해서는 내부적으로 학회 회원들이 먼저 각고의 노력을 기울여야 하겠지만, 외부에 계신 교수, 학자 여러분들의 관심과 참여 또한 기대해 본다.

그리하여 대도적으로는 남천포덕 100년의 기념비적인 순간에 대한 자축뿐만이 아니라, 세상을 구원하러 오신 만고대성(萬古大聖)이요 미륵부처님이신 '대도덕성사건곤부모(大道德聖師乾坤父母)님'께서 인류 역사에 남기신 발자취를 올바로 자리매김하여 역사적인 인물로 신원될 수 있는 계기를 만들고자 한다. 학계에 있어서는 금강대도의 구제 사상을 통해 한국의 종교 문화를 더욱 풍성하게 할 수 있는 영감(靈感)을 이끌어 낼 수 있기를 바란다.

따라서 이 글은 금강대도의 역사화 내지 사회화를 목표로 하여, 금강대도에 관심을 가지고 있는 모든 분들이 알기 쉽게 이해할 수 있도록, 가급적 객관적인 시각으로 금강대도의 종교적, 사상적 특징을 소개하고자 한다.

2. 금강대도는 어떤 종교인가?

금강대도는 구세주이신 '대도덕성사건곤부모(大道德聖師乾坤父母)님'에 대한 절대적 신앙을 통해 스스로 수도(修道)해 나가는 종교이다. 금강대도의 목표는, 의성(義誠)의 정신으로 대도덕성사건곤부모님의 심법을 이어받고 그 가르침을 실천하여, 심성신(心性身)이 합일된 차생군자(此生君子)와 내생선불(來生仙佛)을 누리고, 천지인(天地人)이 합일되는 도덕 문명의 극락세계를 이룩하는 것이다. 이것을 '도성덕립(道成德立)'이라고 한다.

그렇다면 건곤부모님은 어떤 분이신가? 건곤부모님은 말 그대로 건부(乾父)와 곤모(坤母)를 함께 이름이니, 천지 우주를 낳고, 기르며, 다스리시는 궁극적 존재를 말한다. 그러한 건곤부모님께서 지금으로부터 136년 전 인간의 모습으로 화신(化身)하시어 이 땅에 오셨다. 절대자가 인간의 모습으로 오시는 이치는 삼신일체론(三身一體論)으로 설명될 수 있다.[2)]또한 오만성업(五萬聖業)과 도성덕립(道成德立)의 대역사를 성취하시기 위하여 3대의 성사부모(聖師父母), 즉 육불(六佛)로 오셨으니, 대성(大聖)사부모님은 도덕의 씨앗을 뿌리시고, 도성(道聖)사부모님은 가꾸셨으며, 덕성(德聖)사부모님께서는 결실을 하시니, 3대 성사부모님은 나누면 비록 셋이지만 그 근원은 하나로서 삼신일체(三身一體)가 된다.[3)]

---

2) 삼계・십방을 생성(生成)하는 '대도(大道)'의 근원으로서의 건곤부모님과 그 진리의 빛으로 삼라만상을 화육(化育)하시는 '대덕(大德)'으로서의 건곤부모님, 그리고 인간의 모습으로 화신하시어 중생을 치교(治敎)하시는 '대성(大聖)'으로서의 건곤부모님은 다만 그 작용되는 모습이 다를 뿐이지 원리적으로 하나요, 별개의 이체(異體)가 아니다. 졸저, 『건곤부모님과 금강대도의 진리』, 미래문화사, 2003, 98~105쪽.

3) 여기에서 이중의 삼신일체 사상이 성립되는 것이니, 탄강 이전의 대도부모・대덕부모・대성부모의 삼신일체를 무극적 삼신일체, 탄강 이후의 대성사부모・도성사부모・덕성사부모의 삼신일체를 태극적 삼신일체라 할 수 있다.

이렇듯 절대적인 구세주이시기 때문에, 중생들이 원하는 대로 때로는 만고대성인으로, 때로는 미륵대불로, 때로는 태극무극현화천존으로, 또 옥황상제로 모습을 바꾸시며 교화하시었다. 대성사부님께서는 이렇게 말씀하셨다. "세상에 집에는 두 아버지가 없고, 나라에는 두 임금이 없으며, 천하에는 두 성인이 없는 것이다." 이것은 당신이 유일무이한 만고대성인이라는 점을 밝히신 것이다. 또한 "만일 미륵을 못 보았거든 모름지기 나를 와서 보아라." 하시었으니, 당신이 또한 미륵불임을 천명하시었다. 그리고 "윤회십팔전(輪回十八轉)하니 호칭태상옥(號稱太上玉)"이라 하셨고, "태극무극현화천존(太極無極玄化天尊)은 금강지설교(金剛之設教)고로 호생지대불(好生之大佛)이시니라." 하시었으니, 도교의 최고 신인 삼청경(三淸境)의 천존이 바로 당신임을 말씀하셨다.

이러한 절대적 구세주가 오신 이유는 무엇보다 타락한 인간의 도덕성을 다시 세우려 하심이다. 대성사부님께서는 "천지께서 세상 만물을 낳으시매 사람보다 귀하고 영특한 것이 없으니, 그것은 사람에게 윤리와 도덕이 있기 때문이다. 범과 이리도 부자(父子)의 의리가 있고, 벌・개미의 군신(君臣), 비둘기의 부부(夫婦), 기러기의 형제(兄弟), 꾀꼬리의 붕우(朋友)는 모두 금수로되 윤리가 있는 것이니, 하물며 사람으로서 윤리와 도덕이 없으면 금수만도 못한 것이니라."고 하시었으니, 도덕이란 인간다움의 조건 바로 그것이라고 할 수 있다.

그런데 이렇게 인간의 도덕성이 타락한 원인에 대해서는 근본적으로 성인의 도(道)가 밝지 못한 때문이라 하여 기성 종교들을 비판하시었다. "유가의 무리들은 한갓 글만 읽고 실행이 없으며, 불가의 무리들은 다만 의식만 알고 자비한 마음이 없고, 선가의 무리들은 오로지 기괴한 것만 숭상하고 수련하는 공부가 없다."고 하셨다. 여기서 대성사부님이 중시하는 것은 바로 실행(實行)과 자비(慈

悲), 그리고 수련(修鍊)이다. 요컨대 도덕적인 실천과 종교적인 자비행, 그리고 심성을 배합하는 내적인 수련을 촉구하셨으니, 이 세 가지는 인간의 도덕성을 개화(開化)[4]하기 위한 필수 조건이다.

이렇듯 건곤부모님을 절대적으로 믿고, 그 가르침에 따라 도덕을 실천하고 자비를 행하며 심성신을 수련했을 때 어떠한 구원을 약속해 주셨는가?

첫째, 살아서는 도덕군자가 되고 죽어서는 신선 부처가 된다고 하셨으니, 차생군자(此生君子)요 내생선불(來生仙佛)이다.

둘째, 살아서도 극락이요 죽어서도 극락을 누린다고 하셨으니, 생극락(生極樂)과 사극락(死極樂)이다. 이것은 대부분의 종교에서 말하는 죽어서의 천당, 극락만이 아니라 살아서의 극락까지도 보장하는 것이니 원만한 구원상이라 할 수 있다.

셋째, 영무낙겁(永無落劫)이라 하여 금강대도에 입도만 하여도 영원히 겁운에 떨어지지 않는다. 앞으로 인간의 도덕적 타락으로 인하여 이런 저런 형태의 겁운이 밀려오는데, 건곤부모님을 지성껏 믿고 수련을 해 나간다면 비록 불과 물이 덮치더라도 생명을 보전할 수 있다.

넷째, 칠세조상이고등락(七世祖上離苦登樂)이라 하여, 나 하나 잘 믿고 실행함으로써 선대 조상 7대까지를 선불(仙佛)로 천도할 수 있다고 한다. 이는 세계 종교사에 일찍이 없었던 대복음이며, 조상과 후손의 계세(繼世)를 중시하는 한국적 종교 심성의 표출이라고 볼 수 있다.

다섯째, 천지동배(天地同配)라 하여, 천지-건곤부모와 함께 영생을 누릴 수 있다는 것이다. "너희들이 일심으로 수도하여 도를 이루면, 반드시 천지와 더불어 늙고 일월로 더불어 밝을 것이다." 그리

4) 이토암 선생님의 도덕개화 사상에 대해서는 졸고, 「이토암 선생의 도덕개화 사상」, 『금강대도 종리학 연구론』, 미래문화사, 2005, 191~219쪽 참조.

고 "너희들이 진실로 독실히 믿어 수도하면, 나와 너희가 한곳으로 함께 돌아가 불생불멸할 것이다."라고 하셨으니, 인간을 천지와 동등한 위치에 올려 주심은 물론, 건곤부모님과 생사극락을 함께 누릴 수 있다는 것이다.

여섯째, 건곤부모님의 수제자로서 통리군자(通理君子) 108인과 옛 성현보다 뛰어난 고명과(古名過) 9800인이 배출된다는 것이다.

3. 대도덕성사건곤부모님의 성적(聖蹟)

여기서는 지나간 100년 동안 금강대도를 창도하고 이끌어 오신 3대 성인께서 역사에 남기신 발자취를 간단히 소개하고자 한다.

(1) 제1세 도주 대성사부모(大聖師父母)님

금강대도를 창도해 주신 제1세 도주 대성사부모님은 토암(土庵) 이승여(李承如, 1874~1934) 선생님과 자암(慈庵) 서의복(徐宜福, 1884~1927) 선생님이시다. 두 분 모두 강원도 통천(通川)에서 탄강하셨으니, 금강산의 정기를 받고 태어나셨다. 두 분은 1898년 결혼하여 건곤부모로 정위(正位)를 하셨다.

대성사부님은 33세 되시던 1906년에 결정적인 종교적 체험을 통해 대도를 자각하시었다.[5] 선후천 교역기에 타락된 인간의 도덕성을 건곤부모인 자신이 개화(開化)함으로써 큰 겁운에 싸여 죽어 가

5) 금강대도에서는 대성사부님을 생이지지(生而知之)하신 대성인으로 믿기 때문에 이 득도의 계기를 부정하기도 한다. 원래 건곤부모로서 이 땅에 화신(化身)하셨기 때문에 처음부터 권능을 가지고 오신 것이요, 구도행(求道行)이나 학문적 수련을 통해 오도(悟道)를 한 것이 아니라는 것이다. 다만 33세까지는 인간의 몸으로 오신 인연을 다하기 위해 평범한 생애를 사시다가, 이때에 이르러 당신이 갖고 오신 사명을 스스로 깨닫고, 인류 구제의 큰 계획을 세우셨다는 것이다.

는 인류를 구원하고, 나아가 우주의 화평을 이룩한다는 대원을 세우신 것이다.

37세 되시던 1910년에 수많은 제자의 인연이 충청도에 있음을 예견하시고 충청도 계룡산으로 남천포덕(南遷布德)을 단행하시었다. 이때는 한일강제병합이 되어 일제의 이른바 무단통치가 기승을 부리니, 이를 피해 계룡산 주변을 유력(遊歷)하시면서 은도(隱道)를 행하셨다. 이때에 수많은 어려움을 무릅쓰고 대성사부모님을 숭앙했던 많은 제자들을 얻으시고, 첫 저술이자 대도의 기본 경전인 『교유문(敎諭文)』(1914년)과 「명교장(明敎章)」을 발표하는 등 대도의 종교적 면모를 하나하나 갖추어 나가셨다.

50세 되시던 1923년, 남천포덕 이후 13년 만에 그동안의 은도를 청산하고 현재의 충남 연기군 금남면 금천리에 성지를 마련하고 대성전을 건설하시었다.[6] 1925년에 처음으로 선화부(宣化部)를 두는 등 교화 조직을 정비하고, 1927년에는 처음으로 '금강도총본부(金剛道總本部)'라는 간판을 걸었으니, 지금까지 방편을 따라 임시로 내세웠던 '진종동붕교(眞宗同朋敎)' '관성교지부(關聖敎支部)'[7] 등의 간판을 내리고 주체성을 확립해 나가셨다. 1927년 12월에는 서자암 대성사모님께서 열반하시었다.

또한 경전 편찬 작업을 계속해 나가셨으니,[8] 1914년(41세)부터

---

6) 이곳은 계룡산을 태조(太祖)로 하고 우산봉을 중조(中祖)로 하는 풍수상의 길지이며, 특히 금병산(錦屛山)의 병풍 뒤쪽으로 피난지지로서 중요한 의미가 있다. 1983년 6·20사업의 환난을 피해갈 수 있었던 것과 최근 세종시 도시구역 획정에서 비켜간 점, 그리고 6·25전쟁 때 피난처로 유명했던 점 등이 그 증거라고 할 수 있다. 이 점에 대해서는 졸고, 「계룡산 문화와 금강대도의 오중대운론」, 대전대 동양문화연구소 주최 '계룡산 문화와 한반도의 미래' 학술세미나 자료집, 85~102쪽 참조.

7) 이것은 일제의 무단통치에 대응하여 아직 확고해지지 않은 금강 도덕을 지키려는 임시적인 은도의 방편이었으니, 일시적인 방패막이를 세워 일제의 경계를 벗어나면서, 금천 법당에서는 비밀리에 단군을 내세워 민족정기를 고취하는 한편, 교화 조직을 정비하고 대성경을 간행하는 등의 일을 해 나가실 수 있었다.

8) 졸고, 「금강대도와 경전」, 『신종교연구』 제16집, 한국신종교학회, 2007, 94~125쪽 참조.

1932년(59세)까지 약 18년간 11경 28권[9]의 방대한 경전을 반포하셨다. 이것은 사후에 편집된 것이 아니고 생존 시에 스스로 구술하신 것을 받아 적은 것이니, 교조의 사후 언행록이 주류를 이루는 다른 종교의 경전과는 사뭇 차원이 다르다. 이 『대성경』은 천지인 삼재의 세계관과 유불선 삼종일합의 진리를 관통하고 있을 뿐만 아니라, 분량으로만 따져도 한 사람의 저작이라고 믿기 어려울 정도로 방대하다.[10] 제자들은 이것이 신명의 강계(降乩), 즉 하늘의 뜻이 담긴 글이며, 대성사부님께서 생이지지(生而知之)하신 증거라고 믿고 있어서 절대적 신앙과 카리스마의 원천이 되고 있다.

대성사부님은 충효성경(忠孝誠敬)과 가화(家和), 청결(淸潔) 등의 가르침으로 제자들을 교화하셨고, 민족의식도 고취해 주셨다. 단군국조를 앞세워 민족정기를 앙양해 주셨는데, 1923년 금천에 법당을 건설하고 불상을 봉안하시면서, 불상 안에 단군의 성상을 비밀리에 봉안하여 민족의식을 일깨워 주시기도 하셨다.

61세 되시던 1934년 3월, 대전의 충남도청 앞 광장에 전국의 도인들을 소집하여 대강연회를 열 계획을 세웠으니, 그 목적은 포덕과 함께 민족의식의 선양에 있었다. 그리하여 도인들은 배달민족을

---

9) 『교유문(敎諭文)』 5권(1914), 『진종보감(眞宗寶鑑)』 상·하권(1923), 『진종대전(眞宗大全)』(1923), 『염불경(念佛經)』(1923), 『현화진경(玄化眞經)』 상·하권(1925), 『청난경(淸難經)』(1927), 『삼청현화경(三淸玄化經)』 3권(1930), 『황보경(黃寶經)』(1930), 『현묘경(玄妙經)』(1931), 『금강화신경(金剛化身經)』(1932), 『도덕가(道德歌)』 10권(1932)

10) 임기중 교수가 『도덕가』 10권을 한국 가사문학의 범주로 보아 『한국가사문학주해연구』(아세아문화사, 2005)에 전문을 실은 적이 있는데, 이에 대한 해제에서 "지금까지 알려진 가사 작품 가운데 가장 장편이다."라고 쓰고 있다. 역시 이에 대한 해제를 쓴 이승남 박사는 "길이는 1음보당 4글자를 중심으로 띄어쓰기를 하여 '혼글'로 입력한 전체 본문의 음보 수가 어림잡아 57,300여 개에 이른다. 이는 대략 1행 4음보를 기준으로 환산하면 약 14,300행 정도가 된다. 장편 서사 가사의 경우 행의 수가 400행 이상 4,100여 행이 되는 작품을 말하고 있는 것으로 보아 이 작품의 규모가 어느 정도인지 짐작할 수 있다."라고 했다. 이승남, 「금강도사도덕가의 종교적 의미와 문체적 특성」, 『한국어문학연구』 제42집, 한국어문학연구회, 2004, 191~192쪽.

상징하는 흰옷을 입고 손에는 태극기와 함께 사구기[11]를 들고 수천 명이 광장에 모여들었으나, 밀고자가 나와 사전에 발각되고 계획은 실패로 돌아가고 만다.[12] 만일 이때의 집회가 예정대로 열렸다면 독립만세운동으로까지 확대될 수 있었고, 금강대도를 널리 알리는 좋은 기회가 되었을 것이다. 대성사부님은 강연회가 무산된 것에 가슴 아파하며 병세를 보이시더니, 결국은 그해 11월에 61세를 일기로 열반에 드시었다.

대성사부모님은 민족사의 고통과 세계 인류의 문명사적 전환을 목도하고 그것을 종교운동을 통해 해결하려고 한 선각적인 종교 지도자였다. 아직까지 조선 봉건사회의 계급 구조가 온존해 있던 당시에 누구보다도 선구적으로 반상(班常)과 남존여비를 혁파하여 평등대도를 설파하셨고, 일제강점기라는 민족적 모순에 대해서는 단군국조를 내세워 민족적 자존심을 고취하셨다. 유불선 등 기성 종교의 중생구제력 상실에 대해서는 이들을 비판적으로 종합하여 새로운 종교인 금강대도를 창도해 주심으로써 인류로 하여금 새로운 세계관에 눈을 뜨게 하셨다.

그리하여 남천포덕 이후 지금까지 금강대도는 한국 신종교 운동사에 있어서 제1세대에 속하는 종단으로서 활발한 종교 활동을 지속해 나가고 있다. 특히 충청도에 본부를 두고 전국적인 포교망을 갖춘 종단으로 발돋움할 수 있었다. 실제로 1934년 조선총독부의 조사에 의하면,[13] 당시 신도 수가 13,000여 명으로 전국적으로 천

---

11) 금강대도 도기로, 대성사부님께서 동양의 음양오행 사상과 주역의 원리를 집대성하여 제작해 주신 것이다. 그 모양이 한자의 넉 사(四)자와 아홉 구(九)자를 둥글게 구부려 놓은 것 같기에 '사구기(四九旗)'라고 한다. 또한 4와 9의 승수는 36이기에 천도수(天道數)를 상징하는 것이기도 하다.

12) 이 사건에 대해서는 동아일보와 조선일보 1934년 5월 14일자에 기사가 실려 있으며, 青野正明, 『朝鮮農村の民族宗教』, 社會評論社, 2001, 201~235쪽에도 그 전모가 자세히 실려 있다.

13) 村山智順, 『朝鮮の類似宗教』, 朝鮮總督府, 1934.

도교, 보천교에 이어 세 번째의 교세로 파악되고 있는데, 그 교세의 90% 이상이 충청남도에 집중되고 있어서 적어도 충청 지역에서는 제1의 교세를 보여 주고 있음을 확인할 수 있다.

(2) 제2세 도주 도성사부모(道聖師父母)님

도성사부모님은 청학(靑鶴) 이성직(李成稙, 1913~1957) 선생님과 보단(寶丹) 민영인(閔永仁, 1913~1959) 선생님이시다. 도성사부님은 대성사부님의 장남으로 논산군 황적동에서 탄강하시었으니 계룡산의 정기를 받으셨고, 도성사모님은 청원군 용정리에서 탄강하시었으니 부모산(父母山)의 정기를 받으셨다. 16세 되시던 1928년 결혼하시어 건곤정위를 하셨다.

22세 되시던 1934년 대성사부님의 명을 받아 충남도청 앞 만세사건을 주도하였으나 무산되었고, 이윽고 대성사부님이 열반하시자 1937년 25세에 도통을 계승하셨다. 1939년 일본 종교계 시찰을 나갔는데, 일본 진언종의 총본부를 방문한 청학은 그를 시험, 회유하려는 온갖 책략에 맞서서 오히려 덕으로 그들을 감탄케 하니 일본 승려들은 그를 홍법대사(弘法大師)의 후신이라며 칭송하였다고 한다.

도성사부모님은 금강대도의 교리와 의례를 체계화하는 일에 주력하셨으니, 대성사부모님을 '건곤부모(乾坤父母)'의 화신으로 존숭하여 신앙 대상관을 확립하신 것이 가장 중요한 일이다. 또한 당신의 종교적 이상을 상징화하여 「흥기도덕가(興起道德歌)」를 저술하시고, 가사 내용에 따라 태극무(太極舞), 무극무(無極舞), 봉무(鳳舞), 학무(鶴舞) 등 자연 만상의 이치에 맞는 여러 가지 가무를 창안하시어 자연의 이법(理法)에 통달한 비범한 능력을 보여 주셨다.

도성사부님의 이러한 비범한 신도설교로 도세가 날로 번창하자 일제는 이를 예의 주시하였고, 결국은 금강대도의 말살을 계획하였다. 1941년 금천리 법당에 난입하여 도주 이하 50여 명을 검거, 당시의 '조선어학회 사건'에 연루되었다는 죄목을 씌워 투옥하였다. 이때 옥중 순도자가 10여 명에 달하였고, 도장 내의 성전과 부속 건물이 일체 파괴되었으며,[14] 도인들은 징병 및 추방을 당하여 만주, 간도 등으로 뿔뿔이 흩어지는 비운을 맞게 되었다. 이 사건을 신사사변(辛巳事變)이라고 한다. 일제에 의해 이렇듯 철저한 탄압을 받은 종단은 드물었고, 해방 이후 종단을 재건하는 데 있어서도 상당한 상처로 남았다.

▲ 제2세 도주 도성사부님과 제자들

신사사변 이후 1년여 동안의 옥고와 고문, 거주 제한 등의 압박 가운데서도 도성사부모님은 의식을 비밀리에 거행하셨고, 해방이 머지않았으니 민족정신을 잃지 말라는 가르침을 계속하셨다. 일제의 재검거 시도를 피해 은신하시는 중에도 광복을 암시하는 '봄노래'와 그 가사에 맞춰 가무를 만들어 가르쳐 주셨다.[15] 을유년에

14) 이때 일제는 건물을 강제로 철거하여 여기서 나온 좋은 목재들을 당시 공주의 친일 갑부였던 김갑순(金甲淳)에게 불하하였다. 김갑순은 이것으로 유성관광호텔을 신축하였다. 그후 유성관광호텔을 현대식으로 개축하면서 그 목재는 다시 용인 민속촌에 있는 금련사(金蓮寺)로 들어갔다고 한다. 대성사부님이 처음 법당을 만들 때 몸소 태백산까지 가서 좋은 목재를 가려 썼다고 하니 철거된 법당의 위용을 가히 짐작할 수 있다.

15) 봄이 왔네 봄이 왔네 삼천리 강산에 봄이 왔네. 봄이 왔네 봄이 왔네 이 강산

으레 독립이 될 것임을 예언하고 있는 이 노래는 이때부터 인근 지역과 도인들 사이에 널리 퍼져 구전 가요로 전해졌다. 광복 하루 전날인 8월 14일에는 독립의 기미를 예감하시고 천제(天祭)를 올리셨고, 한 수의 시를 지어[16] 광복의 기쁨을 노래하시었다. 다음날 마침내 광복을 맞이하게 되자, 제자들과 함께 인경산에 올라가 '대한독립만세'를 무수히 외치면서 기쁨을 함께 하셨고, "지금까지는 두문(杜門)하고 있었으나 앞으로는 개문(開門)함이 옳다."고 말하면서 동네의 이름을 '개문동(開門洞)'으로 바꾸니, 그 주민들도 모두 이후로는 개문동으로 부르게 되었다.

광복 후 도장을 재정비, 성전과 총본원의 건물을 재건하셨으며, 금강고등공민학교를 설립하여 청소년 교육에도 주력하셨다. 또한 '성재(誠齋)'라고 하는 정기적인 수련 과정을 두어서 도덕 강론과 심성 수련을 격려하고 적극적으로 선도 포덕에 진력하니 당시 도인 수가 수만에 달했다. 1950년 초에는 6·25 전쟁을 예견하시고, 제자들에게 경거망동하지 말고 피난을 가지 말라고 경계하셨다. 또한 '피병란(避兵亂)' 보결(寶訣)을 내려 주시니, 제자들이 더욱 믿고 따르게 되었다. 이러한 법력이 세상에 알려지자 금천리는 피난처로 유명해졌다.[17] 정감록에 등장하는 '십승지지(十勝之地)'에는 유구(維鳩)와 마곡(麻谷) 사이가 피난처라고 했지만, 실상은 금천리가 피난처로서 민중들의 안식처가 된 것이다.

1950년에 『보경(寶經)』을 하사하여 도인들의 수행법을 마련하셨

금수강산. 봄이 왔네 봄이 왔네 우리 대한에 봄이 왔네… 기미년에 기미 보이고 을유년에 으레껏 되었네 만세 만세 만만세여 대한독립 만만세라. 만세 만세 만만세여 금강대도가 만만세라.

16) 두문금풍취(杜門金風吹)하니 만물득의추(萬物得義秋)라. 희사도문전(喜事到門前)하니 사제동락춘(師弟同樂春)이라.

17) 남북 양군이 금강을 사이에 두고 격렬한 전투를 여러 번 벌이면서도 금천리 성역에는 단 한 발의 포탄도 떨어지지 않았고, 또 도성사부님의 말을 듣고 따랐던 피난민들은 단 한 사람도 피해자가 없었다.

고, 1953년에는 금강인쇄소를 설치, 『대성경(大聖經)』 등 제반 경전을 간행하는 등 금강대도의 종교적 체계화에 심혈을 기울이셨다. 그러나 1957년에 이르러 일제하에서 겪은 옥고의 여독으로 환후가 재발하여 마침내 열반에 드시니 향년 45세였다. 도성사부님 열반 이후에는 민보단 도성사모님이 약 3년간 홀로 도무를 관장하시다가 1959년에 또한 열반하시었다.

도성사부님은 창도주 대성사부모님의 장남으로서 약관 25세에 도통을 계승하시어, 금강대도의 수난기를 온몸으로 겪어 내시면서 종교적 체계를 가꾸어 오신 천재적인 종교 지도자였다. 일제 말 전쟁 동원기에 한국의 민족종교를 말살하려는 시도에 의해 신사사변이라는 일찍이 유례가 없는 철저한 탄압을 받으셨지만, 이에 굴하지 않으시고 민족정신을 고취해 주셨다. 또한 대도의 수행과 의례를 의연하게 지켜 내신 성적(聖蹟)은 한국 종교사에 길이 남을 항일투쟁의 대표적인 사례였다. 뿐만 아니라 천문(天文)과 인사(人事), 지리(地理), 의약(醫藥)에 통달하시었다. 문사철(文史哲)에도 해박하시어 금강대도의 신앙 대상관 및 교리, 의례의 전반을 체계화하심은 물론, 사람이 살아가는 도리와 사상적 방향, 구급(救急)의 묘방(妙方)까지 세세하게 가르쳐 주시어 제자들의 존경과 절대적인 숭앙을 받으셨다.

(3) 제3세 도주 덕성사부모(德聖師父母)님

덕성사부모님은 월란(月鸞) 이일규(李一珪, 1934~2004) 선생님과 향련(香蓮) 김동윤(金東允, 1937~) 선생님이시다. 덕성사부님은 도성사부님의 장남으로 연기군 금천리에서 탄강하시었으니 금화산(金華山)의 정기를 받으셨고, 덕성사모님은 영동군 각계리에서 탄강하시었으니 천만산(天萬山)의 정기를 받으셨다. 26세 되시던

1959년 결혼하시어 건곤정위를 하셨다.

덕성사부님은 4, 5세 무렵부터 사서삼경을 읽기 시작하셨고, 15세 무렵에는 당시 금강대도에서 설립한 금강고등공민학교에서 수학하면서 유불선 삼교를 섭렵하셨다. 이후 다소 늦은 나이에 신학문에 들어갔으니, 23세가 되어서야 청주고등학교를 졸업하셨고, 성균관대학교에 입학하여 약학과를 거쳐 동양철학과에서 금강대도의 사상을 철학적으로 심화시키실 수 있었다.

31세 되시던 1964년 도통을 계승하여 2004년 열반하실 때까지 근 40여 년 동안 금강대도의 제3세 도주로서 중생구제 사업에 헌신하셨다. 특히 '의성(義誠)'이라는 두 글자를 사용하여 대도의 사상을 개념적으로 종합하셨을 뿐만 아니라, 실제의 삶에서도 온몸으로 의성을 실천궁행하셨던 오늘날의 참다운 스승이셨다. '금강삼대보훈(金剛三大寶訓)'을 내려 주시어 수행의 지침을 삼게 하셨는데, 백지환원(白紙還元)·중용지도(中庸之道)·지성무식(至誠無息)이 그것이다.[18] 더욱 중요한 것은 그 자신이 일생을 통하여 그것을 실천궁행하셨다는 것이다. 사택 현관에 커다랗게 정성 성(誠)자 한 글자를 써서 걸어 놓고, 여림심천(如臨深泉), 여리박빙(如履薄氷)이라는 말처럼 하루하루의 삶과 일동일정에 온 정성을 다하셨다. 평생을 하루같이 삼종대성전과 성산 문안을 하루도 거르지 않으시니 이는 모든 제자들에 대한 무언의 가르침이 되었다. 또한 치성이나 제향 때는 조금도 어김없이 시간을 철저히 지키셨으며, 오히려 제일 먼저 나와 행사를 진두지휘하실 정도였다.

덕성사부모님께서 가장 심혈을 기울이신 것은 금천 성지를 총본원으로 하고, 전국에 100여 개의 본분원 회관을 건립하여 교화 조

18) '백지환원'이란 건곤부모에 대한 순일무잡(純一無雜)한 신앙의 자세를 뜻하는 것이요, '중용지도'란 하나의 극단에 치우치지 않는 가장 원만하고도 올바른 수도의 자세를 말하는 것이요, '지성무식'이란 지극한 정성으로 조금도 쉼 없이 세상에 임하여 중생을 제도하라는 것이니, 이것은 곧 의성(義誠)을 말하는 것이다.

직을 확대하는 일이었다. 우선 역점을 두신 사업은 금천 성지를 성역화하는 일이었으니, 금강대도 개도(開道) 100년[19]이 되는 1973년과 연화대도 개도 100년[20]이 되는 1983년 두 차례에 걸쳐서 금천리 일대를 대대적으로 성역화함으로써 신앙과 수도의 중심지로서 손색없는 면모를 갖추셨다.

또한 국가적인 경제 발전 정책에 맞추어 운수 사업과 표고버섯 재배 등의 경제 사업을 추진하는가 하면 '자경보양원(慈敬保養院)'을 설립하여 노인복지 사업도 실시하고 있다. 인재 육성을 위해 '금강삼종대학(金剛三宗大學)'을 두고 정규 대학 설립을 추진하고 있으며, 금강대도 종리학의 체계적인 연구를 위하여 '금강대도종리학회(金剛大道宗理學會)'를 두고 매년 활발한 활동을 전개하고 있다.

그리고 2001년에는 1941년 일제에 의해 법당이 강제로 훼철된 이래 정확히 60년 만에 삼종대성전(三宗大聖殿)을 신축 건립하셨다. 이때를 기하여 장자인 법산(法山) 이경구(李敬求) 선생님과 양도향(梁桃香) 선생님에게 대종법사(大宗法師), 대종덕사(大宗德師)라는 사호를 내려 제4세 도주의 법통을 분명히 하셨다. 또한 태극적 개화의 원년이라고 선언하심으로써 대사회적인 도덕성 개화 활동을 적극적으로 전개할 것을 천명하셨다. 2004년 6월 71세를 일기로 열반에 드시니, 전국의 수십만 제자들이 3년간 중복으로 애도를 다하여 근세에 보기 드문 주목의 대상이 되었다.

덕성사부님은 금강대도의 모든 시련기를 끝내고 실질적인 도약의 발판을 마련한 종교 지도자였다. 특히 60~70년대 대한민국의 경제 부흥기에 대도의 교리와 의례를 확립해 나가면서 교화 조직의 체계화와 금천 성지의 현대화, 그리고 경제 안정 및 인재 육성을 위해 심혈을 기울이셨다. 그 결과 금강대도는 오늘날 계룡산 주변

19) 금강대도(金剛大道)의 제1세 도주 이토암 대성사부님의 탄생 100주년.
20) 연화대도(蓮華大道)의 제1세 도주 서자암 대성사모님의 탄생 100주년.

충청도의 신종교 중에서 가장 건실한 발전을 해 나가고 있다.

덕성사부님께서 열반하신 이후 금강대도는 덕성사모님을 모시고 수행과 사업에 매진하고 있다. 특히 대도의 도약을 위한 각종 사업을 추진하고 있는데, 이를 이끌고 나가시는 분은 덕성사부님의 장자이신 법산 이경구 대종법사님과 도향(桃香) 양정숙(梁貞淑) 대종덕사님이시다. 금강대도 제4세대의 스승으로서 '이제 무극적(無極的) 은도(隱道)의 시대는 가고 태극적(太極的) 개화(開化)의 시대가 오고 있음'을 선포하시어 도인들의 절대적 존경을 받으시고, 1991년부터 대도 발전 5개년 계획을 계속 추진하시어 현재 제4차 5개년 계획을 지속적으로 전개하시고 있다. 특히 2007년부터 현재까지 남천포덕 100주년 기념사업을 추진하시어 실질적인 대도 발전의 전기를 만드시고자 불철주야 노력하시고 있다.

4. 금강대도의 종교적 특징

첫째, 교조를 절대적 구세주로 신앙한다는 것이다. 남천포덕 초기 대성사부모님은 관성제군(關聖帝君), 삼성제군(三聖帝君)[21], 태상노군(太上老君), 옥황상제(玉皇上帝), 단군 등을 신앙 대상으로 내세우셨지만, 대성사부모님께서 열반하신 이후에 스승의 성덕(聖德)에 감복한 제자들에 의해 대성사부모님 자신이 신앙의 대상으로 숭봉되기 시작하였다. 도성사부모님과 덕성사부모님 시대를 지나면서 교리적 체계화를 거쳐 3대 교주님이 '삼신일체(三身一體) 삼불세존(三佛世尊)'으로 확정되기에 이르렀다. 대성사부모님 생존 시에도 만고대성(萬古大聖), 미륵대불로 숭봉하는 신앙의식이 있었지만,

21) 관성제군, 문창제군, 부우제군

도성사부모님 시대에 태극무극현화천존(太極無極玄化天尊), 건곤부모 등으로 숭봉되었고, 덕성사부모님 시대에 '대도덕성사건곤부모(大道德聖師乾坤父母)님'께서 몸은 비록 셋(건곤정위하여 여섯)이나 그 근원은 하나라는 '삼신일체론'이 형성되었다.[22)]

둘째, 삼신일체 건곤부모님의 성통은 하나의 혈통으로 계승된다는 것이다. 물론 이것은 대성사부모님께서 처음부터 언명하신 일이다. "공자는 제자에게 도를 전했으나 나는 자식에게 도통을 전한다." 하셨고, "후일에 반드시 초립동(어린아이) 전에 배례할 때가 있다."고 하셨다. 또한 도덕가에 "만법교주 누가 알며 동화교주 누가 알고 통천교주 아는 날에 무극대도 나타나니…"라 하셨고, "안로교정청학실(雁路交情靑鶴室), 송풍락도백운대(松風樂道白雲臺)"[23)]라 하신 말씀이 모두 성통을 혈통적으로 계승해 나간다는 것을 예시해 놓으신 것이다.

셋째, 건부와 함께 곤모를 함께 숭봉하고, 금강대도와 연화대도를 함께 내세움으로써 남녀평등의 가치를 잘 구현하고 있다. 남녀평등의 가치는 한국 신종교의 공통적인 사상이라고 볼 수도 있지만, 금강대도처럼 일찍이 신앙 대상관 및 종단 조직론으로 정립한 종단은 없었다고 생각된다. 종교는 상징 체계를 통해 시대의 흐름을 예시하고 선도하는 기능을 한다. 전 시대의 유습(遺習)이 완전히 없어지지 않아 아직 여성의 지위가 실질적으로 향상되지 못한 측면도 있지만 여신(女神), 즉 곤모님이 건부님과 배위를 이루어 구세주로 오셨다는 금강대도의 가르침은 후천 오만 년 인류 문화의 이정표로

22) 금강대도 신앙 대상관의 확립 과정과 그 다양한 종교적 의미에 대한 고찰은 졸고, 「종리학 시론」, 『건곤부모님과 금강대도의 진리』, 66~119쪽 참조.

23) 안로교정청학실-기러기 길에 청학실에서 정을 사귀고 ; 도성사부모님의 성통을 의미
송풍락도백운대-솔바람에 백운대에서 도를 즐거워하라 ; 덕성사부모님의 성통을 의미

자리할 것이라고 생각한다.[24)]

넷째, 한 종교의 교조이자 구세주 자신이 종교의 중심적 경전을 직접 저술하여 남겼다는 것이다. 이토암 대성사부님이 남천포덕 이후 금강대도라는 새로운 종교를 개창하시면서 제일 먼저 심혈을 기울인 일이 바로 경전의 저술이었으니, 이는 교조의 사후 언행록이 주류를 이루는 타 종교의 경전과는 다른 것이다. 이것은 금강대도의 사상적 기초가 이토암 선생님의 사상에 있음을 의미한다. 즉 이청학, 이월란 3대 도주님의 가르침도 사실은 이토암 선생님의 연장선에 있는 것이요, 그 교리적 권위의 바탕은 바로 대성사부님의 『대성경(大聖經)』에 두고 있다는 것이다. 그런 의미에서 대성사부님께서 18년간 행하셨던 성경 간행 작업은[25)] 바로 '금강대도의 기틀 세우기'였다고 볼 수 있다.

다섯째, 어육을 금하여 채식주의를 철저하게 실천한다. 성훈에 "어육을 먹는 자는 인도환생(人道還生)은 가능하지만 신선과 부처 되기는 어렵다."고 하시었다. 천지의 호생지덕(好生之德)을 실천하는 수련을 통해 천지의 화육에 참여하는 인간이 차마 생명을 소홀히 할 수 없다는 것이다. 또한 이것은 음식의 청결로도 말씀해 주셨는데, 청결한 음식은 어육을 금하는 것, 즉 '불식어육류(不食魚肉類)'이다. 최근에 성인병을 예방하는 방책으로나, 또는 환경 파괴를 억제하는 방법으로 채식의 중요성이 강조되고 있다. 더구나 신종 플루와 같은 병겁(病劫)에서 생명을 보존하려면 면역력의 증대와 위생 관념이 요청되는 바, 채식을 통해 음식을 청결히 한다는 가르침은 사람을 살리는 묘방이 아닐 수 없다.

---

24) 곤모님의 화신(化身)이 가지는 종교적 의의에 대해서는 졸고, 「금강대도의 건곤부모 신앙과 생태여성주의」, 『금강대도 종리학 연구론』, 255~295쪽 참조.

25) 대성사부님은 1914년(41세)부터 1932년(59세)까지 약 18년간 11경 28권의 방대한 경전을 반포하셨다. 졸고, 「금강대도와 경전」, 『신종교연구』 제16집, 94~125쪽 참조.

5. 금강대도의 사상적 특징

첫째, 생태중심적 세계관을 계승, 실천하고 있다. '금강실행십조(金剛實行十條)'에 나타난 경천지(敬天地) 사상은 천지인(天地人) 삼재의 동양적 세계관을 계승하면서도 한걸음 더 나아가 생태 의식의 계발과 실천을 촉구하고 있다. 더욱이 일기(一氣)와 천지인 삼재로 표현되는 일원론적이고 관계론적인 세계관은 건곤부모에 대한 신앙으로 체계화되고 있다. 건곤부모는 천지인, 또는 도(道) 그 자체이며, 인간의 모습으로 왔다 가셨기 때문에 인류의 위대한 스승곧 만고의 대성인이다. 따라서 우주를 하나의 가정으로 보고, 삼라만상을 모두 형제자매로 볼 수 있게 되었다. 이것은 이 세상이 창조나 진화가 아니라 태생(胎生)되었다는 설과 우주가 하나의 가정이라는 우주가화(宇宙家和) 사상으로 이어지고 있다.[26)]

둘째, 선·후천의 교역을 인정하면서도 이를 천지의 개벽(開闢)이 아니라 인간 도덕성의 개화(開化)로 본다는 것이다. 이것은 한국 신종교의 공통 사상이라고 일컬어지는 '후천개벽(後天開闢)' 사상과는 분명히 다르며, '도덕개화(道德開化)' 사상이라고 볼 수 있다. 이렇듯 선후천의 교역을 급진적인 개벽이 아니라 점진적인 개화의 과정으로 보는 금강대도의 시간관은 오중운도(午中運度) 사상으로 체계화되고 있다. 과거 선천 시대는 양(陽)의 시대이니 분열과 갈등, 즉 상극(相克)의 시대요, 다가오는 후천 시대는 음(陰)의 시대이니 조화와 성숙, 즉 상생(相生)의 시대라고 볼 수 있다. 이러한 변화의 과도기가 바로 오중 시대라는 것이니, 다른 종단에서는 그 유례를 찾아볼 수 없는 매우 독특한 사상이다. 더욱이 오중은 평등 시대이니, 음과 양, 천지와 인간, 인간과 삼라만상, 생과

---

26) 금강대도의 생태 중심적 세계관에 대한 자세한 논의는 졸고, 「금강대도의 생태 윤리 사상」, 『금강대도 종리학 연구론』, 220~254쪽 참조.

사의 평등이 이루어진다는 사상으로 이어져 생태주의 윤리 정립에도 훌륭한 시사점을 주고 있다.[27]

셋째, 심성신(心性身) 삼합의 수련관을 정립하여 실천하고 있다. 사실 심성론(心性論)은 동양철학의 핵심 문제이며 인간의 존재와 가치의 문제라고 할 수 있다. 금강대도에서도 이 심성의 문제를 수련법의 핵심에 위치시키고 있다. 금강대도 수련법의 독특성은 심성의 수련이 신, 즉 몸의 수련과 일치되어야 함을 강조한다는 것이다. 성훈에 "심성을 수련하여 몸까지 달하면 몸은 천지를 짝하고 마음은 일월을 합하리라."고 말씀하셨다. 이렇듯 몸 밖에 보배가 없다는 진리관은 인간의 정신과 육체를 하나로 보는 것이며, 나아가서는 진리의 세계와 현실의 세계가 둘이 아니라는 사상으로 이어진다. 또한 이것은 쾌락과 고행의 양 극단을 배제한 중용의 사상으로도 볼 수 있다.

넷째, 동양의 전통 사상을 계승하여 이를 새롭게 재해석하고 있다. 동양적 세계관의 기본 원리라고 할 수 있는 음양(陰陽)과 건곤(乾坤), 오행(五行), 그리고 천지인(天地人)과 유불선(儒佛仙) 등의 개념과 사상을 대부분 수용하여 이를 독특한 건곤부모 신앙으로 체계화하였다. 사실 '천인합일(天人合一)'의 사상은 '음양오행(陰陽五行)' 사상과 함께 동양 문명의 핵심을 이루는 것이다. 그것이 발전해서 '천지인 삼재합일'로 표현되었다. 역학(易學)도 결국은 천지인 삼재론이라 해도 과언이 아니다.[28] 또한 도가 사상 역시 천지인 삼재를 바탕으로 하고 있다.[29] 그런데 금강대도는 천지인 삼도의 합

27) 금강대도의 도덕개화 사상과 오중운도 사상에 대한 자세한 설명은 졸고, 「금강대도의 오중운도 사상과 새시대의 비전」, 『금강대도 종리학 연구론』, 171~190쪽 참조.

28) 역은 하늘과 땅과 인간을 논하며 그 논의의 결과를 역리(易理), 역도(易道)로 나타낸 것이다. 삼재라 하지만 단순히 천지인을 의미하지 않고 각각의 지리(至理)를 말하는 것이기 때문에 삼재를 삼극(三極)이라고도 한다. 곽신환, 『주역의 이해』, 서광사, 1990, 307쪽.

일을 기본적 세계관으로 내세우고 있으며,[30] 유불선 등 동양 5천년 사상의 정수를 새롭게 체계화하였다. 성훈에 "나는 다른 게 아니라 선성(先聖)이 지키신 도를 다시 밝히는 것이다."라는 말씀이 있다. 이토암 대성사부님께서 남천포덕을 하실 당시에 이미 만연해 있던 기독교에 대해 일절 언급하지 않으셨다는 점만 보아도 상대적으로 동양 정신문명의 발현에 얼마나 철저했는가를 미루어 짐작할 수 있다.

▲ 어천절(단군 제향) 총회

다섯째, 한국적 종교 사상을 계승하여 이를 새롭게 승화시키고 있다. 남천포덕 초기부터 단군에 대한 숭봉 의식이 있었고,[31] 신앙 대상의 주체성이 바로 선 오늘날에 있어

---

29) 노자는 도덕경의 제25장에서 "도대 천대 지대 인역대 역중유사대 이인거기일언 인법지 지법천 천법도 도법자연(道大 天大 地大 人亦大 域中有四大 而人居其一焉 人法地 地法天 天法道 道法自然 ; 도가 크고, 하늘이 크고, 땅이 크고 사람도 또한 큰 것이다. 이 세상에 큰 것이 네 개가 있는데 사람도 그 중 하나에 든다. 사람은 땅을 따르고 땅은 하늘을 따르며 하늘은 도를 따르고, 도는 자연을 따른다.)"이라고 하여 도와 함께 천지인 삼재를 중요한 요소로 다루고 있다. 또한 장자는 "천지여아병생립 만물여아위일(天地與我竝生立 萬物與我爲一 ; 천지는 나와 함께 생겨났고 만물은 나와 더불어 하나)"이라고 하였는데, 이 또한 천지와 인간을 유기적인 하나로 보려는 사고방식이라고 볼 수 있다.

30) 금강십계율(金剛十戒律)의 첫 번째 항목이 물기천지인(勿欺天地人, 하늘과 땅과 사람을 속이지 말라)인 것만 보아도 잘 알 수 있다.

31) 대성사부님은 1923년 금천리에 법당을 건설하고 이에 불상을 봉안하면서 그 속에 단군 성상을 비밀리에 모시게 하신 바가 있으니, 이는 1919년 3·1운동으로 현양(顯揚)된 민족 독립정신을 계승하고, 단군 사상을 통해 유불선 삼종합일의 진리를 은연중에 전해 주고자 하신 것이다.

서도 3대 건곤부모님에 대한 숭봉과 함께 여전히 단군국조에 대한 의례가 행해지고 있다는 것[32]이 단적으로 이를 증명한다. 뿐만 아니라 천신하강(天神下降)의 단군신화처럼 건곤부모의 지상 화현을 믿고, 지신(地神)의 성화(聖化)를 통한 천지 융합의 신화처럼 평범한 연화도인이 결혼을 통해 곤모(坤母)가 됨으로써 건곤부모가 되는 것을 믿는다. 그리고 조화(造化)·교화(敎化)·치화(治化)의 세 작용을 의미하는 삼신일체(三神一體) 사상처럼 금강대도에서는 대도(大道)·대덕(大德)·대성(大聖)의 무극적 삼신일체와 대성(大聖)·도성(道聖)·덕성(德聖)의 태극적 삼신일체 사상으로 이중의 삼신일체 사상을 신봉한다는 것이 단순한 우연의 일치가 아니다. 이는 한민족(韓民族)의 핏속에 흐르고 있는 뿌리 깊은 조화 사상의 발현이라고 볼 수 있다. 이 밖에도 단오(端午), 유두(流頭), 칠석(七夕) 등 단군 이래의 민속을 계승해 오고 있는 점, 백의민족의 전통대로 흰 한복을 즐겨 입는 점, 그리고 3~5년에 한 번씩 중요한 고비가 있을 때마다 직접 옥황상제를 주신(主神)으로 모시는 천제(天祭)를 행하여 한민족 고유의 제천 의례를 지키는 점 등은 금강대도가 한국적 종교 문화를 계승하려는 강한 의지의 소산이다.[33]

---

32) 금강대도의 연중총회일은 대도덕성사건곤부모님의 탄강일과 제향일이 주가 되고 있다. 여기에 단군국조의 개국일인 10월 3일 개천절과 그 제향일인 3월 15일 어천절이 있어서 그 어떤 종단보다 단군에 대한 숭봉 의식이 철저하며, 실제 의례를 통해 실천하고 있다. 최근에는 성전을 신축하면서 삼대 도주의 존영은 삼종대성전에 모시고, 단군국조는 태상노군 등과 함께 '삼청보광전(三淸寶光殿)'이라는 전각에 따로 모시고 있다.

33) 금강대도에 있어서 단군국조와 관련된 종교의식에 대한 자세한 논의는 졸고, 「단군국조의 종교사상적 이해-금강대도를 중심으로」, 『단군학연구』 제13호, 단군학회, 2005, 327~354쪽 참조.

6. 끝맺는 말

금강대도는 1910년 남천포덕 이후 지금까지 100년 동안 살아 있는 종교 현상으로 격동의 한국사를 함께 해 왔다. 일제강점기의 민족종교 말살 정책, 해방 이후 산업문명의 급속한 확산, 그리고 기독교 위주의 종교 정책 등으로 어려움을 겪었지만, 3대의 성통을 이어오면서 차근차근 내실을 닦아 왔다. 신앙 대상 및 교리, 그리고 의례를 확립해 왔으며 조직의 현대화에도 힘을 기울였다.

동학, 증산교 등이 교조 사후에 교리 해석상의 차이 등으로 수많은 분파 현상을 겪어 왔지만, 금강대도는 분파 현상을 거의 겪지 않고, 3대를 거쳐 4대까지의 세대교체를 무리 없이 성공적으로 이루었다. 이로써 역량을 분산시키지 않고 비교적 안정된 체제하에 종단의 제반 면모를 가꾸어 올 수 있었다는 것은 금강대도의 중요한 특징이다.

금강대도의 미래관이라고 할 수 있는 '오만성업(五萬聖業)'은 아주 긴 역사의식과 문명관을 전제로 한다. 우리가 상상하기도 힘든 5만 년이라는 긴 미래를 내다보고 있기 때문이다. 따라서 5만 년 미래를 염두에 두면서, 우공이산(愚公移山)이라는 말처럼 한꺼번에 모든 것을 이루려는 욕심을 부리지 않고, 한 걸음 한 걸음 그 시대에 주어진 일들을 해 나간다는 여유로움이 또한 금강대도의 오늘을 말해 주고 있다.

이제 남천포덕 100년을 맞이하면서 제4세대의 리더십이 공식화되고 있고, 종단 전체가 태극적 개화 시대의 도래를 위해 힘쓰고 있는 현재 상황은 분명 대도의 큰 전환점이자 기회의 순간이다. 세상 모든 일이 그렇듯이 종교도 주기적으로 개혁되지 않으면 안 되고, 처음의 순수함과 활력을 시종일관 유지하기 위해서는 끊임없는 영성(靈性)의 재발현이 있어야 하기 때문이다.

남천포덕 100주년을 앞두고 우리가 오늘 금강대도종리학회 주최로 '대도덕성사건곤부모님의 생애와 사상'이라는 주제의 학술대회를 개최함은 역사적으로 중요한 의미가 있다. 역사와 업적에 비해 그동안 많이 알려지지 않았던 금강대도와 건곤부모님을 대중들에게 제대로 알려 줌으로써 역사화 내지 사회화를 실현하고, 내적으로는 창도기의 영성을 재발견하여 미래의 동력으로 이끌어 내는 계기로 삼고자 하는 것이다.

그리하여 근대사에 나타난 위대한 스승으로서 건곤부모님의 역사적 의의를 조명하고, 현대인의 삶에 지침이 될 수 있는 새로운 세계관으로서 금강대도의 참모습을 전할 수 있기를 기대한다. 아울러 이것이 한국의 종교 문화를 풍부하게 하는 길이 될 것이라 믿어 의심치 않는다.

부록 2. 덕성사부님의 성적과 성훈 봉행

1. 그날을 생각하며
2. 덕성사부님의 성적 편년
3. 덕성사부님의 성적(聖蹟)을 기리며
4. 덕성사부님의 성훈(聖訓)과 사상
5. 우리가 해야 할 일

부록 2. 덕성사부님의 성적과 성훈 봉행

1. 그날을 생각하며

고요히 앉아 무던히도 뜨거웠던 지난여름의 그날들을 생각해 본다. 대도인으로 태어나 일생에서 가장 충격적인 일을 겪었지만, 모든 생각마저 무뎌지게 만든 맹렬한 더위와 덧없이 흘러가는 시간, 그리고 정해진 의식을 힘겹게 치러 내면서 그냥 그렇게 벌써 몇 달의 세월이 지나갔다.

▲ 덕성사부님 열반

천지를 주재하시는 건부(乾父)님이시요, 미륵부처님이신 그 어른께서 이 세상의 천수(天壽)를 다하시고 천상으로 오르시던 그날. 이 세계에 계시든, 천상옥경 백옥루에 계시든, 어디 계시든 대도덕(大道德)의 모습으로 여여자연(如如自然)하시겠지만, 사부님으로 우리 곁에 계시다가 문득 우리의 곁을 떠나신다고 생각하니 그야말로 눈물이 앞을 가리고, 허전하고 섭섭한 마음은 하늘이 무너지는 아픔 그 자체였다.

문안을 드리면 늘 온화하신 모습으로 "언제 왔어? 숙명실에 가서 식사하고 가지!" 하시던 그 거룩한 옥음을 더 이상 듣지 못한다니 섭섭함은 물론이고, '이제 앞으로 어찌하지?' 하는 마음에 두려운 생각마저 엄습해 왔다. 다행히 덕성사모님도 계시고, 대종법사님, 대종덕사님이 계시어 의지가 되지만, 그래도 내 일생에 스승이요 마음의 아버지로 모시던 그 어른이 떠나가신 자리는 그대로 허전하게 내 앞에 남아있는 것이다.

가시기 직전 그렇게도 병고에 시달리시더니 이제 그 고통스러운 순간들을 뒤로하시고, 천상의 극락을 누리시게 되었으니 참으로 다행이라는 마음도 한편으로는 있다. 천지 삼라만상을 생육(生育)하시는 건곤부모님이시기에 차라리 그러한 고통을 안 겪으시고 편안히 가실 수도 있지 않나 하는 생각이 들지 않는 건 아니다. 그러나 그 어른 스스로 인간의 육신을 가지고 오신 이상, 왔으면 누구나 가야만 하는 자연지도(自然之道)를 스스로 어기지 않으심이다. 또한 오탁(汚濁)의 무리들이 판치는 이 세상에서 인류가 지어내고 있는 수많은 죄를 자신의 고통으로 대속(代贖)하심과, 말세의 겁운에 빠져 고통받는 중생들의 아픔을 함께 하시려는 대자대비의 성행(聖行)임을 생각할 때, 거룩하신 성은과 성덕에 다만 머리 숙여 감읍할 따름이다.

이제 우리가 언제까지나 슬픔에만 빠져 있을 수는 없는 일이다.

오직 슬픔에 젖어 경황없이 허둥대던 우리 자신을 되돌아보고, 우리의 심성을 주관하시는 건곤부모님을 보내 드림에 있어 혹 정성에 미흡한 점은 없었는지, 혹 예에 어긋난 점이 없었는지 반추하여 제자 된 도리를 다해야 할 시점이다.

그러나 그보다 더 중요한 일은 덕성사부님께서 우리 미욱한 제자들에게 남겨 주신 유훈(遺訓)이 무엇이며, 우리 제자들에게 진정 바라시는 존의가 어떤 것인지 헤아려 그대로 봉행해 올리는 것만이 참다운 의성이요 심법 전수가 아닐까 생각해 본다. 또한 일생을 통하여 천하 중생들에게 가르쳐 주신 성훈은 무엇이었으며, 베풀어 주신 성은과 성덕은 어떤 것이었는지 깨달아 천명해 올리는 것도 중요한 일일 것이다. 그것이야 말로 여래신원(如來伸願)이며, 도성덕립(道成德立)의 지름길이라고 감히 생각해 본다.

이제 그런 숙제를 안고서 도사(道史)에 나타난 덕성사부님의 성적을 나름대로의 시각으로 살펴보고자 한다. 물론 앞으로 많은 제자들의 증언을 수집하여 좀 더 풍부하고 생생한 행장(行狀)과 성적(聖蹟)을 기록하는 날이 오겠지만, 우선 대체적인 윤곽이라도 그려본다는 생각으로 시작한 일이니 독자들의 넓은 혜량이 있으시길 바란다.

2. 덕성사부님의 성적 편년

○ 갑술(甲戌)년 개도 61년(1934년) 4월 29일 금천에서 탄강-금강덕성보화성탄절

○ 4~5세 : 문창재(文昌齋)에서 한문 수학하여 유교 경전 암송

○ 15세 : 금강고등공민학교 입학-신학문과 제자백가 서적 탐독

○ 23세(1956년) : 청주고등학교 졸업-성균관대학교 약학과 입학 · 동양철학과로 전공을 옮겨 금강 도덕을 철학적으로 연구

○ 24세(1957년) : 도성사부님 승하, 26세(1959년) 도성사모님 승하

· 학생으로서 의복에 상표(喪表), 맨다리에 행전, 존영 봉안하고 3년간 조석상식

○ 27세(1960년) : 성균관대학교 졸업, 덕성사모님과 결혼

○ 28세(1961년) : 1월 18일 대종법사님 탄강

○ 29세(1962년) : 9월 15일 총관장(總管長) 취임, 자치제로 운영되던 도무를 총괄

· 至尊在位道在天 金佛降壇在世間 … 道不弘人 人弘道 天不與人人與天

· 분원 설치-교화 조직 확대, 자경보양원-사회사업

· 효제성신회-청소년 교화에 주력

○ 30세(1963년) : 성업추진위원회, 현숙정정회, 금강재건생활학교

○ 31세(1964년) : 성재(誠齋) 재개

· 2월 15일 삼종법사(三宗法師), 삼종덕사(三宗德師) 사호 봉대

· "백지환원(白紙還元), 중용지도(中庸之道), 지성무식(至誠無息)으로 봉행하여 사도(師道)를 확립할지라."

· 의성(義誠) 신앙 격려-충효성경(忠孝誠敬)을 '의성'이라는 말로 재해석

· 도사편찬위원회 구성-경전 및 도사를 편찬

○ 32세(1965년) : 회관 설치, 의성장학회 설립

○ 33세(1966년) : 운수 회사 설립

○ 35세(1968년) : 백운대 완공

○ 36세(1969년) : 2월 15일 통천교주(通天敎主)로 봉대

· 『염불경(念佛經)』 하사 "대라금강(大羅金剛) 삼종일합(三宗

一合) 만법귀일(萬法歸一) 통삼대도(統三大道)…"

○ 37세(1970년) : 총본원 총회일을 1년에 16회로 확정-명칭 공표
  · "不要積年虛計年 眞送三日道可成 天守靜寂道不言 一心空處道自生…聖兮聖兮聖不學 名在道場身在世. 身雖在世心亦死 虛作高樓振虛勢"
  · '금강개도 백년 기념 성역화사업 추진위원회' 발족
○ 40세(1973년, 개도 100년) : 5월 19일 강법단, 수련 광장, 오만등대, 도성덕립문, 삼종개화문, 백년기념탑, 향화대 등 완공-금천리 일대를 성역화
○ 44세(1977년) : 종정위원회(宗正委員會) 조직
○ 45세(1978년) : '연화개도 백년 기념 성역화사업 추진위원회' 발족
○ 46세(1979년) : 금강십계율(金剛十戒律) 하사, 삼종학원기성회 조직(교육 사업)
  · 사호와 불호 봉대 - 금강삼종대성사부(金剛三宗大聖師父), 만법교주금강대불(萬法敎主金剛大佛)…
  · 계속적인 분원, 회관 설치, 도성사모님 성산 감성리 연수동에 면례(緬禮)
○ 47세(1980년) : 백운도우회(白雲道友會) 설치
  · 수련법회(修鍊法會) 실시
○ 48세(1981년) : 거창 · 가야 두 본원을 합하여 '경상본원'으로 개칭-성전 건립
○ 49세(1982년) : 대종법사님, 대종덕사님 결혼, 금종루 준공
○ 50세(1983년) : 연화개도 백년 기념식
○ 51세(1984년) : 덕성사부모님 보고(寶誥) 하사
○ 52세(1985년) : 개도 112년(연화 102년) 5월 19일에 '연화개도 백년 기념 성역화 사업' 마감-금종루, 연화개도백년기념비, 1·2·3호 별관 건립 등

○ 53세(1986년) : 4월 29일 총회장님 주도로 연화대 준공식 거행
  · 종법위원회(宗法委員會) 조직 - 대종법사님께서 총회장에 취임
  · 8월 도성사부님 성산을 금천리로 면례(緬禮)
  · 11월 백운도우회『오만등대(五萬燈臺)』제2집 발간
  · 12월 종법위원회 산하에 종리연구원 조직-종리에 대한 체계적인 연구, 홍보
○ 54세(1987년) : 표고버섯 재배 사업 시작(경제 자립 기반 조성 사업)
  · 11월 25일 천도 봉불식(생사극락, 칠세조상이고등락)
○ 55세(1988년) : 11월 25일 천도된 선불(仙佛)들의 자손들이 '봉불회(奉佛會)'를 조직
○ 56세(1989년) : 의성탑(義誠塔) 준공 - 성경대(誠敬臺)(도제보의 상징)
○ 57세(1990년) : 삼종학원부설교육원 설립
  · 중학생들을 대상으로 야학 실시
  · '연화대도현숙정정회 사업추진위원회' 조직
  · 성경도우회(誠敬道友會) 발족 - 청장년 도인들의 육성 도모
○ 58세(1991년) : 종법위원회 총회장 주도로 '성탄 60주년 봉축사업'의 일환인 '대도 발전 1차 5개년 계획' 발표
  · 덕성사부님 탄신 60주년(1994년)을 기해, 그동안 무극적(無極的)으로 은도(隱道)해 왔던 금강대도의 체제를 태극적(太極的) 개화(開化) 시대로 전환
  · 예악 정비 사업, 재정 육성 사업, 인재 육성 사업, 교화 조직 정비 사업, 편찬 사업, 종리학 수립 사업, 행정 및 환경관리 체계화 사업, 성전 및 문화 회관 건립 사업, 성산 봉안 사업, 의약방 체계화 및 의료원 설립 사업 등
○ 61세(1994년) : 성갑 헌수식 - 금강삼종대학 부설 교육원 출범

- ○ 66세(1999년) : 종리학회(宗理學會) 창립
- ○ 67세(2000년) : 편집본 『성훈통고-대도는 담담한 물과 같으니…』 출간
  - · 금강삼종대학 출범
- ○ 68세(2001년) : 『대성경』 재간행-대내외에 반포
  - · 삼종대성전 봉건, 대성사부님 성산을 노성산에 봉안, 『종리학 연구』 발간, 학술대회 개최
  - · 태극적 개화 시대 공식 선언-대종법사, 대종덕사 존호 봉대
  - · 금강삼종대학 대학원 출범
- ○ 70세(2003년) : 고희연
- ○ 71세(2004년) : 노성산 삼종대성전 준공
  - · 중생들의 아픔과 죄를 대신하시려는 대자대비의 성행(聖行)
  - · 6월 10일 오후 4시 45분 승하

▲ 덕성사부님 영결식

3. 덕성사부님의 성적(聖蹟)을 기리며

앞에서 덕성사부님의 위대하신 일대기를 연대순으로 정리해 보았다. 만고대성의 일동일정(一動一靜)이 어느 것 하나 성적이요 성훈 아님이 없을 터이지만, 그 중에서도 역사에 남을 만한 큼직한 대목들을 몇 가지로 정리해 본다.

(1) 신구(新舊) 학문을 겸전(兼全)하시어 체계적으로 수학하시다

덕성사부님께서는 생이지지(生而知之)하신 만고대성이시지만, 인간세계의 학문으로서도 신구학을 겸전하시어, 금강대도의 교리와 사상을 체계화할 수 있는 자질을 연마하셨다. 이미 4~5세 무렵부터 문창재(文昌齋)에 나아가 한문 고전을 읽으셨고, 15세 무렵에는 당시 총본원에서 운영하던 금강고등공민학교에 입학하여 수학(修學)하시면서 이미 동양 유불도 삼교를 섭렵하셨다. 이후 다소 늦은 연세에 신학문에 들어가시었으니, 23세에 청주고등학교를 졸업하시고, 서울의 성균관대학교에 입학하시어 약학과를 거쳐 동양철학과에서 금강대도의 사상을 철학적으로 심화시키실 수 있었다.

(2) 금강대도의 교리와 사상을 제세회하시다

덕성사부님께서는 금강대도의 교리와 사상, 그리고 실천 덕목을 응축하시어 짧은 글이나 한시의 형태로 보여 주셨다. 백지환원(白紙還元) · 중용지도(中庸之道) · 지성무식(至誠無息)의 삼대보훈을 내려 주셨고(덕성 31년, 이하 '덕성'은 생략), 금강십계율을 내려 주시기도 하였다(46년). 또한 "대라금강(大羅金剛) 삼종일합(三宗一

合) 만법귀일(萬法歸一) 통삼대도(統三大道)…"로 이어지는 『염불경(念佛經)』을 하사해 주셨으니(36년), 여기에는 금강대도의 사상이 함축되어 있다 해도 과언이 아니다. 뿐만 아니라 성시(聖詩)를 통해 그때그때 가르침을 주셨으니, "대도성덕수하전(大道聖德誰何傳)고 전수쌍촌영백간(全受雙村靈白間)이라 대원대정일월경(大圓大正日月經)이 봉명법필서기연(奉命法筆瑞氣連)이라…" 하는 훈시(29년)라든가 백운도우회의 발족을 축하해 주셨던 "법산영계도향만(法山靈溪桃香滿)하니 백운춘풍문도인(白雲春風問道人)이라…"는 훈시(47년)를 통해 제자들의 신심을 고취해 주셨던 것이다.

뿐만 아니라 도사편찬위원회를 구성하시어(31년) 경전 및 도사를 편찬케 하시고, 『성훈통고』와 『대정경』 등 대도성사건곤부모님의 성훈과 성적을 현대어로 번역하여 재편집함으로써(67년) 공부의 교재로 삼게 해 주셨다. 드디어는 『대성경』 28권을 근 60여 년 만에 재발간하시어(68년) 태극적 개화 시대를 맞이하여 대도가 일신(日新)되고 확립(確立)되어 증명(證明)될 수 있는 획기적인 발판을 마련해 주시었다. 더욱이 시대의 변화에 따른 청장년층 제자들의 신근(信根)을 북돋아 주시기 위하여 『오만등대(五萬燈臺)』 『성경(誠敬)』 같은 현대적인 체제의 교화지를 발간케 하셨으니, 이는 대도가 발전할 수 있는 또 하나의 전기를 마련해 주신 것이다.

(3) 금강대도의 교화 조직을 체계적으로 발전시키시다

덕성사부님은 등단하신 직후부터 열반하시던 그날까지 선도포덕을 위한 교화 조직 확대에 주력하셨다. 1962년 29세 때 총관장(總管長)에 취임하신 직후 제일 먼저 하신 일이 제주(濟州), 부산(釜山), 거창(居昌), 산청(山淸), 무주(茂朱), 가조(加祚), 의령(宜寧) 등지에 분원(分院)을 설치하신 일이다. 이어 1965년 진천(鎭川),

협천(陜川), 대전(大田), 옥천(沃川), 천안(天安), 괴산(槐山) 등지에 회관(會館)을 설치하셨다. 이후로 해마다 수많은 본원(本院), 분원(分院), 회관(會館)을 차례로 설치하시어 현재 100여 개를 넘고 있으니, 이제 대도의 깃발이 전국 방방곡곡에 미치지 않는 곳이 없다.

(4) 금강대도의 의례를 확립하시다

덕성사부님께서는 금강회상을 하나의 종단으로 면모를 갖추는 일에 심혈을 기울이셨으니, 그 중에서도 중요한 것이 바로 의례를 체계화하는 일이었다. 1970년(37년) 총본원 총회일을 1년에 16회로 확정하고 총회의 명칭을 공표하셨는데, 총회의 명칭만 보아도 만고대성(萬古大聖)이시며 미륵대불이시고, 태극무극현화천존(太極無極玄化天尊)이신 대도덕성사건곤부모님의 영원불멸한 성스러움이 그대로 나타나 있다. 그리하여 탄강일이나 제향일이나 그 이치에 맞게 봉축과 추모의 의식을 마련하여 건곤부모님의 성은과 성덕을 찬양해 올리도록 하신 것이다. 아울러 법복을 제정하시어 대도 의례의 숭고함과 제자들의 성경지심을 격려하셨다.

또한 대도 성사건곤부모님께 사호(師號)와 불호(佛號)를 봉대해 드렸으니(46년), 금강삼종대성사부(金剛三宗大聖師父)·만법교주금강대불(萬法教主金剛大佛), 연화삼종대성사모(蓮華三宗大聖師母)·만법교주연화대불(萬法教主蓮華大佛), 금강삼종도성사부(金剛三宗道聖師父)·동화교주금강대불(東華教主金剛大佛), 연화삼종도성사모(蓮華三宗道聖師母)·동화교주연화대불(東華教主蓮華大佛)의 명사를 올려 드림으로써 금강대도의 신앙 대상관을 분명히 하셨다.

(5) 성역화 사업의 지속적인 추진으로 도장의 면모를 갖추시다

덕성사부님께서 일생을 통해 가장 역점을 두어 추진하신 일은 무엇보다 금천리 도장을 성역화하여 신앙의 구심점을 굳건히 하신 일이다. 처음으로 금천리에 도장의 기지를 정하게 된 것은 1923년(개도 50년) 대성사부모님 때였다. 이때에 사택과 대법당을 중심으로 수십여 칸의 건물이 들어서 대도의 위용을 자랑하였으나, 1941년(개도 68년)에 이르러 신사사변을 당하여 건물 일체가 훼철되는 아픔을 겪었다. 해방 이후 도성사부모님께서 성전을 재건하시어 도장의 면모를 갖추어 오다가 덕성사부모님께서 등단하신 후 1968년(덕성 35년) 종법원(宗法院)을 건축하시어 집무실 겸 사택으로 삼으셨다. 이어 1973년(40년) 개도 백년 기념 성역화 사업을 추진하시어 도장의 면모를 일신하셨다. 강법단과 오만수련광장, 오만등대, 도성덕립문, 삼종개화문, 개도백년기념탑 등이 이때에 건축되었다.

이어 1985년(52년)에는 '연화 개도 백년 기념 성역화 사업'을 마감하시었으니, 사업 내용은 금종루, 연화개도백년기념비, 1·2·3호 별관 건립 등이다. 1986년에는 '연화대(蓮華臺)'를 준공하시어 대도덕성사건곤부모님 6위의 성적비를 우뚝 세우시니, 이로써 삼신일체 삼불세존의 위대한 성적이 세상에 널리 알려지게 되었다. 또한 1989년(56년)에는 성경대를 준공하시고 의성탑을 높이 세우시니, 이는 건곤부모님의 도덕개화 사업에 의성(義誠)으로 보필한 제자들의 공덕을 상징하고 찬미하기 위한 것이다.

그리고 2001년(68년)에는 삼종대성전을 신축 건립하시어 건곤부모님의 존영을 모시고, 구성전은 '삼청보광전(三清寶光殿)'이라 명명하여 태상노군과 삼성제군 등 보좌 신명들을 모셨다. 이는 1941년(신사년) 일제에 의해 법당이 강제로 훼철된 이래 정확히 60년 만에 도인들의 성력(誠力)으로 성전을 재건한 것으로서, 이제 태극적 개화 시대를 맞이하여 대도를 만방에 선포할 수 있는 기틀이 어느 정도 완비된 것이다.

(6) 경제의 안정과 복지를 위한 사업을 실시하시다

덕성사부님께서는 선도포덕을 위한 제반 기틀을 갖춤과 동시에 이를 뒷받침할 수 있는 경제 사업과 사회사업을 지속적으로 추진하셨다. 1966년(33년)에 운수 회사를 설립하시어 경제 사업에 첫발을 내디디셨고, 1987년(54년)부터는 표고버섯 재배 사업을 실시하시는 등 사회의 흐름에 알맞은 각종 사업을 추진하시어 경제의 안정을 도모하셨다. 뿐만 아니라 사회복지사업에도 일찍이 뜻을 두시어 처음 총관장에 취임하시던 1962년(29년)부터 자경보양원(慈敬保養院)을 설립하여 무의무탁한 노인들을 돌보게 하셨다.

(7) 인재 양성을 위한 교육 사업을 추진하시다

덕성사부님께서는 선도포덕의 주역이 될 수 있는 인재를 육성하기 위한 교육 사업에도 심혈을 기울이셨다. 1963년(30년) 금강재건생활학교를 설립하시어 생활이 어려워 중고등학교에 진학하지 못하는 학생들에게 교육의 장을 열어 주셨고, 1965년(32년)에는 의성장학회를 설립하시어 장학금의 은전을 베풀어 주시기도 하였다. 뿐만 아니라 종합적인 교육재단을 설립하시려는 존의로 1979년(46세)에 삼종학원 기성회를 조직하시었다. 이를 발판으로 1990년(57년)에는 삼종학원부설교육원을 설립하시어 중학생들을 대상으로 한 야학과 유치원을 열어 주시고, 한문 교육을 위해 문창재를 부활해 주시기도 하였다.

여기서 한 걸음 더 나아가 1994년(61년)에 금강삼종대학교육원, 2000년(67년)에 금강삼종대학, 2001년(68년)에 금강삼종대학 대학원을 차례로 설립하시니, 이는 도직자 양성을 위한 체계를 완비함은 물론, 정규 대학 설립을 위한 기틀을 굳건히 하신 것이다.

(8) 청소년 교화를 위한 기구와 수련의 장을 마련해 주시다

덕성사부님께서는 어린이와 청소년을 위한 교화 체계 확립에도 주력하시었으니, 종교적 감화는 아직 때가 묻지 않은 어릴 때가 가장 효과적이라고 보셨기 때문이다. 등단하신 직후 1962년(29년)에 효제성신회(孝悌誠信會)를 처음 발족해 주셨는데, 금천 구내의 7세 이상 15세 미만의 아동들을 그 대상으로 하였다. 매주 일요일마다 모이게 하여 효제(孝悌)와 성신(誠信)을 권장하고, 실천 성적에 따라 포상도 하여 격려하셨다. 더욱 특기할 만한 사실은 덕성사부님께서 직접 회가를 작사하시고 곡까지 붙여서 활동을 고취하셨다는 점이다. 한편, 효제성신회는 1978년(45년) 서울분회를 시작으로 전국 각 지방의 본・분원에까지 확대되어 일취월장 발전을 거듭하였다.

1980년(47년)에는 백운도우회(白雲道友會)를 발족해 주셨다. 당시 대학에 다니시던 대종법사님을 초대 회장으로 하시어, 16세 이상 26세 미만의 도인 자제들을 대상으로 진리 탐구의 장을 열어 주신 것이다. 이것은 대종법사님께서 공식적인 대도의 직함을 가지고 도무에 임하신 첫 번째 사업이었으니, 이후 많은 청년 인재들을 길러내는 등 대도의 역사에 있어서 중요한 대목이 아닐 수 없다. 특히 같은 해에 효제성신회 서울 분회원이 총본원을 봉심하게 되어 친목 체육대회를 가지니, 이것이 효시가 되어 이후 매년 여름에 청소년을 대상으로 수련법회(修鍊法會)가 열리게 되었다.

(9) 차생군자 내생선불의 생사극락을 실증해 주시다

대도인의 사원성취는 첫째가 도덕군자요, 둘째 좋은 자녀를 둠이요, 셋째 명당대지, 넷째 생·사극락이다. 생사극락이란 차생군자(此生君子)요 내생선불(來生仙佛)이니, 이것은 대도가 시작된 이래 모든 도인들의 소원이요 지상 목표였다. 이것을 눈앞의 일로 실증해 주신 분이 바로 덕성사부님이시다. 1987년(54년) 금강대도를 신앙하다 선화(仙化)한 제자들을 천도하시어 신선, 부처로 봉해 주시는 봉불(奉佛) 의식을 처음으로 거행하신 것이다. 수행의 도달정도와 대도 발전에의 공헌도를 고려하여 10단계로 등급을 나누셨으니, 의성사(義誠師), 성경사(誠敬師), 봉성사(奉誠師), 봉도사(奉道師), 봉덕사(奉德師), 성신사(誠信師), 경신사(敬信師), 정신사(正信師), 봉신사(奉信師), 평신사(平信師)이다. 이분들은 학몽사(鶴夢祠)에 위패를 만들어 모시고, 1년에 두 번, 금강·연화 개도성탄절에 제사를 받드니, 이는 진실로 영생(永生)의 극락을 누리는 홍복이 아닐 수 없다.

여기서 한 걸음 더 나아가 직접 신앙한 제자들이 아닌, 그들의 조상까지도 천도를 해 주시어 흥도사(興道師)·흥덕사(興德師), 신도사(信道師)·신덕사(信德師), 경도사(敬道師)·경덕사(敬德師), 성도사(誠道師)·성덕사(誠德師) 등으로 받들어 주셨다. 이는 잘 믿는 제자는 7대의 선조상까지도 극락 천도할 수 있다고 하는 '칠세조상이고등락(七世祖上離苦登樂)'을 증명해 주신 것이다. 이 얼마나 지중한 구원의 성덕이신가? 일찍이 동서고금을 막론하고 그 어떤 종교에서도 찾아볼 수 없는 일이니, 오로지 건곤부모님만이 해 주실 수 있는 전무후무한 대자비의 성은이 아닐 수 없다. 그리하여

1988년(55년)에 천도된 선불(仙佛)의 자손들은 '봉불회(奉佛會)'를 조직하여 지중한 성은을 보답하고, 아울러 조상을 추존하는 사업을 추진해 나가고 있다.

한편, 1989년(56년)에는 그동안 건곤부모님의 도덕개화 사업에 몸과 마음을 다하고, 자신의 재물을 아끼지 않고 헌성한 제자들의 공덕을 찬미해 주시기 위하여 '의성탑'을 건립하시고 그 주변을 '성경대'로 명명하시었다. 의성(義誠)이란 금강대도인의 모든 수행과 신앙의 상징이니, 건곤부모님께서 일찍이 예언하신 대로 당신 문하에서 배출되는 수제자, 즉 108 군자와 9800 고명과(古名過)의 지극한 정성을 상징하는 것이다.

(10) 종통의 확립을 위한 기틀을 마련해 주시다

대도덕성사건곤부모님 이후 대도의 종통을 어떻게 계승할 것인가의 문제는 대도 사상의 가장 핵심이며 중요한 사안이다. 덕성사부님께서는 여러 가지 사업을 통해 종통 확립의 기틀을 확고히 세워 주셨다. 이 문제에 대한 덕성사부님의 존의가 공식적으로 천명된 것이 1986년(53년) 연화대 성적비의 준공이었다. 물론 연화대 봉건 사업을 명하신 분은 바로 덕성사부님 당신이셨다. 그러나 덕성사부모님을 포함한 미륵 6불의 탄강을 온 세계에 알리는 연화대 성적비의 준공은 대종법사님 · 대종덕사님의 주도로 추진하실 수밖에 없었다. 헌성한 제자들에 대한 표창도 대종법사님 · 대종덕사님의 명의로 하도록 하심으로써, 당신의 종통이 계승되어야 할 정로가 어디에 있는가를 분명히 보여 주셨다고 생각한다.

더욱이 준공식 바로 그날, 종법원 산하에 종통을 수호하는 최고 심의기관으로서 종법위원회(宗法委員會)를 조직하시고, 당시 백운도우회 총회장에 머물고 계시던 현 대종법사님을 종법위원회 총회장에 임명하셨다. 이로부터 모든 도인들은 덕성사부모님의 종통 계승 방향에 대해 확고한 믿음을 갖게 되었다. 이러한 덕성사부님의 존의를 받들어 대도의 종헌을 합당하게 정비하게 되었으니, 이리하여 '만세 일계의 장자(長子) 계승'이라는 종통 계승의 원칙이 확고히 정해지게 되었다. 또한 1990년(57년)에는 덕성사부모님의 성업 계승과 대종법사님 · 대종덕사님을 보필하고자 하는 청년 도인들을 위해 성경도우회(誠敬道友會)를 발족해 주셨으니, 이것은 대도의 제4세대를 꽃피워야 한다는 대도사적인 사명감을 일깨워 주신 것이다.

그러던 중 2001년(덕성 68년, 개도 128년)에 덕성사부님께서는 총회장님 양위분에게 대종법사(大宗法師), 대종덕사(大宗德師)라는 사호를 내리시고, '태극적 개화시대'의 원년(元年)이라고 명명해 주심으로써, 이 문제를 더욱 확고하게 매듭지으셨다. 뿐만 아니라 당신 자제분들에게 종법사(宗法師), 종덕사(宗德師)의 사호를 내리시고, 다른 종친들에게도 그에 합당한 사호를 각기 내려 주심으로써 혈통적 종통 계승이라는 대원칙을 천명하시고, 도덕의 종가로서 백운대 큰댁의 위상을 확고히 해 주신 것이다.

(11) 학술 방면의 선도포덕을 위한 초석을 마련해 주시다

대도가 민족종교의 한계를 극복하고 세계 종교로서 보편성을 확보하기 위해서는 도인들의 의성적 신앙과 함께 학술적인 체계화가 필요하다. 덕성사부님께서는 1986년(53년) 종법위원회 산하에 종리연구원을 두시어 종리에 대한 체계적인 연구와 홍보를 도모하셨다. 또한 1999년(66년)에는 종리학회(宗理學會)를 발족하시었으니, 내부적으로는 삼종대학 교수진 간에 대도 종리에 대한 활발한 토론과 학문적 체계화를 유도하고, 대외적으로는 외부 학자들과의 교류를 통하여 대도덕성사건곤부모님의 역사적 신원과 대도 사상의 선양은 물론, 종리학(宗理學)을 보편적인 학문의 하나로 자리매김할 수 있도록 격려하시었다.

그리하여 1999년 창립 기념으로 외부 학자들을 동원한 학술대회를 처음 개최하셨고, 2001년(68년)에는 삼종대성전 준공 기념으로 '이토암 대성사부의 생애와 사상'이라는 주제로 제2차 학술대회를 개최하셨다. 2004년(71년)에는 대성사모님 탄강 2회갑을 기념하여 '생태여성주의와 금강대도'라는 주제로 제3차 학술대회를 개최하시어 많은 성과를 거두셨다. 또한 내부적으로는 3~4개월에 한 번씩 종리학회 워크숍을 개최하시어 삼종대학 교수진들의 자질 향상과 학문적 토론을 유도하시었다. 나아가 이러한 대내외적인 학술활동의 성과들을 기록으로 보존하여 널리 알리시고자 '종리학연구(宗理學研究)'라는 학술지를 발간케 해 주셨으니, 이제 대도의 종리학은 한발 한발 체계적인 기틀을 마련해 가고 있다.

4. 덕성사부님의 성훈(聖訓)과 사상

덕성사부님께서 일생의 성적을 통해 우리 제자들과 중생들에게 남기신 성훈은 무엇일까? 지금 시점에서 이것을 명확히 하는 것은 그 무엇보다 중요한 일이다. 왜냐하면 우리가 그분의 제자로서 스승의 가르침이 무엇이며 참다운 존의가 어디에 있는지 명확히 알아야 우리는 물론이요 세상 사람들에게 이것을 올바르게 전할 수 있기 때문이다. 그분의 가르침은 오만 년간 인류 중생들을 구원할 위대한 사상으로서 영원무궁한 인류의 정신적 양식이 될 것이다.

우리가 지금 이 시점에서 덕성사부님의 사상을 한마디 필설로 다

정리한다는 것은 불가능한 일이다. 다만 덕성사부님의 가르침이 무엇보다 '의성(義誠)' 사상에 있다는 것은 분명하게 말할 수 있다. 물론 의성은 비단 덕성사부님에게만 한정된 것이 아니요, 금강대도를 대표하는 사상으로서 대도덕성사건곤부모님의 가르침 전반을 포괄하는 것이다. 물론 대도덕성사건곤부모님의 가르침에도 의성 사상이 녹아 있다고 볼 수 있지만, 의성이라는 단어를 직접 사용하신 예는 없었기에, 의성 사상은 덕성사부님께서 처음으로 정립하신 사상이라고 보아도 무방할 듯하다.

우리가 앞에서 성적(聖蹟)을 간단히 살펴보았듯이, 덕성사부님의 생애가 곧 의성 그 자체였다고 생각한다. 덕성사부님께서는 의성이라는 두 글자를 사용하여 대도의 사상을 개념적으로 종합하셨을 뿐만 아니라, 실제의 삶에서도 온몸으로 의성을 실천궁행하셨던 어른이시다.

대도의 역사에서 의성이란 말이 처음 등장한 것은 아마도 1963년(30년) 2월 15일, 과거 도성사부님 시절의 구의사(九義士), 제부회원(濟扶會員) 등의 뜻을 이어 '성업추진위원회'가 처음으로 발족되면서부터가 아닐까 생각해 본다. 여기서 선배 도인들의 정성을 이어받아 덕성사부님의 성업을 받들어야 한다는 당위성이 제기되었고, 다시 4월 8일에는 노성산 개발을 위하여 '의성회(義誠會)'가 처음으로 조직되니, 이로부터 의성이라는 단어가 세상에 나오게 되었다.

이어 1964년(31년) 정월에 과거 도성사부님 열반 이후 잠시 중단되었던 성재(誠齋)를 부활하시어 도인들이 정성을 다해 신앙과 수행에 전념할 수 있도록 해 주셨다. 2월 15일에는 삼종법사(三宗法師)·삼종덕사(三宗德師)의 사호를 봉대받으시면서 '백지환원(白紙還元)·중용지도(中庸之道)·지성무식(至誠無息)'의 삼대보훈을 내려 주시어 의성 신앙의 올바른 길을 깨우쳐 주셨다. 백지환원이란 건곤부모님께 대한 절대적인 귀의를 말하는 것이니 순일무잡(純

一無雜)한 신앙의 자세를 뜻하는 것이다. 중용지도란 하나의 극단에 치우치지 않는 가장 원만하고도 올바른 수도의 자세를 말하는 것이며, 지성무식이란 지극한 정성으로 조금도 쉼 없이 세상에 임하여 중생을 제도하라는 성훈이시니, 이것이 곧 의성의 다른 표현인 것이다.

특히 이때에 성위회를 개최하시어 말씀하시기를, "우리 성위(聖委) 회원은 오만성업 열쇠의 주인공임을 자각하여 의성으로써 성은을 보답하고, 억만겁의 중생을 위하여 만고불변의 금강 도덕문을 활짝 열어 세계만방에 대도를 선포해야 할 것이다. 오만대운은 우리에게만 한정된 대도가 아니니, 대도와 대운을 받아서 수인사(修人事)의 노력으로 대천명(待天命)의 열매를 맺어서, 사제 동락은 물론이요 칠세조상이고등락으로 차생군자와 내생선불의 길을 닦는 만고불변의 성업 완성을 맹세해야 될 것이다."라고 하시어 또한 의성을 강조하셨다.

여기서 '수인사의 노력으로 대천명의 열매를 맺자'는 말씀을 우리는 잊지 말아야 한다. 이것은 모든 것을 구세주에만 의지하는 나약하고 피동적인 신앙이 아니라, 자신의 확고한 의지를 가지고 할 일을 해야 한다는 적극적이고 능동적인 신앙을 말씀하신 것이니, 이 또한 의성을 말씀하신 것이 아니겠는가?

이렇듯 인간의 노력을 강조하는 의성 사상은 덕성사부님의 성시에도 잘 나타나 있으니, 총관장으로 취임하신 직후 내려 주신 성시에서 '도불홍인인홍도(道不弘人人弘道)요 천불여인인여천(天不與人人與天)이라.'고 하셨다. 풀이하자면, 도가 사람을 키우는 것이 아니라 사람이 도를 키우는 것이요, 하늘이 사람을 더부는 것이 아니라 사람이 하늘을 더부는 것이라는 의미로, 신도(神道)나 천도(天道)보다 인도(人道)의 실천을 강조하는 가르침이 잘 나타나 있다.

그렇다면 인간이 평소에 실천해야 할 도덕의 내용은 구체적으로 어떤 것인가? 이것은 곧 '충효성경(忠孝誠敬)'이니, 덕성사부님께서는 "충효성경은 천도지상(天道之常)이요 인도지강(人道之綱)이라." 고 하시었다. 충효성경이 천도(天道)에서나 인도(人道)에서나 가장 중요한 뼈대라는 말씀이니, 이렇게 본다면 충성(忠誠)이나 효성(孝誠)이나 성경(誠敬)이 모두 의성(義誠)이 아님이 없는 것이다.

덕성사부님께서는 실제로 일평생 효성을 실천해 오셨으니, 이는 천하 중생들의 사표가 아닐 수 없다. 1957년(24년)에 도성사부님께서 승하하시자, 당시 서울 성균관대학교에 다니시던 학생의 신분으로서 의복에 상표(喪表)를 다시고 맨다리에 행전을 치셨다. 또한 숙소에 존영을 모셔 놓고 조석상식을 거르지 않으시고 출입하실 때 반드시 예를 하시니, 사사여생(事死如生)의 자식 된 도리를 다하신 지극한 효성의 실천이셨다.

뿐만 아니라 통천교주로 등단하신 이후에도 대도성사건곤부모님을 모시는 일에 그 어떤 일보다 우선순위를 두시어 정성을 다하셨다. 1979년(46년) 도성사모님의 성산을 감성리 연수동에 면례(緬禮)하시었고, 1986년(53년)에는 도성사부님의 성산을 금천리로 면례하시었으며, 2001년(68년)에는 노성산에 대성사부님을 봉안해 올려 도성사부님 이래 60여 년의 숙원 사업을 마무리하셨다. 이것은 모두 덕성사부님의 지극하신 효성의 발로이며, 사원성취 가운데 하나인 대지명당(大地明堂) 사상에 의거하여 만천하 중생들에게 홍복을 내리시려는 대자대비의 성행이시니, 이 또한 의성(義誠)의 실천궁행이 아니겠는가?

이처럼 덕성사부님의 일생의 성적은 모든 것이 의성(義誠) 아님이 없으니, 이것은 그 어른의 평소 생활 자세나 성품에도 잘 나타나 있다. 평생을 하루같이 새벽 일찍 기침하시어 성업에 대한 구상과 명상으로 하루를 여시고, 비가 오나 눈이 오나 삼종대성전과 성산 문안을 하루도 거르지 않으시니 이는 모든 제자들에게 무언의

▲ 사택 현관 편액

가르침이 되었다. 치성이나 제향 때는 조금도 어김없이 시간을 철저히 지키셨으며, 오히려 먼저 나오셔서 행사를 진두지휘하시니 제자들이 늘 황송하게 생각할 정도였다. 직원들을 출장 보내시거나 어떤 분부를 내리셨을 때는 마치 어린아이를 물가에 내놓으신 것처럼 철저히 살피시고 걱정해 주셨으며, 출장이나 그 일이 무사히 끝났다는 보고를 받으시고서야 안심을 하시니 제자들은 그 대자대비하신 성은에 감읍하여 더욱 진심갈력할 수밖에 없었다.

여림심천(如臨深泉), 여리박빙(如履薄氷)이라는 말씀이 있듯이, 하루하루의 삶과 일동일정(一動一靜)을 그야말로 깊은 연못에 다다른 듯이, 또한 얇은 얼음을 밟듯이 온 정성을 다하여 살아가신 분이 덕성사부님이시다. 백운대 현관 위에는 정성 성(誠)자 한 글자가 액자에 크게 쓰여 걸려 있다. 이렇듯 덕성사부님께서는 인생을 오직 철저하게, 성실하게 살아야 함을 몸소 보여 주신 어른이시며, 만고대성이시다.

중용에 "정성은 하늘의 도요, 정성되려고 노력하는 것은 사람의 도라(誠者 天之道也 誠之者 人之道也)."는 말씀이 있듯이, 덕성사부님께서는 당신께서 직접 정성되려고 노력하는 인도(人道)의 모범을 보여 주셨다. 그러한 성적은 곧 의성(義誠) 사상의 표상이 되었으며, 후천 오만 년간 온 인류 중생들이 실천해야 할 위대한 가르침이 되었다.

5. 우리가 해야 할 일

이상에서 덕성사부님의 성적과 성훈의 일단을 살펴보았다. 생각나는 대로 간단간단하게 정리한 것이어서 누락되거나 너무 소략한 부분도 많이 있을 것이다. 위대하신 만고대성의 성적과 성훈을 어찌 몇 마디 글로 표현할 수 있을까마는 훗날 더 완성된 기록을 위한 밑거름으로 남겨 둔다는 의미로 소략하게나마 정리해 본 것이니 너그러운 양해를 부탁하는 바이다.

어쨌든 등단하신 지 약 40여 년 동안 우리들의 심성을 주관하시고 정신적으로나 육체적으로나 삶 전체를 오롯이 이끌어 오신 덕성사부님께서 승하하셨다는 것은 우리들 모두에게 너무나 큰 슬픔이요, 삶의 좌표마저 흔들리는 일생일대의 큰 혼란이 아닐 수 없다. 또한 대도사적으로 과거 대성사부모님이나 도성사부모님께서 승하하셨을 때를 유추해 보건대, 큰 시련기요 위기의 시대라 해도 과언이 아니다.

그러나 우리들의 앞길에는 덕성사모님께서 계셔서 자비를 베풀어 주시며, 대종법사님 · 대종덕사님이 계셔서 올바른 길로 인도해 주시니 이 얼마나 큰 다행이며 행복인가?

'집안이 어려울 때 어진 아내를 생각하고, 나라가 어려울 때는 충성스런 신하를 생각한다.'고 했던가. 이런 때일수록 우리 제자들은 더욱 의성심을 발휘하여 대도 발전을 위해 쉼 없는 전진을 계속해야 한다. 눈 밝은 사람이라면 자신이 지금 처한 시점이 어떤 때이며 자신이 해야 할 일이 무엇인지 깨달아 실천하는 역사의식이 반드시 필요하다.

덕성사부님의 삼년상을 지내는 동안 복제를 갖추어 상식을 올려드리는 일에 더욱 정성을 다해야겠고, 덕성사모님께서 외로워하시는 기미를 보이시지 않도록 잘 모시는 일에도 더욱 정성을 기울여야 한다. 뿐만 아니라 대도의 제4세대 문화를 정립하는 일과 태극적 개화 시대. 대도의 선도포덕 방안에 노심초사하시는 대종법사님 · 대종덕사님의 존의를 받들어 각자가 처한 위치에서 최선을 다하는 것만이 이러한 위기를 헤쳐 나갈 수 있는 유일한 방책이며, 오히려 대도가 한 단계 발전할 수 있는 지름길이라는 점을 감히 강조하고 싶다.

이제 우리는 찬란한 대도의 영광 시대가 머지않음을 잘 알고 있다. 그 미래의 영광을 위해서 우리에게 잠시의 머뭇거림도 허용되지 않는다. 다만 일심(一心)으로 화합하여 단결하는 것만이 우리의 살길이다. 일생 동안 의성을 몸소 실천궁행하심으로써 무언의 가르침을 베풀어 주신 덕성사부님의 성적과 성훈을 우리가 다시 한 번 강조하여 되새겨야 하는 이유가 여기에 있다.

덕성사부님의 대자대비하신 사랑을 가슴에 안고서 우리 모두 전진하자!
손에 손을 맞잡고서 심성 형제자매 모두 다 같이 앞으로 나아가자!
이 땅에 태극적 개화 시대의 영광이 찬란히 빛날 때까지 덕성사모님을 모시고, 대종법사님 · 대종덕사님의 존의를 받들어 힘차게 힘차게 전진하자!

찾아보기

1. 인물

2. 자료

3. 용어